高等学校学前教育专业系列教材

幼儿园教师专业技能训练考核手册

主 编 杨 枫

南京大学出版社

图书在版编目(CIP)数据

幼儿园教师专业技能训练考核手册／杨枫主编. ——南京：南京大学出版社，2018.12(2020.8重印)
高等学校"十三五"学前教育专业规划教材
ISBN 978-7-305-21395-3

Ⅰ.①幼… Ⅱ.①杨… Ⅲ.①幼教人员－资格考试－自学参考资料 Ⅳ.①G615

中国版本图书馆 CIP 数据核字(2018)第 291767 号

出版发行	南京大学出版社
社　　址	南京市汉口路 22 号　　邮　编　210093
出 版 人	金鑫荣

书　　名　幼儿园教师专业技能训练考核手册
主　　编　杨　枫
责任编辑　丁　群　钱梦菊　　　编辑热线　025-83597482
照　　排　南京理工大学资产经营有限公司
印　　刷　南京玉河印刷厂
开　　本　787×1092　1/16　印张 19.25　字数 433 千
版　　次　2018 年 12 月第 1 版　2020 年 8 月第 2 次印刷
ISBN　978-7-305-21395-3
定　　价　48.00 元

网　　址：http://www.njupco.com
官方微博：http://weibo.com/njupco
微信服务号：njuyuexue
销售咨询热线：(025)83594756

＊版权所有，侵权必究
＊凡购买南大版图书，如有印装质量问题，请与所购图书销售部门联系调换

前言

百年大计,教育为本,教育大计,教师为本。

《国家中长期教育改革和发展规划纲要》对幼儿园、中小学教师的专业化素质和水平提出了更高的要求,要实现纲要所提出的教育改革和发展目标不仅要求幼儿园、中小学教师要掌握扎实的专业知识,还要具有较高的教师专业技能。随着教师职业的日益专业化,我国的教师教育正在经历着从数量发展向质量提高转变的历史性变革。提升教师素质,培养造就一支高水平的教师队伍已成为我国实现教育现代化的基础。

教学实践证明,教师专业技能是教师赖以发挥其内在素质、传输教学信息、完成教学任务的最基本的保证。高师院校学生教师专业技能训练,是教师职前教育的重要内容,对于深化高等师范院校教育教学改革、有效提升师范生实践教学能力、促进专业发展,从而提高人才培养质量都有着特殊的意义。

学前教育是一个综合性、实用性很强的专业。在幼儿教育活动中,教师的音乐、舞蹈、美术、手工、故事创编表述等基本技巧和能力,始终是决定教育活动开展成败与否的重要因素。因此,幼儿教师职业技能考核是学前教师教育培养目标的重要组成部分,是促进教学质量提高,培养合格幼儿教师的重要手段。

《幼儿园教师专业标准(试行)》强调:幼儿园教师是履行幼儿园教育工作职责的专业人员,需要经过严格的培养与培训,掌握系统的专业知识和专业技能。《专业标准》是国家对合格幼儿园教师专业素质的基本要求,是引领幼儿园教师专业发展的基本准则。

为了适应幼儿教育新形势,造就一支高素质的教师队伍,全面提升教师的专业技能,促进教师专业化成长,鼓励学生在掌握专业理论与文化知识的同时,努力做到一专多能,各师范类专业的培养院校都纷纷出台了学前教育专业学生专业技能训练与考核办法,加大了对教师专业技能培养的重视程度,学生专业技能训练力度也得以加强。南京大学出版社在 2013 年组织出版的《教师专业技能训练·学前教育分册》,对指导学前教育专业学生练习专业技能、规范幼儿园教师专业技能考核起到了积极地作用。

2015 年 1 月 1 日起,国家实行中小学教师资格证全国统一考试制度,由教育部统一制定考试标准和考试大纲,组织笔试和面试试题,并建立试题库,考试将按照高考的要求来组织。并且,教师资格考试将不再区分师范生和非师范生,想要做教师都必须参加国考,方可申请教师资格证。同时,教育部还启动了师范类专业认证工作,

通过第二级认证专业的师范毕业生,可由高校自行组织中小学教师资格考试面试工作,通过第三级认证专业的师范毕业生,可由高校自行组织中小学教师资格考试笔试和面试工作。这就给师范类院校的专业建设与人才培养提出了新的更高的要求。

  由于笔者多年参与幼儿园教师资格考试面试工作,对幼儿园教师结构化面试的程序、考核内容及试题类型等较为熟悉,因此,本书修订时首先补充了幼儿园教师资格证考试面试中出现频率较高的幼儿游戏指导的内容,其次,仿照幼儿园教师资格证国考面试考题的形式重新编写了幼儿故事讲演、绘画、折纸、弹唱等相关部分的内容。

  由于时间仓促水平有限,书中难免会出现一些错误和疏漏,敬请大家批评指正。衷心希望本书能给参加幼儿园教师资格证考试的每名考生,针对性地发展自己的专业技能,顺利通过教师资格证考试以更多的指导和帮助。

笔者
2018 年 11 月 5 日于南京

目 录

第一单元　幼儿游戏指导技能 ……………… 1

第一部分　考核指南 ……………… 3
第二部分　训练与考核题库 ……… 6

一、幼儿自主游戏的指导 ………… 6
1　医院游戏 ……………………… 6
2　我想当司机 …………………… 6
3　没人玩 ………………………… 7
4　该怎样付钱 …………………… 7
5　我想到饮食店去玩 …………… 8
6　娃娃家 ………………………… 9
7　谁也不认识谁 ………………… 9
8　斑马线 ………………………… 10
9　积木搭高 ……………………… 10
10　纸盒扁了 …………………… 11
11　玩　沙 ……………………… 11
12　玩　水 ……………………… 12

二、教学游戏的设计与指导 ……… 12
1　小猴摘桃 ……………………… 12
2　贴　人 ………………………… 13
3　鸡妈妈醒了 …………………… 14
4　跟着小鼓走 …………………… 14
5　小兔找窝 ……………………… 15
6　用报纸玩游戏 ………………… 15
7　夹豆比赛 ……………………… 16
8　雪花飘飘 ……………………… 16
9　捉尾巴 ………………………… 17
10　好玩的小绳子 ……………… 18
11　袋鼠跳 ……………………… 18
12　喂小动物 …………………… 19

13　电风扇 ……………………… 19
14　金锁银锁 …………………… 20
15　小矮人摸灯 ………………… 20
16　用椅子玩游戏 ……………… 21
17　小马运粮 …………………… 21
18　听掌声走 …………………… 22
19　上山去砍柴 ………………… 22
20　利用桌子的游戏 …………… 23
21　词语接龙 …………………… 24
22　切西瓜 ……………………… 24
23　瓶子游戏 …………………… 25
24　两人三足 …………………… 25
25　放鞭炮 ……………………… 26
26　猎人打狐狸 ………………… 27
27　花样玩球 …………………… 27
28　老狼老狼几点了 …………… 28
29　红旗不倒 …………………… 28
30　好玩的纸盒 ………………… 29

三、手指与桌面游戏指导 ………… 29
1　握握手 ………………………… 29
2　捏拢放开 ……………………… 30
3　我有一双小小手 ……………… 31
4　手指兄弟 ……………………… 31
5　看着容易做着难 ……………… 32
6　模仿操 ………………………… 33
7　搭积木 ………………………… 33
8　拼插陀螺 ……………………… 34
9　挑牙签 ………………………… 34
10　玩　牌 ……………………… 35

第二单元　幼儿故事讲演技能 ·············· 37

　　第一部分　考核指南············ 39
　　第二部分　训练与考核题库········ 42
　　　一、模拟讲故事·············· 42
　　　　1　小公鸡和小鸭子·········· 42
　　　　2　小河马拔牙············· 43
　　　　3　逃家小兔··············· 44
　　　　4　小猫钓鱼··············· 45
　　　　5　狐狸和乌鸦············· 46
　　　　6　三只小猪上幼儿园······· 47
　　　　7　雪房子················· 48
　　　　8　彩色的鸭子············· 49
　　　　9　猴子捞月亮············· 50
　　　　10　聪明的小白兔·········· 51
　　　　11　丑小鸭的故事·········· 52
　　　　12　小熊长大了············ 53
　　　　13　漂亮的代价············ 54
　　　　14　换尾巴················ 55
　　　　15　小壁虎借尾巴·········· 56
　　　　16　涂果酱的房子·········· 57
　　　　17　小马过河·············· 58
　　　　18　福气糕················ 59
　　　　19　美丽的花环············ 60
　　　　20　大熊的拥抱节·········· 61
　　　　21　小乌龟的冬眠梦········ 62
　　　　22　和月亮一起吃·········· 63
　　　　23　小船悠悠·············· 64
　　　　24　花瓣儿风车············ 65
　　　　25　大狮子和小老鼠········ 66
　　　　26　动物职业介绍所········ 67
　　　　27　借你一把伞············ 68
　　　　28　请让我搭车吧·········· 69
　　　　29　过　冬················ 70
　　　　30　蛀牙王子·············· 71
　　　二、看图讲故事·············· 73
　　　　1　小兔的故事············· 73
　　　　2　买菜的故事············· 74

　　　　3　小花狗的故事··········· 75
　　　　4　玩具小象的故事········· 76
　　　　5　种树的故事············· 77
　　　　6　猴子和老爷爷的故事····· 78
　　　三、情景故事表演············ 79
　　　　1　帮玩具回家············· 79
　　　　2　高高兴兴去上幼儿园····· 79
　　　　3　一起玩玩具············· 80
　　　　4　我爱吃蔬菜············· 80
　　　　5　勇敢体检··············· 81
　　　　6　分享的快乐············· 81
　　　四、儿歌表演················ 82
　　　　1　家····················· 82
　　　　2　太阳和月亮············· 83
　　　　3　小蝌蚪················· 83
　　　　4　别说我小··············· 84
　　　　5　我有一双小小手········· 85

第三单元　幼儿绘画·儿童主题画创作技能 ·············· 87

　　第一部分　考核指南············ 89
　　第二部分　训练与考核题库······ 107
　　　一、命题主题画·············· 107
　　　　1　美丽的春天············· 107
　　　　2　我长大了··············· 108
　　　　3　我的好朋友············· 109
　　　　4　水果娃娃··············· 110
　　　　5　我的妈妈··············· 111
　　　　6　我的爸爸··············· 112
　　　　7　神奇的树··············· 113
　　　　8　我的身体··············· 114
　　　　9　天冷我不怕············· 115
　　　　10　清洁工人·············· 116
　　　二、故事配画················ 117
　　　　1　彩色梨·················· 117
　　　　2　还有谁要上车··········· 118
　　　　3　蛋壳的故事············· 118
　　　　4　你好！你好！·········· 119

5　小老鼠搬家…………… 120
　　6　小狐狸的玩具手枪……… 120
　　7　拿糖果………………… 121
　　8　好饿的小蛇…………… 122
　　9　小青蛙的礼物………… 122
　　10　多多什么都爱吃……… 123
　三、诗歌配画………………… 124
　　1　家……………………… 124
　　2　小刺猬………………… 125
　　3　太阳公公……………… 125
　　4　小花猫爱画画………… 126
　　5　小雨…………………… 126
　　6　奇妙的手印…………… 127
　　7　搬鸡蛋………………… 128
　　8　家在哪里……………… 128
　　9　过年…………………… 129
　　10　小蚂蚁……………… 130

第四单元　幼儿美工·折纸技能
……………………………………… 131
　第一部分　考核指南………… 133
　第二部分　训练与考核题库… 136
　一、命题折纸………………… 136
　　1　麻雀………………… 136
　　2　狐狸………………… 137
　　3　鹰…………………… 138
　　4　牛头………………… 139
　　5　鹤…………………… 140
　　6　骑士帽……………… 141
　　7　小孩帽……………… 142
　　8　方盒………………… 143
　　9　点心盒……………… 144
　　10　钱包……………… 145
　　11　花盆……………… 146
　　12　飞机……………… 147
　　13　轮船……………… 148
　　14　炮艇……………… 149
　　15　方桌……………… 150

　　16　床………………… 151
　　17　玩具小人………… 152
　　18　郁金香…………… 153
　二、折纸讲故事……………… 154
　　1　小狗………………… 154
　　2　小船………………… 155
　　3　兔子………………… 156
　　4　青蛙………………… 157
　　5　孔雀………………… 158
　　6　乌龟………………… 159
　　7　喜鹊………………… 160
　　8　小马………………… 161
　　9　公鸡………………… 162
　　10　鸽子……………… 163
　　11　鹦鹉……………… 164
　　12　企鹅……………… 165
　　13　牵牛花…………… 166
　　14　啄木鸟…………… 167
　　15　百合花…………… 168

第五单元　幼儿美工·彩泥技能
……………………………………… 169
　第一部分　考核指南………… 171
　第二部分　训练与考核题库… 174
　一、命题造型………………… 174
　　1　青椒………………… 174
　　2　玉米………………… 175
　　3　茶壶………………… 176
　　4　电话………………… 177
　　5　小轿车……………… 178
　　6　飞碟………………… 179
　　7　蝴蝶………………… 180
　　8　花…………………… 181
　　9　小羊………………… 182
　　10　鳄鱼……………… 183
　　11　海螺……………… 184
　　12　热带鱼…………… 185
　　13　海豹顶球………… 186

14	青蛙和蝌蚪	187	14 懒小猪	223
15	布老虎	188	15 春 天	224
16	猪八戒	189	16 打电话	225
17	玩偶	190	17 六一儿童节	226
18	三个和尚	191	18 好妈妈	227

二、彩泥讲故事 …………… 192
  1 青菜 ………………… 192
  2 萝卜 ………………… 193
  3 小象 ………………… 194
  4 乌龟 ………………… 195
  5 小鸟 ………………… 196
  6 蜗牛 ………………… 197
  7 小猫 ………………… 198
  8 小鸭 ………………… 199
  9 小老鼠 ……………… 200
  10 企鹅 ………………… 201
  11 瓢虫 ………………… 202
  12 看星星 ……………… 203

19 过家家 …………… 228
20 长 城 …………… 229
21 蝴蝶花 …………… 230
22 奇奇兔 …………… 231
23 颂祖国 …………… 232
24 小小的船 ………… 233
25 小邮票 …………… 234
26 小毛驴 …………… 235
27 牧羊女拉拉 ……… 236
28 比尾巴 …………… 237
29 洋娃娃和小熊跳舞 … 238
30 小孔雀 …………… 239

第六单元　幼儿歌曲弹唱技能
 ………………………………… 205
 第一部分　考核指南 ………… 207
 第二部分　训练与考核题库 … 210
  1 两只小鸟 …………… 210
  2 小兔乖乖 …………… 211
  3 小 手 ……………… 212
  4 走 路 ……………… 213
  5 新年到 ……………… 214
  6 欢乐的幼儿园 ……… 215
  7 好娃娃 ……………… 216
  8 彩 虹 ……………… 217
  9 国旗多美丽 ………… 218
  10 大 鹿 ……………… 219
  11 小小鸭 ……………… 220
  12 小红帽 ……………… 221
  13 五星红旗，我们爱你 … 222

第七单元　幼儿舞蹈创演技能
 ………………………………… 241
 第一部分　考核指南 ………… 243
 第二部分　训练与考核题库 … 246
  一、基本功 ………………… 246
  二、舞蹈表演 ……………… 251
  三、舞蹈创编 ……………… 279

附录一　幼儿园教师资格考试面试大纲（试行） ………… 282

附录二　幼儿园教师资格证考试面试模拟题 ……………… 285

附录三　幼儿园教师资格考试面试提供物品清单 …… 295

附录四　幼儿园教师资格考试面试评分细则（试行） …… 297

第一单元

幼儿游戏指导技能

第一部分 考核指南

游戏是幼儿最喜闻乐见的自主性活动,也是幼儿基本的学习方式。幼儿兴趣盎然地参加游戏,在游戏过程中主动探索,有利于幼儿动手操作能力以及思维认知能力的提升。幼儿园游戏的目的不仅仅在于让幼儿"玩",而在于引发、支持与促进幼儿的学习活动。《幼儿园工作规程》指出:"游戏是对幼儿进行全面发展教育的重要形式。根据幼儿的年龄特点,选择和指导游戏。根据幼儿的实际经验和兴趣,在游戏过程中,给予适当指导,保持愉快情绪,促进幼儿能力和个性的全面发展。"也就是说,教师在幼儿游戏中,要以各种方式(包括言语的和非言语的)给予幼儿帮助、支持和指导,让幼儿在游戏中学到许多有益于生活以及终身发展的各方面经验,使幼儿的游戏更有意义,更富有成效。幼儿园教师的游戏指导能力,对幼儿活动的效果有重要影响。因此,幼儿游戏指导是学前教育专业学生必须掌握的一项教育技能。

在幼儿园教师资格证考试面试环节中,与幼儿游戏指导相关的试题类型多,出现的频率也很高,除了一些角色游戏、结构游戏等幼儿自主游戏的指导,少量手指游戏和桌面小游戏的指导外,大部分试题是幼儿体育游戏的教学与指导,常常以模拟组织游戏教学的形式出现,并要求完成与之相关的问题。

为了培养幼儿园教师扎实的教学基本功,提升专业素质水平,有效提高师范生幼儿园教师资格证考试的通过率,在幼儿园教师的培养中,应加强对学前教育专业学生幼儿游戏指导技能的训练,并通过专项技能考核和竞赛来提高技能水平。

一、训练内容与要求

幼儿游戏指导训练内容分为幼儿自主游戏指导、教学游戏的设计与指导、手指与桌面游戏指导三类,一般选取幼儿园常见的游戏和场景,要求学生熟练掌握设计、讲解、示范、指导幼儿游戏的相关技能,并从易到难逐步提高要求。

二、训练方式

结合学前儿童游戏、幼儿园活动设计与指导等相关课程内容,通过教师传授方法、学生自主练习等措施加强幼儿游戏指导相关技能训练,要求学生熟练掌握30个幼儿园常用游戏的讲解示范。组织开展幼儿游戏指导技能专项考核与竞赛。

三、考核方案与评分标准

幼儿游戏指导考核试题由模拟演示和回答问题两部分组成,主要考核学生幼儿游戏指导的技能技巧和了解幼儿、语言表达、语言沟通等方面的能力。

考核采用随机抽题考核方式,要求学生抽题后准备10分钟即进行考核,在10分钟内在完成试题指定的内容。

本项目考核分值为10分。得分9分以上为优秀,8~9分为良好,6~8分为合格,6分以下者为不合格。

四、幼儿游戏指导技能考核的高分要点

(一) 恰当地运用语言

生动有趣的语言、抑扬顿挫的语调、生动形象的动作,可以有效地吸引幼儿的注意。讲解游戏时首先要考虑幼儿的年龄和心理特点,然后决定使用的讲解方式:对年龄大一些的孩子,可以用简单、明了的规范用语讲解,而对年龄小一点的孩子,讲解所用的语言必须儿童化。其次,讲解还可以借助身体语言。对于年龄小、善于模仿的幼儿来说,讲解还要辅以较夸张的身体动作,具体形象直观,使幼儿一目了然。

恰当地用好提问。提问的主要目的是帮助幼儿把游戏进行下去,及时反馈幼儿的游戏行为,启发幼儿的思维。方式1:直接提问。简单而直接的问题可以复习知识,直接反映出幼儿掌握知识的情况。例如:这是什么?它可以用来做什么?方式2:反问。反问有助于幼儿对自己的做法或行为进行反思,训练幼儿多向性思维。方式3:明知故问。例如:小兔是用腿跑的吗?以此来巩固知识。

(二) 规范地运用演示

游戏的演示是活动前最常见的讲解方式。规则游戏由于有玩法及规则的限制,必须在学会后才能玩。除了让幼儿听、看提示来完成游戏外,还要通过演示范例来介绍新游戏的类型及玩法,帮助幼儿区分自己的角色和位置,以便让幼儿不用花过多的时间去摸索,操作起来也更快。因此,教师要给幼儿做适当的示范、讲解,帮助他们掌握玩法,理解并掌握规则。如在故事表演游戏中,教师可以在小舞台上向孩子们进行示范性演出,不仅能激发起幼儿的表演欲望,而且能将各种表演技巧展现给幼儿,供幼儿模仿。教师还可与幼儿一同表演,在表演中隐含着示范。

(三) 善于变换角色

在幼儿游戏活动中教师需要扮演多种角色:

角色1:榜样。这是为了树立教师的威信,只有在幼儿面前表现出你比他聪明能干,幼儿才能信服你并且认真地接受你的意见。教师通过自己的榜样行为,潜移默化地影响幼儿,如在大班娃娃家中,教师参与游戏招呼爷爷说:"爷爷岁数大了,您先坐这儿吃吧!"目的就是让孩子明白家庭中人与人之间的关系,增强他们孝敬老人的意识。以行动代替说教,效果更加明显。

角色2:玩伴。即可以与幼儿合作完成游戏的人,这个角色表面上是跟幼儿共同探索游戏,实质上是暗中给予帮助。例如,幼儿在玩建构游戏时,教师抱着一个"娃娃"对幼儿说:"小朋友们,老师给你们抱来一个小娃娃,小娃娃玩累了,要睡觉,咱们

给他搭张小床吧。"然后教师边搭边说:"你们看,先放一块长方形的积木,再在这一边放一块方积木,在那一边也放一块,娃娃的床就搭好了,娃娃可以睡在上面了。"教师采用游戏的口吻,边解释边示范,自然地引导幼儿观看,调动了幼儿游戏的兴趣。

角色3:游戏人物。游戏人物是最吸引幼儿的角色,教师扮演大灰狼,幼儿扮演小兔,或是大家一起扮演黑猫警长去抓小偷等,教师和幼儿融入同一个情境中,幼儿会很自然地向你表达自己的情感。

角色4:感染者。这要求老师必须带着真情实感面对幼儿,站在幼儿的立场,给予他们鼓励与肯定。例如,思思在拼搭眼镜时没能围合成功,她似乎失去了信心,准备拆除。此时,教师立即介入,适度点拨指导:"呦,这副眼镜框马上就要做成功了!"思思说:"老师,眼镜框我搭不好。"教师说:"你和我一起试试看,好吗?"思思点点头。当快要围合的时候,教师说:"思思,我们再加几片雪花片,看看行不行?"说完,递给她两片雪花片,果然镜框围合成功了。此时她按捺不住内心的兴奋,笑着对老师说:"成功了,成功了!"

(四) 掌握介入指导的时机

把握介入时机是指导幼儿游戏的核心。第一,在幼儿寻求帮助时要恰当地介入指导;第二,在发现不安全隐患时介入指导;第三,在角色与情景不符时介入指导;第四,在出现纠纷时用规则介入指导;第五,在幼儿失去游戏兴趣时及时用材料介入指导。

第二部分　训练与考核题库

一、幼儿自主游戏的指导

1　医院游戏

大班游戏开始了。小医院里有很多病人,大家吵吵闹闹的,影响了其他幼儿的游戏。教师看到后,大声训斥道:"你们听听你们的声音,别人还能游戏吗?"接着,幼儿纷纷离开了医院。

☆ **考核要求:**

1. 回答问题

你是否赞同案例中教师解决幼儿吵闹的方法?为什么?

2. 模拟演示

(1) 你如何处理上面这个医院游戏中出现的问题?请演示你的方法。

(2) 要求语气亲切,表达清晰易懂,易于幼儿接受。

3. 请在10分钟内完成上述两项任务。

☆ **评分要点:**

1. 回答应不赞同案例中教师解决问题的方式,理由分析应合理,如教师不理解幼儿游戏的特点、对幼儿不能采用训斥的方法等。

2. 模拟演示解决问题的方法应符合幼儿的年龄特点,语言表达清晰,引导得法,能为幼儿所接受。例如,以游戏角色介入游戏、协调小医院幼儿人多的问题,或假想新的游戏情节,转移幼儿的注意、分流医院的病人等。

2　我想当司机

游戏情景:一个幼儿对老师说:"我想当司机,我要方向盘、安全带。老师你能帮我做吗?"

☆ **考核要求:**

1. 现场制作角色游戏道具

(1) 利用现场的材料,制作方向盘、安全带。

(2) 制作过程简单,便于及时满足幼儿游戏情节的需要。

2. 回答问题

(1) 假想一下,幼儿还可能说要什么,说说你还能运用场中材料简单制作哪些道具来支持幼儿的游戏。

(2) 生活中还能利用哪些自然物(或废旧材料)来支持幼儿的游戏?请举一例。材料应具有安全性、常见易取、成本低廉等特征,并说明具体的用法。

3. 请在10分钟内完成上述两项任务。

☆ **评分要点**:

1. 现场制作的道具,能替代方向盘和安全带实物,制作过程简单,能及时满足幼儿游戏的需要。

2. 能说出采用生活中常见的自然物或废旧材料来支持幼儿的游戏,材料具有安全性、常见易取、成本低廉等特征。如贝壳、树枝、树叶、沙子、水等,或废旧材料,如报纸、矿泉水瓶、牙膏盒、易拉罐等。

3 没人玩

角色游戏的时候,教师发现中班的医院没有人玩,超市也没有营业员,大家都拥挤到了娃娃家和饮食店里了。

☆ **考核要求**:

1. 回答问题

遇到这种情况,教师该如何指导?请说出3种方法。

2. 模拟演示

(1) 模拟演示一种方法,对上述游戏进行指导。

(2) 要求语言清晰,语义明了,幼儿易于接受。

3. 请在10分钟内完成上述两项任务。

☆ **评分要点**:

1. 医院和超市没人玩,说明幼儿对该主题没有兴趣或缺乏相关的游戏经验。方法1:观察幼儿为什么不去医院和超市玩,引导幼儿讨论为什么医院和超市游戏不好玩?如何改进?方法2:带幼儿到附近的超市和医院参观,开展相关谈话活动,丰富幼儿关于医院和超市的相关生活经验。方法3:在小医院和小超市投放新的玩具材料,激发幼儿的游戏兴趣。

2. 模拟演示介入指导幼儿游戏的方法符合中班幼儿的年龄特点,语言表达清晰,引导得法,能为幼儿所接受。

4 该怎样付钱

教师为大班的超市游戏提供了自制的钱(1元、2元、5元等),并为每件商品标上了价钱,想让幼儿在买卖游戏中运用所学的知识。可她却发现幼儿在游戏时,仍是随便付钱,收银员也随便收钱。

☆ 考核要求:

1. 回答问题

教师可以怎样引导幼儿利用钱币玩超市游戏?请想出两种方法。

2. 模拟演示

(1) 教师介入指导幼儿使用钱币玩游戏的一种方法。

(2) 要求语言清晰,语调柔和,便于幼儿接受。

3. 请在10分钟内完成上述两项任务。

☆ 评分要点:

1. 教师可以通过扮演收银员的角色参与游戏,引导幼儿按商品的标价来付钱;还可以通过晨间谈话或游戏后的讨论环节,让幼儿懂得收付钱时货款要一致的常识。

2. 模拟演示介入指导幼儿游戏的方法符合大班幼儿的年龄特点,语言表达清晰,引导得法,能为幼儿所接受。

5 我想到饮食店去玩

小班游戏时,刚来几天的东东想到饮食店玩。里面的晨晨说:"我们人满了,你不要来了。"东东走到娃娃家说:"我和你们玩好吗?"娃娃家的幼儿也说:"人满了,不需要人了。"他转了一圈,发现大家都在玩自己的游戏,没人招呼他。

☆ 考核要求:

1. 回答问题

教师可以用什么办法帮助东东?为什么采用这种方式?

2. 模拟演示

(1) 模拟演示教师帮助东东融入游戏的一种方式。

(2) 要求语调柔和,语速适中,方法能让幼儿所接受。

3. 请在10分钟内完成上述两项任务。

☆ 评分要点:

1. 教师可以用游戏角色的身份参与游戏帮助东东融入游戏,如可以和东东一起当客人去饮食店吃饭;也可以不参与游戏,如提供材料给东东,让东东去给饮食店送货等。

2. 模拟演示介入指导幼儿游戏的方法应符合幼儿的年龄特点,语言表达清晰,引导得法,能为幼儿所接受。

6 娃娃家

教师为小班幼儿创设了温馨的娃娃家,里面的娃娃、家具、餐具和仿真食物都有,但是教师发现幼儿只是抱抱娃娃、吃吃食物,就无所事事了。

☆ 考核要求:

1. 回答问题

如果你是老师,你有什么办法能让幼儿玩起来?

2. 模拟演示

(1) 请模拟演示教师介入指导幼儿游戏的一种方法。

(2) 介入指导方式易于让小班幼儿接受。

3. 请在10分钟内完成上述两项任务。

☆ 评分要点:

1. 教师可以用游戏角色的身份参与游戏,如扮演娃娃的外婆,到娃娃家来看娃娃,说娃娃今天过生日,等等。

2. 模拟演示介入指导幼儿游戏的方法符合小班幼儿的年龄特点,语言表达清晰,引导得法,能为幼儿所接受。

7 谁也不认识谁

小班娃娃家中,欣欣正忙着给娃娃穿衣服,东东忙着煮饭,宁宁呆呆地坐在沙发上。老师走过去问欣欣:"你是谁呀?"欣欣答:"我是妈妈。"老师又问:"那他们两个是谁呀?"欣欣摇摇头,说不知道。老师又问沙发上的宁宁:"你知道他们是娃娃家的什么人吗?"宁宁也摇摇头表示不知道。

☆ 考核要求:

1. 回答问题

(1) 案例反映了幼儿什么样的游戏水平?

(2) 遇到这样的情况,你会怎么指导?

2. 模拟演示

(1) 请模拟演示教师介入指导幼儿游戏,让幼儿互相了解所扮演的角色。

(2) 要求语调柔和,语气自然,易于小班幼儿理解。

3. 请在10分钟内完成上述两项任务。

☆ 评分要点:

1. 该案例说明幼儿缺乏角色意识,即使充当了角色,也不能明确自己的身份,不知道应如何去做,需要教师及时提醒和帮助。教师可以用游戏角色的身份参与游戏,演示爸爸、妈妈、姐姐等一家人一起照顾娃娃的情节,引导幼儿学会最基本的打招呼、自我介绍等与同伴交往的技能。

2. 模拟演示介入指导幼儿游戏的方法符合小班幼儿的年龄特点,语言表达清晰,引导得法,能为幼儿所接受。

8 斑马线

中班下学期的角色游戏,成成当司机,发现没有斑马线,就裁了一些纸条,一条条粘在地上当斑马线。他对周围的幼儿说:"行人过马路只能走斑马线",可是没人理他,大家还是随意走来走去的。一会儿,斑马线就乱了,成成很着急……

☆ 考核要求:

1. 回答问题

如果你是老师,遇到这种情况你会怎么办?请列举两种方法。

2. 模拟演示

(1) 请选取一种方法,模拟演示介入游戏指导。

(2) 说出你采用这种方法的理由。

3. 请在10分钟内完成上述两项任务。

☆ 评分要点:

1. 遇到这种情况,教师可以通过扮演交警的角色参与游戏,引导幼儿走斑马线;还可以通过晨间谈话或游戏后的讨论环节,告诉幼儿过马路的注意事项。

2. 模拟演示介入指导幼儿游戏的方法符合中班幼儿的年龄特点,语言表达清晰,引导得法,能为幼儿所接受。

9 积木搭高

小班的东东自己一个人在搭积木,可是他搭了四、五块,积木就倒了。连续了好多次都这样。老师观察到他搭积木的时候很随意,有时候把小块的积木放在下面,有时候把小块的积木放在中间,而且积木与积木之间都没有对齐……

☆ 考核要求:

1. 模拟演示

请用现场提供的积木,模拟演示2种帮助东东的方法。

2. 回答问题

为什么采用这样的帮助?

3. 请在10分钟内完成上述两项任务。

☆ 评分要点:

1. 模拟演示支持幼儿游戏行为的方法。如走到幼儿身边,自言自语地说:"我也来玩积木",然后边搭边说:"我把大的积木放在下面,这块小点的放在上面,这块最小的放在最上面。我看看每块都对齐了没有……哇!你看我搭的多高呀!"再如,走到幼儿身边说:"我和你一起玩积木好吗?"待幼儿同意后,说:"你搭一块,我搭一块。你先搭……""我看看两块是不是对齐了。"

2. 回答问题表述的理由充分即可。如模仿是小班幼儿主要的学习方式;运用自然亲切的合作游戏方式,给幼儿以示范和帮助,避免给幼儿压力等。

10 纸盒扁了

中班区域活动时,教师提供了一些废旧纸盒让孩子们玩。小明把纸盒当成底座,在上面搭积木,结果纸盒被压扁了。小鹏也拿来了一个纸盒当底座往上搭积木,搭了很高却没有压扁。

☆ 考核要求:

1. 回答问题

如果你是老师,看到这种情况你会怎么办?

2. 模拟演示

(1) 请模拟演示一种介入幼儿游戏的方法。

(2) 要求语调柔和,语速适中,表达能让幼儿明白,易于接受。

3. 请在10分钟内完成上述两项任务。

☆ 评分要点:

1. 提醒小朋友观察比较两个当底座的盒子,或比较两人搭建的方法。

2. 模拟演示介入指导幼儿游戏,如对小明说:"你的盒子为什么被压扁了呢?小鹏的怎么没有扁呢?""你们观察一下,两个盒子有什么不一样?""想一想,可以再换一个什么样的盒子来搭?"等。模拟演示的游戏指导方法应能够让幼儿接受。

11 玩 沙

小班幼儿的玩沙游戏。

☆ 考核要求:

1. 为小班幼儿玩沙游戏提供玩具

(1) 请选择现场提供的物品材料,直接利用或简单制作,为幼儿的玩沙游戏提供支持。

(2) 演示说明幼儿玩沙时,可以怎样用提供的玩具材料?这样的玩法给幼儿带来什么样的经验?要求语言简洁明了。

2. 回答问题

幼儿玩沙游戏前教师还应做什么准备?

3. 请在10分钟内完成上述两项任务。

☆ 评分要点：

1. 选择现场提供的物品材料,如将一个空瓶子斜着剪开成一个铲斗,幼儿可以用它来挖沙。还可以将空瓶子剪去底部,做成一个漏斗,幼儿可以用它来灌沙。

2. 幼儿玩沙游戏前,教师要清理沙池,为幼儿准备小桶、小铲子等各种玩沙的工具和小鸭、小乌龟等小玩具,为幼儿准备护衣、鞋套等。

12 玩 水

小班幼儿的玩水游戏。

☆ 考核要求：

1. 提供玩具

(1) 请用现场提供的物品材料,为小班幼儿的玩水提供至少 2 组玩具材料。

(2) 展示材料,并说明选取材料的理由。

2. 模拟演示

(1) 模拟演示教师利用其中一组材料,组织幼儿进行玩水游戏。

(2) 要求语言讲解生动浅显,有条理,易于幼儿理解。

3. 请在 10 分钟内完成上述两项任务。

☆ 评分要点：

1. 选择现场提供的物品材料让幼儿玩水,如提供积木、积塑、雪花片等,让幼儿观察比较哪个浮在水面上,如提供纸张、折成小船等。

2. 模拟演示向幼儿介绍游戏的玩法和规则,讲解清晰,演示到位,易于幼儿理解。

二、教学游戏的设计与指导

1 小猴摘桃

游戏玩法:幼儿分四队站在起跑线后。游戏开始,发出信号,各队第一个幼儿戴上小猴的头饰向前跑,来到垫子前面时手膝着地爬过"山洞",跑到场地另一面横竿下,双脚向上跳起摘下一个桃子后,转身跑回,将桃子放进本队的小篮子里,将头饰交给第二个人,依次进行,最后,以先摘完桃子的队为胜。

☆ 考核要求：

1. 模拟游戏组织

(1) 模拟演示向幼儿介绍"小猴摘桃"游戏的玩法和规则。

(2) 语言表述简明扼要,动作示范准确,易于幼儿理解。

2. 回答问题

(1) 这个游戏能发展 5～6 岁幼儿的什么能力?

(2) 游戏中可能出现什么问题？游戏还可以怎么玩？

3. 请在10分钟内完成上述任务。

☆ 评分要点：

1. 模拟演示向幼儿介绍"小猴摘桃"游戏的玩法和规则，语言讲解清晰易懂，动作演示准确到位。

2. 游戏主要发展幼儿的跑、手膝爬、双脚跳的动作，发展动作的灵活性和协调性。

3. 游戏中有可能出现幼儿违反游戏规则的现象，如到垫子时没有手膝爬行过"山洞"，第二个幼儿还没有戴头饰就跑了，等等。可以把"摘桃子"改为给果树"抓虫子"，也可以在游戏中增加"走过独木桥"的环节来提高游戏的难度。

2 贴 人

游戏玩法：幼儿围成圆圈，两人一组，面向圆心，一前一后站好，站在后面幼儿的双手放在前面幼儿的肩上。圈内有两名幼儿，一个扮演追逐者，一个扮演逃跑者。游戏开始，圈内的两名幼儿相互追逐，逃跑者可以跑到任何一组幼儿的前面，用后背贴在小组中的第一名幼儿的前面，原来站在后面幼儿必须立刻跑开，成为新的逃跑者。当逃跑者在奔跑过程中被追逐者抓住，游戏结束。追逐者和逃跑者交换角色后，游戏重新开始。

☆ 考核要求：

1. 模拟组织幼儿玩"贴人"游戏

(1) 结合动作示范讲解游戏玩法，动作演示到位，便于幼儿模仿。

(2) 语言讲解生动浅显，有条理，易于幼儿理解。

2. 回答问题

(1) 在这个游戏中幼儿可能碰到哪些困难？说出两个即可。

(2) 如果幼儿遇到该问题，你会用什么方法帮助幼儿？

3. 请在10分钟内完成上述任务。

☆ 评分要点：

1. 模拟组织幼儿玩"贴人"的游戏，语言讲解清晰易懂，动作演示准确到位。

2. 游戏中可能遇到的困难：(1) 当有逃跑者贴到前面的时候，站在后面的幼儿不知道要逃跑。教师可先请两名幼儿协助进行示范，让幼儿看清楚变换追逐者的关系。(2) 个别幼儿有可能出现较长时间追不上逃跑者的困难。教师可以暂停游戏，让逃跑者和追逐者互换角色。(3) 幼儿有可能在追逐中摔跤。教师可提醒幼儿在被追时注意安全，不要跑得太快。

3 鸡妈妈醒了

游戏玩法：幼儿扮作小鸡，教师当鸡妈妈。游戏开始，教师对幼儿说："现在妈妈要睡觉了，淘气的小鸡不要大声吵。"说完就俯在桌子上闭上眼睛。这时，"小鸡"们都离开座位，轻轻地在室内走，并发出"叽叽"的叫声。过了一会儿，"鸡妈妈"醒来了，站起来说："淘气的小鸡都跑到哪儿去了？快点回家吧！"所有的"小鸡"应迅速回到自己的座位坐好，看谁的动作又轻又快。游戏重复进行。

☆ **考核要求：**

1. 模拟游戏组织
(1) 模拟演示向幼儿介绍"鸡妈妈醒了"游戏的玩法。
(2) 语言表述简明扼要，动作示范准确，易于幼儿理解。
2. 回答问题
(1) 这个游戏能发展3～4岁幼儿的什么能力？
(2) 游戏中可能出现什么问题？有什么办法可以解决这些问题？
3. 请在10分钟内完成上述任务。

☆ **评分要点：**

1. 模拟演示向幼儿介绍"鸡妈妈醒了"游戏的玩法和规则，语言讲解清晰易懂，动作演示准确到位。
2. 游戏主要发展幼儿轻轻走的动作，发展动作的灵活性和协调性。
3. 游戏中有可能出现幼儿离开座位的时候没有轻轻地走，解决的办法是教师要告诉幼儿"妈妈睡着的时候不能吵，一定要轻手轻脚地走，别把妈妈吵醒了"；可能有幼儿走出室外的现象，解决的方法是教师要告诉幼儿"千万别离开妈妈太远了"。

4 跟着小鼓走

游戏介绍：幼儿四散站在场地中间。游戏开始，当教师在头上敲击铃鼓（矿泉水瓶代替）时，幼儿用脚尖走路，并将手举高在头上做各种动作；当教师在胸前敲击铃鼓（矿泉水瓶代替）时，幼儿做单脚跳；当听到教师摇铃鼓（矿泉水瓶代替）时，幼儿原地转圈。

☆ **考核要求：**

1. 给游戏配说明图
(1) 将"跟着小鼓走"的游戏规则画成说明图。
(2) 说明图应该符合游戏规则，清晰明了，易于幼儿理解与展开游戏。
2. 模拟向幼儿讲解游戏规则
运用说明图模拟对幼儿讲解游戏规则。语言能吸引幼儿，表达准确。
3. 请在10分钟内完成上述任务。

☆ 评分要点：

1. 说明图符合游戏的玩法和规则，图示清晰明了，易于幼儿理解。
2. 模拟演示向幼儿介绍"跟着小鼓走"游戏的玩法和规则，语言讲解清晰易懂，动作演示准确到位。

5　小兔找窝

游戏玩法：幼儿分三组，分别戴黑、白、灰三种颜色的标志扮作小兔，自由分散地站在场地上。游戏开始，幼儿齐说儿歌："小兔子，跳出来，阳光下面晒一晒。练身体，在户外，做个游戏赛一赛。"念完儿歌后，小兔子们在场地上四散跑、跳。20多秒后，教师说："小兔子，听明白，黑兔找窝谁最快？"这时，其他两种颜色的小兔立即两人一组，迅速双手拉着手举过头顶当"窝"，每只小黑兔钻进一只"窝"里。轮换找窝的小兔，游戏重复进行。

☆ 考核要求：

1. 模拟游戏组织
(1) 模拟演示向幼儿介绍"小兔找窝"游戏的玩法与规则。
(2) 语言表述简明扼要，动作示范准确，易于幼儿理解。
2. 回答问题
(1) 这个游戏能发展4～5岁幼儿的什么能力？
(2) 游戏中可能出现什么问题？有什么办法可以解决这些问题？
3. 请在10分钟内完成上述任务。

☆ 评分要点：

1. 模拟演示向幼儿介绍"小兔找窝"游戏的玩法和规则，语言讲解清晰易懂，动作演示准确到位。
2. 游戏主要发展幼儿跑、跳的动作及灵活性，发展敏捷的反应能力和合作能力。
3. 游戏中有可能出现幼儿违反游戏规则的现象，如有的"窝"不是由两种颜色的小兔搭成的，解决的办法是用黑、白、灰的小兔头饰来强化颜色，同时教师在游戏前也要强调游戏中必须由两名不同颜色的小兔来搭"窝"。

6　用报纸玩游戏

利用现场提供的报纸团成球，为幼儿设计体育游戏。

☆ 考核要求：

1. 设计与演示游戏
(1) 介绍并演示用报纸设计的一个体育游戏。
(2) 要求说明该游戏适宜的年龄段、玩法及可以促进幼儿哪方面的发展。

2. 回答问题

幼儿还可以自己利用报纸球玩什么游戏？（不限于体育游戏）

3. 请在 10 分钟内完成上述任务。

☆ 评分要点：

1. 介绍演示自己设计的一个游戏，演示动作和讲解要清楚明白，易于幼儿理解。如"滚西瓜"的游戏，两人面对面滚球，先慢后快，要求不滚偏，发展动作的协调性等。

2. 要列举幼儿可能用报纸球玩的 2~3 种其他游戏和玩法，如可用报纸球玩抛接、运西瓜、投篮等。

7 夹豆比赛

游戏介绍：教师将一堆"豆"（雪花片代替）洒在场地中间，幼儿四散站在场地四周。游戏开始，幼儿单脚跳到场地中间，捡起一粒"豆"（雪花片代替），夹在双腿中间，双脚跳到场边，将"豆"（雪花片代替）放进"盒"（一张报纸代替）里。

☆ 考核要求：

1. 给游戏配说明图

（1）将"夹豆比赛"的游戏规则画成说明图。

（2）说明图应该符合游戏规则，清晰明了，易于幼儿理解与展开游戏。

2. 模拟向幼儿讲解游戏规则

运用说明图模拟对幼儿讲解游戏规则。语言能吸引幼儿，表达准确。

3. 请在 10 分钟内完成上述任务。

☆ 评分要点：

1. 说明图符合游戏的玩法和规则，图示清晰明了，易于幼儿理解。

2. 模拟演示向幼儿介绍"夹豆比赛"游戏的玩法和规则，语言讲解清晰易懂，动作演示准确到位。

8 雪花飘飘

游戏玩法：教师扮"风婆婆"，幼儿当雪花，四散地站在场地上。游戏开始，教师说："大风吹，大雪下，小雪花随风飘。"说完教师发出"呼呼"的风声，幼儿开始在场地内四散跑。当教师说："风大了"，幼儿就快跑；教师说："风小了"，幼儿就慢跑；教师说："风停了"，幼儿站住不动；教师说："太阳出来了"，幼儿蹲下表示雪融化了。游戏重新开始。

☆ 考核要求：

1. 模拟游戏组织

（1）模拟演示向幼儿介绍"雪花飘飘"游戏的玩法。

(2) 语言表述简明扼要,动作示范准确,易于幼儿理解。

2. 回答问题

(1) 这个游戏能发展3~4岁幼儿的什么能力?

(2) 游戏中可能出现什么问题?有什么办法可以解决这些问题?

3. 请在10分钟内完成上述任务。

☆ **评分要点:**

1. 模拟演示向幼儿介绍"雪花飘飘"游戏的玩法和规则,语言讲解清晰易懂,动作演示准确到位。

2. 游戏主要发展幼儿走和跑的动作及灵活性,按信号做动作的能力。

3. 游戏中有可能出现幼儿在四散跑的时候发生碰撞、摔倒,解决的办法是教师在游戏前要提醒幼儿不要相互碰撞,当听到大风声的时候也不要跑得太快以免摔倒。

9 捉尾巴

游戏玩法:选一名幼儿当捉尾巴的,其余幼儿将一根带子系在腰上,用一根彩色皱纹纸绳掖在带子里当尾巴扮作小动物。游戏开始,教师说:"捉尾巴啦!"小动物四散跑开,捉尾巴的幼儿要想办法捉住小动物的尾巴(把皱纹纸绳抽下),小动物要尽量躲闪不让自己丢了尾巴。5分钟后,教师说:"时间到!"大家停下来,捉尾巴的幼儿数一数自己捉到了多少尾巴。换人当捉尾巴的,游戏重新开始。

☆ **考核要求:**

1. 模拟游戏组织

(1) 模拟演示向幼儿介绍"捉尾巴"游戏的玩法与规则。

(2) 语言表述简明扼要,动作示范准确,易于幼儿理解。

2. 回答问题

(1) 这个游戏能发展4~5岁幼儿的什么能力?

(2) 游戏中可能出现什么问题?游戏还可以怎么玩?

3. 请在10分钟内完成上述任务。

☆ **评分要点:**

1. 模拟演示向幼儿介绍"捉尾巴"游戏的玩法和规则,语言讲解清晰易懂,动作演示准确到位。

2. 游戏主要发展幼儿跑的动作及敏捷性,发展灵活的躲闪及反应能力。

3. 游戏中有可能出现幼儿在四散跑的时候发生碰撞、摔倒,解决的办法是教师在游戏前要提醒幼儿不要相互碰撞。可以将幼儿分成两队互相捉尾巴,每个人既要想办法捉住对方的尾巴,又要当心自己的尾巴不被别人捉了去。当自己的尾巴被拉掉时,就不可以去捉别人的尾巴。最后计数,留下尾巴多的一队为胜。

10 好玩的小绳子

"揪尾巴"是幼儿园常用的游戏,但老是玩揪尾巴幼儿都不感兴趣了。能不能利用当"尾巴"的小绳子让幼儿玩其他的体育游戏。

☆ **考核要求:**

1. 设计游戏

(1) 设计并介绍3个利用小绳子玩的体育游戏。

(2) 游戏符合幼儿的兴趣和特点,能促进幼儿动作技能的发展。

2. 模拟游戏组织

(1) 以一个游戏为例,模拟对幼儿讲解游戏的玩法。

(2) 结合动作示范游戏玩法,动作示范到位,有助于幼儿模仿。

3. 请在10分钟内完成上述任务。

☆ **评分要点:**

1. 介绍演示自己设计的一个游戏,演示动作和讲解要清楚明白,易于幼儿理解。如将绳子放在地上,踩着绳子玩"走小路"游戏,发展幼儿走的动作及平衡能力。

2. 要列举可用绳子玩的2~3种其他游戏和玩法,如用绳子玩跳绳、跳障碍、拔河等。

11 袋鼠跳

游戏玩法:幼儿站在一个大小合适的布袋子里面,双手提着布袋往前跳。

☆ **考核要求:**

1. 模拟组织幼儿玩"袋鼠跳"的游戏

(1) 结合动作示范讲解游戏玩法,动作演示到位,便于幼儿模仿。

(2) 语言讲解生动浅显,有条理,易于幼儿理解。

2. 回答问题

(1) 在这个游戏中幼儿可能碰到哪些困难?说出两个即可。

(2) 如果幼儿遇到该问题,你会用什么方法帮助幼儿?

3. 请在10分钟内完成上述任务。

☆ **评分要点:**

1. 模拟组织幼儿玩"袋鼠跳"的游戏,语言讲解清晰易懂,动作演示准确到位。

2. 游戏中可能遇到的困难:(1) 个别幼儿不会提着布袋向前跳。教师可先教会幼儿袋鼠跳,请每个幼儿先提着布袋跳给教师看。(2) 幼儿有可能出现被布袋绊住跳不动、不敢跳的困难。教师可以提醒幼儿在跳的时候要提紧布袋,可让一名做得好的幼儿来示范动作。(3) 幼儿动作不协调,容易摔跤。教师可以让幼儿提着布袋练习慢慢往前跳。

12 喂小动物

游戏介绍：全体幼儿手持小纸片站在场地中间，游戏开始，教师说："小动物饿了，我们去喂他们，看看你手里拿的东西，谁最爱吃你手上的东西，你就去喂谁，看谁喂对了。"说完，幼儿跑去喂小动物。

☆ **考核要求**：

1. 给"喂小动物"游戏配说明图
(1) 将游戏规则画成说明图。
(2) 说明图应该符合游戏规则，清晰明了，易于幼儿理解与展开游戏。
2. 模拟向幼儿讲解游戏规则
运用说明图模拟对幼儿讲解游戏规则。语言能吸引幼儿，表达准确。
3. 请在10分钟内完成上述任务。

☆ **评分要点**：

1. 说明图符合游戏的玩法和规则，图示清晰明了，易于幼儿理解。
2. 模拟演示向幼儿介绍用不同的食物喂不同的小动物的游戏规则，语言讲解清晰易懂，动作演示准确到位。

13 电风扇

游戏玩法：幼儿两人一对背靠背站好，准备扮电风扇。游戏开始，当教师说"电风扇准备"时，幼儿两臂平举做好准备。当听到教师说"电来了"幼儿边念儿歌边转圈："风儿吹，风儿凉，小小风扇通电啦，呼呼呼呼转起来"，原地旋转时嘴里可发出"呼呼"的声音。当听到教师说"停电了"，幼儿两臂放下，停下来站在原地不动。游戏可重复进行。

☆ **考核要求**：

1. 模拟游戏组织
(1) 模拟演示向幼儿介绍"电风扇"游戏的玩法。
(2) 语言表述简明扼要，动作示范准确，易于幼儿理解。
2. 回答问题
(1) 这个游戏能发展5~6岁幼儿什么能力？
(2) 游戏中可能出现什么问题？有什么办法能解决这些问题？
3. 请在10分钟内完成上述任务。

☆ **评分要点**：

1. 模拟演示向幼儿介绍"电风扇"的玩法，语言讲解清晰易懂，动作演示准确到位。
2. 游戏主要发展幼儿身体的平衡能力、自控能力以及合作能力。

3. 游戏中有可能幼儿自转时会头晕,解决方法是游戏前教师提醒幼儿慢慢转,逐步加快自转的速度,或请个别幼儿示范如何转多圈而不倒;可能因两个人背靠背动作不协调而转不起来,可请做得好的一对幼儿来示范两人合作转圈动作。

14　金锁银锁

游戏玩法:请一名幼儿做"关锁"人,该幼儿的两手掌作"锁",手指张开,手心向下,其余幼儿的手指触在"关锁"人的手掌中。游戏开始,大家一起念儿歌:"金锁银锁,金锁银锁,咔嚓一锁,嚓啦一锁。"念毕,"关锁"人立即捏紧手掌,幼儿的手指则快速离开手掌,若有幼儿的手指被捏住,要站在场外。游戏重新开始。

☆ 考核要求:

1. 模拟游戏组织

(1) 模拟演示向幼儿介绍"金锁银锁"游戏的玩法与规则。

(2) 语言表述简明扼要,动作示范准确,易于幼儿理解。

2. 回答问题

(1) 这个游戏能发展4~5岁幼儿的什么能力?

(2) 游戏中可能出现什么问题?有什么办法能解决这些问题?

3. 请在10分钟内完成上述任务。

☆ 评分要点:

1. 模拟演示向幼儿介绍"金锁银锁"游戏的玩法和规则,语言讲解清晰易懂,动作演示准确到位。

2. 游戏主要发展幼儿动作的敏捷性、灵活的反应能力。

3. 游戏中有可能出现幼儿不遵守游戏规则的情况,如没有等儿歌念完,"关锁"人就把手掌关住,或幼儿的手指就先离开了手掌,解决的办法是教师在游戏前强调儿歌念完才能做动作的游戏规则。

15　小矮人摸灯

游戏介绍:场地中间地上放一排"神灯"(一绳代替)。游戏开始,幼儿扮演小矮人,先后蹲走到"神灯"前,用手摸"神灯",身体立刻长高(即由蹲改为直立),再跨过绳子后跑到终点。

☆ 考核要求:

1. 给"小矮人摸灯"游戏配说明图

(1) 将游戏规则画成说明图。

(2) 说明图应该符合游戏规则,清晰明了,易于幼儿理解与展开游戏。

2. 模拟向幼儿讲解游戏规则

运用说明图模拟对幼儿讲解游戏规则。语言能吸引幼儿,表达准确。

3. 请在10分钟内完成上述任务。
☆ 评分要点：
1. 说明图符合游戏的玩法和规则，图示清晰明了，易于幼儿理解。
2. 模拟演示向幼儿介绍"小矮人摸灯"游戏的规则，语言讲解清晰易懂，动作演示准确到位。

16　用椅子玩游戏

利用现场提供的椅子，创编幼儿游戏。

☆ 考核要求：
1. 设计与介绍游戏
(1) 利用现场提供的幼儿椅子创编2个游戏，说明玩法。
(2) 要求说明每个游戏能促进幼儿哪些方面的发展。
2. 请在10分钟内完成上述任务。

☆ 评分要点：
1. 介绍演示自己设计的2个游戏，演示动作和讲解要清楚明白，易于幼儿理解。
2. 如把几个椅子拼起来玩"走小桥"的游戏，幼儿依次从小桥上面走过，发展平衡能力；如"跳椅子"游戏，用三个小椅子当障碍，幼儿依次单脚踏上椅子后双脚跳下，发展跳跃能力及动作的协调性；如"搬椅子"游戏，幼儿搬着小椅子绕障碍行进，发展动作的协调性等。

17　小马运粮

游戏玩法：幼儿当小马，帮妈妈运粮食回家。小马分成人数均等的4队，每队从第一位幼儿开始，戴上小马的头饰，听到"出发"的口令后即往前跑，跳过小河，走过独木桥，捡一袋"粮食"（沙包）顶在头上，按原路返回，再过独木桥时，双臂侧平举，过桥后将"粮食"拿在手上，再跳过小河，把"粮食"放进队伍前面的纸盒后，回到队伍将头饰交给下一位幼儿，以此类推，以动作又快又稳的队为胜。

☆ 考核要求：
1. 模拟游戏组织
(1) 模拟演示向幼儿介绍"小马运粮"游戏的玩法。
(2) 语言表述简明扼要，动作示范准确，易于幼儿理解。
2. 回答问题
(1) 这个游戏能发展5～6岁幼儿什么能力？
(2) 游戏中可能出现什么问题？有什么办法能解决这些问题？
3. 请在10分钟内完成上述任务。

☆ 评分要点：

1. 模拟演示向幼儿介绍"小马运粮"的玩法，语言讲解清晰易懂，动作演示准确到位。

2. 游戏主要发展幼儿身体的平衡和动作协调能力、合作能力。

3. 游戏中有可能有幼儿忘了要把"粮食"顶在头上，或是顶在头上的"粮食"掉在地上，解决方法是游戏前教师要提醒注意遵守游戏规则，当沙包掉在地上时，必须停下捡起后再继续游戏。

18 听掌声走

游戏玩法：教师击掌，幼儿按节奏在场内四散走。教师不断变化击掌的速度，幼儿随节奏的快慢调整自己走的速度。当教师重击两下时，幼儿立定站好。游戏可重复进行。

☆ 考核要求：

1. 模拟组织游戏

(1) 模拟演示向幼儿介绍"听掌声走"游戏的玩法。

(2) 语言表述简明扼要，动作示范准确，易于幼儿理解。

2. 回答问题

(1) 这个游戏能发展4～5岁幼儿什么能力？

(2) 游戏中可能出现什么问题？游戏还可以怎么玩？

3. 请在10分钟内完成上述任务。

☆ 评分要点：

1. 模拟演示向幼儿介绍"听掌声走"游戏的玩法，语言讲解清晰易懂，动作演示准确到位。

2. 游戏主要发展幼儿听辨节奏的能力和自我控制的能力。

3. 游戏中有可能有幼儿不能按照教师击掌的节奏走，当教师重击两下时有幼儿不能立定站好。游戏还可以让幼儿蒙着眼睛，排成一列，跟着教师的铃鼓声音走。

19 上山去砍柴

游戏玩法：一名幼儿扮演熊，其他幼儿扮演上山砍柴的人。游戏开始，上山砍柴的人一边四散走一边念儿歌："上山去砍柴，砍了许多柴，一二三，熊来了！"当念到"熊来了"时，砍柴幼儿要立即扮演木头人，做出不同的造型，表情和动作都静止。熊在木头人中寻找，当熊说："哇，这里都是木头人"时，木头人即成功地躲过了熊。若是熊发现有人动，则说："哈，我捉到一个小人了！"被捉到的幼儿要暂停游戏一次。游戏重复进行。

☆ **考核要求：**

1. 模拟组织幼儿做"上山去砍柴"的游戏

(1) 结合动作示范讲解游戏玩法,动作演示到位,便于幼儿模仿。

(2) 语言讲解生动浅显,有条理,易于幼儿理解。

2. 回答问题

(1) 在这个游戏中幼儿可能碰到哪些困难？说出两个即可。

(2) 如果幼儿遇到该问题,你会用什么方法帮助幼儿？

3. 请在10分钟内完成上述任务。

☆ **评分要点：**

1. 模拟组织幼儿玩"木头人"的游戏,语言讲解清晰易懂,动作演示准确到位。

2. 可能遇到的困难：(1) 幼儿不会唱儿歌。教师可在玩游戏之前先教会幼儿,并请幼儿一起唱给教师听。(2) 幼儿不知道熊来了的时候如何扮成木头人。教师在玩游戏之前先教幼儿玩"木头人"的游戏,教师扮成狗熊来检查一次。(3) 游戏规则比较复杂,幼儿难以掌握。教师可以分次讲规则,一边讲解一边示范。有的规则前面说,例如看到熊来了扮成木头人；有的规则后面说,例如被抓住了就暂停一轮游戏。

20 利用桌子的游戏

利用现场提供的桌子,为幼儿设计体育游戏。

☆ **考核要求：**

1. 设计与演示游戏

(1) 介绍并演示利用桌子设计的一个体育游戏。

(2) 要求说明该游戏适宜的年龄段、玩法,以及可以促进幼儿哪方面的发展。

(3) 语言简洁,表达清楚,示范准确。

2. 回答问题

(1) 幼儿还可以自己利用桌子玩什么游戏？（不局限于体育游戏）

(2) 利用桌子玩游戏时,有无需要注意的问题？

3. 请在10分钟内完成上述任务。

☆ **评分要点：**

1. 介绍演示自己设计的一个游戏,演示动作和讲解要清楚明白,易于幼儿理解。如把几个桌子拼起来玩"钻山洞"的游戏,幼儿手膝着地依次从桌子下面爬过,发展爬行能力及动作的协调性；如"高跳下"游戏,幼儿依次从桌在上尝试跳下,发展跳跃能力及动作的协调性；如在桌子面上翻滚、在桌子上走等。

2. 利用桌子玩游戏需要注意的问题：一是要注意安全,特别是在桌面上走、从桌子上向下跳等,教师要做好保护工作,防止幼儿受伤；二是在设计组织游戏时,要把握好游戏的难度,从易到难逐步提高。

21　词语接龙

游戏玩法：一个幼儿当主持人，其余幼儿当接龙人。主持人有节奏地边拍手边说："星期天，逛公园。"接龙人问："什么园？"主持人选择一种园回答，如水果园（或蔬菜园、动物园等）。接龙人根据主持人回答的园名，以接龙的形式，边拍手边一个个依次说出园子里面事物的名称，如苹果、香蕉、李子、草莓……后面的人说出的名称必须属于该园的类别。接龙人不能重复前面人说过的名称，说错、没有说出、节奏错误的幼儿都算输。输的幼儿当主持人，游戏重新开始。

☆ **考核要求：**

1. 模拟演示游戏组织
（1）模拟向幼儿介绍词语接龙游戏的玩法。
（2）语言讲解生动浅显，有条理，易于幼儿理解。
2. 回答问题
这个游戏适合哪个年龄的幼儿？为什么？
3. 请在 10 分钟内完成上述任务。

☆ **评分要点：**

1. 模拟演示向幼儿介绍"词语接龙"游戏的规则，语言讲解清晰易懂，动作演示准确到位。
2. 这个游戏适合 5～6 岁大班幼儿，因为游戏中涉及水果、蔬菜、动物等类的概念，要求幼儿能掌握相关类别的外延，有一定的词汇量，同时还要求按照节奏来说，有一定的难度。

22　切西瓜

游戏玩法：幼儿手拉手围成一个大圆圈当作"大西瓜"。一位幼儿当"切瓜人"，边念儿歌："切，切，切西瓜，我把西瓜切两半"边绕着圆圈走，并做"切西瓜"的动作，念到最后一个字时，将身边两位幼儿拉着的手切开，然后站在被切开的位置。被切到的两位幼儿则必须立即朝不同方向跑一圈，再回到原位，先到达原位者为胜，担任再次游戏的"切瓜人"。

☆ **考核要求：**

1. 模拟游戏组织
（1）模拟演示向幼儿介绍"切西瓜"游戏的玩法。
（2）语言表述简明扼要，动作示范准确，易于幼儿理解。
2. 回答问题
（1）这个游戏能发展 4～5 岁幼儿什么能力？
（2）游戏中可能出现什么问题？有什么办法能解决这些问题？

3. 请在 10 分钟内完成上述任务。

☆ 评分要点：

1. 模拟演示向幼儿介绍"切西瓜"的玩法，语言讲解清晰易懂，动作演示准确到位。

2. 游戏主要发展幼儿跑的能力以及动作的敏捷性。

3. 游戏中可能有幼儿在跑的过程中没有绕一圈回原位，解决方法是游戏前教师要讲解清必须绕着"西瓜"跑一圈的要求，可以请一组幼儿来做示范后再开始游戏。

23 瓶子游戏

利用矿泉水瓶，让幼儿玩体育游戏。

☆ 考核要求：

1. 利用空矿泉水瓶设计并介绍两个体育游戏
(1) 游戏符合幼儿的年龄特点。
(2) 说明游戏能让幼儿获得什么方面锻炼？
2. 以一个游戏为例，模拟对幼儿讲解游戏玩法
(1) 结合动作示范讲解游戏玩法，动作示范到位，有助于幼儿模仿。
(2) 语言讲解生动浅显，易于幼儿理解，能吸引幼儿。
3. 请在 10 分钟内完成上述任务。

☆ 评分要点：

1. 介绍自己设计的两个游戏，语言清晰有条理，能有效利用矿泉水瓶。游戏符合幼儿的年龄特点。如把几个矿泉水瓶灌上彩色水，让幼儿玩"打保龄球"的游戏，发展幼儿投掷动作及身体的协调性；如用灌水的矿泉水瓶当障碍，让幼儿依次滚球绕过障碍，或双脚跳过障碍等，发展跳跃能力及动作的协调性。

2. 模拟演示向幼儿介绍一个游戏的玩法，语言讲解清晰，动作演示到位，易于幼儿理解和模仿。

24 两人三足

游戏玩法：幼儿两人一组并列站好，将两人相邻的两条腿用绑带扎紧。游戏开始后，两人一起向前走，沿跑道走向终点，绕过终点标志后再返回起点。

☆ 考核要求：

1. 模拟游戏组织
(1) 模拟演示向幼儿介绍"两人三足"游戏的玩法。
(2) 语言表述简明扼要，动作示范准确，易于幼儿理解。

2. 回答问题

(1) 这个游戏能发展幼儿什么能力？

(2) 游戏中可能出现什么问题？有什么办法能解决这些问题？

3. 请在10分钟内完成上述任务。

☆ **评分要点**：

1. 模拟演示向幼儿介绍"两人三足"的玩法，语言讲解清晰易懂，动作演示准确到位。

2. 游戏主要发展幼儿的动作协调性、合作能力和沟通能力等。

3. 游戏中可能有幼儿的腿绑不紧，解决方法是游戏前教师要逐一检查帮忙扎紧；可能因两个人动作不协调而摔倒，教师可教幼儿同步走的方法，可以请走得协调的一组幼儿来做示范。

25 放鞭炮

游戏玩法：在一根小竹竿的顶端系一根小绳子，绳子下面挂一个红纸卷当"鞭炮"。全体幼儿站在大圆圈上面，教师手持系有"鞭炮"的小竹竿，在幼儿头的上方来回晃动。当"鞭炮"停在某位幼儿头上方时，该名幼儿就用手去触"鞭炮"，作点"鞭炮"状，口中发出："嗤——"的声音，其他幼儿也随即发出"嗤——"的声音，并蹲下等待炮响。然后教师发出"砰！"或"砰砰！"声，幼儿双脚向上跳起，双手击掌并发出"啪！"或"啪啪！"声。游戏重复进行。

☆ **考核要求**：

1. 模拟游戏组织

(1) 模拟演示向幼儿介绍"放鞭炮"游戏的玩法和规则。

(2) 语言表述简明扼要，动作示范准确，易于幼儿理解。

2. 回答问题

(1) 这个游戏能发展3～4岁幼儿什么能力？

(2) 游戏中可能出现什么问题？游戏还可以怎么玩？

3. 请在10分钟内完成上述任务。

☆ **评分要点**：

1. 模拟演示向幼儿介绍"放鞭炮"游戏的玩法，语言讲解清晰易懂，动作演示准确到位。

2. 游戏主要发展幼儿双脚原地向上跳的能力，发展动作的敏捷性。

3. 游戏中可能有的幼儿"鞭炮"没有停在自己头上就想去点"鞭炮"的情况，教师可将晃动的鞭炮离开幼儿头顶一定距离，并提醒幼儿只有当"鞭炮"停在谁的头上谁才能去点"鞭炮"。还可请一名幼儿手持一个报纸卷成的小棒当"点炮"人，一边在圈里面走一边发出"嗤——"的声音，纸棒点到谁，谁就双脚跳起并发出"砰！"的声音，这名幼儿两边的4名幼儿则依次跳起发出"啪!"或"啪啪!"的声音。

26　猎人打狐狸

游戏介绍:场地上画一个大圆圈。选4名幼儿当猎人,其中两人持球站在圆的四等分处。其他幼儿当狐狸,站在圆圈内。听到开始的口令后,持球的猎人要用球击打圈内的狐狸,狐狸则要迅速躲闪避让,不让球击中。被球击中的狐狸要站在圈外。当有4只狐狸被击中后,这4个人便成为新猎人,猎人则成为狐狸,游戏继续进行。

☆ **考核要求**:

1. 为游戏配说明图
（1）将"猎人打狐狸"游戏的规则画成说明图。
（2）说明图应该符合游戏规则,清晰明了,易于幼儿理解与展开游戏。
2. 模拟向幼儿讲解游戏规则
运用说明图模拟对幼儿讲解游戏规则。语言生动能吸引幼儿,表达准确。
3. 请在10分钟内完成上述任务。

☆ **评分要点**:

1. 说明图符合游戏的玩法和规则,图示清晰明了,易于幼儿理解。
2. 模拟演示向幼儿介绍"猎人打狐狸"游戏的规则,语言讲解清晰易懂,动作演示准确到位。

27　花样玩球

请为4～5岁的幼儿设计3个用球玩的体育游戏。

☆ **考核要求**:

1. 设计游戏
（1）设计并介绍3个利用球玩的体育游戏。
（2）游戏符合幼儿的兴趣和特点,能促进幼儿动作技能的发展。
2. 模拟游戏组织
（1）以一个游戏为例,模拟对幼儿讲解游戏的玩法。
（2）结合动作示范游戏玩法,动作示范到位,有助于幼儿理解和模仿。
3. 请在10分钟内完成上述任务。

☆ **评分要点**:

1. 介绍演示自己设计的一个游戏,演示动作和讲解要清楚明白,易于幼儿理解。如"运西瓜"的游戏,将皮球当做大西瓜,让幼儿想出各种办法把"西瓜"运到场地的另一头,发展幼儿动作的协调性。

2. 要列举可以用球玩的2~3种其他名称和玩法,如用球玩拍球、滚球过桥、"赶小猪"等游戏。

28　老狼老狼几点了

游戏玩法:在场地上画一条横线,幼儿扮成各种小动物站在线后。请一名幼儿当"老狼",站在横线前面。游戏开始,小动物跟在老狼后面,一边问"老狼老狼几点了"一边跟着老狼向前走,老狼可以回答任意时间。当老狼回答时,小动物们停下来静止不动。老狼和小动物的问答反复几次,直到老狼回答"天黑了"时,老狼可转身追逐小动物,小动物则四散逃走,跑回横线后者即获胜,逃跑过程中被抓住则暂停一轮游戏。

☆ **考核要求:**

1. 模拟游戏组织
(1) 模拟演示向幼儿介绍"老狼老狼几点了"游戏的玩法和规则。
(2) 语言讲解生动浅显有条理,动作示范准确,易于幼儿理解。
2. 回答问题
(1) 这个游戏能发展4~6岁幼儿什么能力?
(2) 游戏中可能出现什么问题?有什么办法能解决这些问题?
3. 请在10分钟内完成上述任务。

☆ **评分要点:**

1. 模拟演示向幼儿介绍"老狼老狼几点了"游戏的玩法,语言讲解清晰易懂,动作演示准确到位。
2. 游戏主要发展幼儿跑和按信号做动作的能力,发展控制力和动作的敏捷性。
3. 游戏中可能"老狼"和幼儿有违反游戏规则的现象,解决方法是游戏前教师要讲清游戏的规则要求。还有可能游戏中幼儿奔跑追逐时,发生碰撞、摔跤的情况,教师可以让幼儿走时散开,并提醒幼儿跑的时候要互相避让,注意安全。

29　红旗不倒

游戏玩法:幼儿围成圈,面向圆心站立,每人依次报数,所报出的数字就是幼儿的代号。请出其中一名幼儿站在圆中央,握住红旗,该幼儿一边叫出一个代号,一边放掉红旗站到圆圈上。被叫到的幼儿要迅速冲上,接住红旗,不让红旗倒下。游戏继续进行。如果有幼儿没有接住红旗,该幼儿算输。游戏重复进行。

☆ **考核要求:**

1. 模拟游戏组织做"红旗不倒"的游戏
(1) 结合动作示范讲解游戏玩法,动作演示到位,便于幼儿模仿。
(2) 语言讲解生动浅显,有条理,易于幼儿理解。

2. 回答问题

(1) 在这个游戏中幼儿可能会碰到哪些困难？说出两个即可。

(2) 如果幼儿遇到问题,你会用什么方法来帮助幼儿？

3. 请在 10 分钟内完成上述任务。

☆ 评分要点：

1. 模拟组织幼儿玩"红旗不倒"的游戏,语言讲解清晰易懂,动作演示准确到位。

2. 游戏中幼儿有可能会没有记住自己的代号,另外,还可能出现幼儿围成的圈较大,红旗总是接不住而倒地等困难。可以为幼儿配发号码牌帮助幼儿明确自己的号码,幼儿围成的圈可缩小或把红旗的旗杆加长一些,以使大部分幼儿能接住红旗。

30 好玩的纸盒

利用纸盒玩体育游戏。

☆ 考核要求：

1. 设计游戏

(1) 利用纸盒为幼儿设计 2 种体育游戏,说明游戏的玩法。

(2) 设计的游戏能让幼儿达到锻炼的目的,符合幼儿的兴趣和特点。

2. 模拟演示

(1) 选取一个设计的纸盒游戏,说明幼儿游戏时会遇到什么困难,该怎么解决？

(2) 模拟演示解决幼儿游戏困难的办法。要求语言讲解生动浅显,易于幼儿理解,能吸引幼儿。

3. 请在 10 分钟内完成上述任务。

☆ 评分要点：

1. 介绍自己设计的两个游戏,语言清晰有条理,能有效利用纸盒开展游戏,游戏符合幼儿的年龄特点。如"打老鼠"游戏,让幼儿拖着纸盒当"老鼠",其他幼儿用沙包去投中移动中的纸盒。如用纸盒搭成门洞,让幼儿手持球杆玩打门球的游戏。如让幼儿头顶纸盒沿线走,玩"走钢丝"游戏等。

2. 模拟演示向幼儿介绍一个游戏的玩法,演示帮助幼儿解决游戏困难的办法,语言讲解清晰,动作演示到位,能吸引幼儿并易于幼儿理解和模仿。

三、手指与桌面游戏指导

1 握握手

两个拇指碰一碰,点点头。

两个食指变公鸡,斗一斗。

两个小指勾一勾,做朋友。

两个手指挠一挠,握握手。

☆ 考核要求：

1. 模拟演示手指游戏教学
（1）根据儿歌内容创编手指游戏的动作,并模拟演示。
（2）手指游戏演示动作清楚,易于幼儿模仿。
2. 回答问题
如果想请两个幼儿合作进行上述游戏,可以怎么做？
3. 请在10分钟内完成上述任务。

☆ 评分要点：

1. 模拟演示手指游戏,演示动作清楚,易于幼儿模仿。
2. 示范与引导两名幼儿伸出一只手合作做动作。

小朋友们,我们昨天认识了我们的双手,大家还记得我们的手指分别叫什么名字吗？记得啊,那老师要考考大家了。这是什么？答对了,是拇指。这是什么？答对了,是食指。那这个呢？也答对了,是小指。

我们的手指本领很大,它们还会做游戏呢。你们想不想知道游戏是怎么玩的？想啊,老师告诉你们,我们要边唱儿歌边玩游戏,手指才更听话呢。和老师来一起试一试,边唱儿歌,边做动作。

"两个拇指碰一碰,点点头。两个食指变公鸡,斗一斗。两个小指勾一勾,做朋友。两个手指挠一挠,握握手。"

大家做的真棒,太厉害了。我们自己的两只手会做游戏,那我们和别的小朋友会不会一起做游戏呢？我们来试一试,每个人像老师这样,伸出自己的这只手（右手）,和旁边的小朋友试一试吧。

"两个拇指碰一碰,点点头。两个食指变公鸡,斗一斗。两个小指勾一勾,做朋友。两个手指挠一挠,握握手。"

大家真厉害,我们都是好朋友。回家也可以教给爸爸妈妈,和他们用手指玩游戏。

2　捏拢放开

捏拢放开,捏拢放开,小手摆一摆,
捏拢放开,捏拢放开,小手拍一拍。
爬呀爬呀爬呀爬,小手放在膝盖上,
摸一摸,捏一捏,拍拍膝盖笑哈哈。

☆ 考核要求：

1. 根据儿歌配动作
（1）边念儿歌边用双手做动作,动作与儿歌内容相符合。

(2) 动作有一定的节奏感,手口配合协调。
2. 模拟对幼儿讲解游戏玩法
(1) 通过动作示范进行讲解,动作规范,便于幼儿模仿。
(2) 语言讲解生动浅显,易于幼儿理解,能吸引幼儿。
3. 请在10分钟内完成上述任务。

☆ **评分要点**:

1. 编配的动作符合儿歌内容,有一定的节奏感,手口配合协调。
2. 模拟演示向幼儿介绍游戏的玩法,语言讲解清晰易懂,动作演示准确到位。

3 我有一双小小手

我有一双小小手,
一只左来一只右,
变成老鹰飞一飞,
变成孔雀跳一跳,
变成小猫叫一叫,
变成狐狸笑一笑,
变成相机照一照,
大家拍手齐欢笑。

☆ **考核要求**:

1. 根据儿歌配动作
(1) 边念儿歌边用双手做动作,动作与儿歌内容相符合。
(2) 动作有一定的节奏感,手口配合协调。
2. 模拟对幼儿讲解游戏玩法
(1) 通过动作示范进行讲解,动作规范,便于幼儿模仿。
(2) 语言讲解生动浅显,易于幼儿理解,能吸引幼儿。
3. 请在10分钟内完成上述任务。

☆ **评分要点**:

1. 编配的动作符合儿歌内容,有一定的节奏感,手口配合协调。
2. 模拟演示向幼儿介绍游戏的玩法,语言讲解清晰易懂,动作演示准确到位。

4 手指兄弟

一个手指点点点,
两个手指敲敲敲,
三个手指捏捏捏,

四个手指挠挠挠，
五个手指拍拍拍。
五个兄弟爬上山，
叽里咕噜滚下来。

☆ **考核要求：**

1. 模拟演示手指游戏

（1）根据儿歌内容创编手指游戏的动作，并模拟演示。

（2）手指游戏演示动作清楚，易于幼儿模仿。

2. 回答问题

如果想请两个幼儿合作进行上述游戏，可以怎么做？

3. 请在 10 分钟内完成上述任务。

☆ **评分要点：**

1. 模拟演示手指游戏，演示动作清楚，易于幼儿模仿。如一个手指点点点（伸出右手一个手指在左手背上轻点），两个手指敲敲敲（伸出右手两只手指在左拳上轻敲），三个手指捏捏捏（伸出右手三只手指在左臂上轻捏），四个手指挠挠挠（伸出右手四只手指在左臂上轻挠），五个手指拍拍拍（两个手对拍），五个兄弟爬上山（两手在身上从下往上做爬山状），叽里咕噜滚下来（从头一直到脚）。

2. 两个幼儿合作，可互相在对方身上做动作。

5　看着容易做着难

汤圆这么圆呀（两手合拢抱成拳），
饺子这么长呀（双手捏拳挨拢，掌心向上，大拇指向外伸出），
山有这么高呀（双手掌心相对，五指指头相对挨拢），
路有这么宽呀（双手并拢掌心向上）。
看着容易做着难（左手五指伸直，右手捏拳，然后左手捏拳，右手伸直，交替二次），
看着容易做着难（同上）。
咕噜咕噜锤（双手握拳从里向外绕圈，右手伸出做拳头），
咕噜咕噜剪（双手握拳从里向外绕圈，右手伸出做剪刀），
咕噜咕噜一个（双手握拳从里向外绕圈，右手伸出食指作1），
咕噜咕噜两个（双手握拳从里向外绕圈，右手伸出食指、中指作2）。

☆ **考核要求：**

1. 模拟演示手指游戏

（1）有节奏边念儿歌边做动作，模拟向幼儿示范手指游戏的玩法。

（2）语速适当，动作与内容相匹配，且易于幼儿模仿。

2. 回答问题

组织这个游戏过程中，如果遇到幼儿手口配合不一致，双手配合不协调等问题，

你有什么解决方法？

3. 请在 10 分钟内完成上述任务。

☆ 评分要点：

1. 模拟演示手指游戏，演示动作清楚，易于幼儿模仿。

2. 游戏的过程中，幼儿出现手口配合不一致，双手配合不协调是正常现象，教师可以放慢节奏，一开始由教师说，幼儿跟着教师做动作，慢慢地让幼儿边说边做动作，等幼儿熟练后，再逐步提高速度。

6 模仿操

动物模仿操。

☆ 考核要求：

1. 根据动物的外形或动态特征演示模仿操

（1）任选 4 种动物，根据这些动物的典型特点，演示模仿操。

（2）动作有一定的节奏感，表现夸张，富有童趣，适合幼儿模仿。

2. 模拟面对幼儿示范讲解动作要领

（1）示范动作规范，要领明确，便于幼儿模仿。

（2）语言讲解生动浅显，易于幼儿理解，能吸引幼儿。

3. 请在 10 分钟内完成上述任务。

☆ 评分要点：

1. 模仿操如小鱼游、小鸡捉虫、小鸭摇摇摆摆、小鸟飞、青蛙跳、大象长鼻子等。模仿动作符合小动物的外形或动态特征，有一定的节奏感，适合幼儿模仿。

2. 模拟演示向幼儿讲解动作要领，语言清晰易懂，动作演示到位。

7 搭积木

利用积木搭建不一样的造型。

☆ 考核要求：

1. 模拟演示

（1）请模拟幼儿利用积木搭建 2 个不一样的造型。

（2）请分别说明你的模拟搭建可能是哪个年龄幼儿的建构作品。

2. 回答问题

大班幼儿积木搭建活动中，教师可以怎样支持幼儿提高搭建水平？请说出 2 种方法。

3. 请在 10 分钟内完成上述任务。

☆ 评分要点：

1. 模拟搭建的造型应符合幼儿阶段的可能搭建水平，应说明自己搭建的造型是符合哪个年龄幼儿的建构作品，可以从搭建作品的复杂程度、高度、对称性、积木之间的衔接等方面进行分析，考察是否了解幼儿的年龄特征。

2. 支持的方法，如参观建筑物或欣赏照片，提供建构示意图等，言之有理即可。

8　拼插陀螺

利用积塑材料拼插陀螺并演示。

☆ 考核要求：

1. 拼插陀螺并模拟演示
(1) 利用提供的积塑材料拼插两个陀螺。
(2) 演示玩自己拼插的两个陀螺。
2. 回答问题
拼插与玩陀螺的过程能给幼儿什么经验？
3. 请在10分钟内完成上述任务。

☆ 评分要点：

1. 拼插的陀螺不需要太复杂，只需要符合陀螺的基本特点，能旋转起来即可。

2. 拼插与玩陀螺的过程能促进幼儿小肌肉动作、手眼协调的发展。陀螺旋转起来是圆的，由不同颜色积塑拼插成的陀螺，旋转起来颜色会变化等。

9　挑牙签

游戏玩法：2~4个幼儿游戏，将一把牙签握在手中，随意散放，用其中一根牙签将其他牙签挑走。挑走的时候注意不能使其他牙签位置移动。如果使其他牙签位置移动，就由另一方挑牙签。游戏交替进行，最后挑的多的获胜。

☆ 考核要求：

1. 模拟演示游戏
(1) 模拟演示"挑牙签"游戏的玩法。
(2) 语言简洁，有条理，玩法讲解能让幼儿理解。
2. 回答问题
这个游戏能促进幼儿哪些方面的发展？回答2个即可。
3. 请在10分钟内完成上述任务。

☆ 评分要点：

1. 模拟演示向幼儿介绍"挑牙签"的玩法，语言讲解清晰易懂，动作演示准确到位。

2. 游戏主要促进幼儿精细动作的发展,发展幼儿的专注力和手眼协调的能力。

10 玩 牌

幼儿游戏牌。

☆ **考核要求**:

1. 制作幼儿用游戏牌
(1) 利用现场提供的材料为幼儿制作游戏牌道具,并设计玩法。
(2) 所设计的游戏主要利用了幼儿什么经验,适宜于哪个年龄段?
2. 模拟演示
(1) 模拟向幼儿介绍自制游戏牌的玩法。
(2) 要求语言简洁,玩法符合幼儿年龄特点,易于让幼儿接受。
3. 请在10分钟内完成上述任务。

☆ **评分要点**:

1. 可直接利用扑克牌,去掉王牌和花色牌,仅剩下数字牌。玩法1:分家家。让幼儿按颜色给扑克牌分家(红色牌、黑色牌等);按图形给扑克牌分家(红桃、草花、方块等)。按数字给扑克牌分家(1~10等)。玩法2:排排队。让幼儿按颜色排序(红色—黑色—红色—黑色等);按图形排序(红桃—草花—方块—红桃—草花—方块等);按数字排序(1—2—3—4—5—6—7—8—9—10—1—2……)。

2. 玩法1主要利用了归类的经验,适合3~4岁的幼儿;玩法2主要是事物排序的经验,适宜于4~5岁的幼儿。

第二单元

幼儿故事讲演技能

第一部分 考核指南

讲故事是一种幼儿喜闻乐见的教学形式,它寓教于乐,能使幼儿潜移默化地受到教育和启发,对于幼儿语言、思维、想象力和情感的发展,起到不可忽视的积极作用。教师以讲故事为载体更能走入幼儿的心灵,成为他们朋友,让孩子愿意和老师做心与心的交流,使幼儿快乐健康地成长。因此,幼儿故事讲演是学前教育专业学生必须掌握的一项教育技能。

在幼儿园教师资格证考试面试中,幼儿故事讲演技能是一种出现频度极高的试题类型,常常以模拟讲故事和看图讲述的形式出现,并要求完成与之相关的问题。

为了培养幼儿园教师扎实的教学基本功,提升专业素质水平,有效提高师范生通过幼儿园教师资格证考试的通过率,在幼儿园教师的培养中,应加强对学前教育专业学生故事讲演技能的训练,并通过专项技能考核和竞赛来提高技艺水平。

一、训练内容与要求

幼儿故事讲演训练内容一般选取各类幼儿园教材中的故事、常见的绘本故事等,故事中角色特征鲜明,有较多的对话,故事篇幅短小,一般在350～700字为宜。要求学生熟练掌握故事讲演,并从易到难逐步提高要求。

二、训练方式

结合相关课程内容,通过教师传授方法、学生自主练习等措施加强故事讲演技能训练,要求学生熟练掌握30个常用故事。组织开展幼儿故事讲演技能专项考核与竞赛。

三、考核方案与评分标准

幼儿故事讲演考核试题由模拟讲演和回答问题两部分组成,主要考核学生讲故事的技能技巧和了解幼儿、语言沟通等方面的能力。

考核采用随机抽题考核方式,要求学生抽题后准备10分钟即进行考核,在10分钟内在完成试题指定的内容。

评分标准:

1. 故事语言口语化,并能用准确、流畅的普通话脱稿讲述故事。

2. 讲述时"说"、"表"清晰,能恰当处理声音的高低强弱、快慢停顿,语言讲述富有表现力。

3. 讲演时体态自然得体，表情、动作等肢体语言运用自然。

4. 讲故事的方式适合幼儿特点，如能用适度夸张的动作、表情、语气、语调，或适当的提问等来吸引幼儿的注意力，模拟给幼儿看画面等。

5. 能对故事进行恰当的改编和升华。

6. 回答问题逻辑思路清晰，观点基本准确，理由合理恰当。

本项目考核分值为10分。得分9分以上为优秀，8～9分为良好，6～8分为合格，6分以下者为不合格。

四、幼儿故事讲演技能考核的高分要点

（一）对故事进行一定的加工处理

首先，准备故事时，应在弄清故事基本脉落的基础上对故事进行适当的加工和处理，看图讲述题目更是需要结合图片，进行一定的故事创编，并使故事口语化和可表演化。其次，讲故事时要用幼儿理解的语言，把故事里的时间、地点、人物、事件都交待清楚。千万不要读故事或者背故事。

技巧1：讲故事的句子短小、简单、口语化。讲故事的句子要短小一些、简单一些，例如把"因为天下雨，所以带把雨伞"改为"啊，天哗哗地下雨了，怎么办呢？带把伞吧！"去掉关联词语的短句的运用使语言口语化。还可以多增加拟声词，模仿各类声音，如汽车"嘟嘟"、火车"哐哐"、门铃"叮咚"，还有各种小动物的声音等，通过简短明了的语言与拟声词的运用，增加故事讲演的特色。

技巧2：要用幼儿听得懂的词来替换他不懂的词。例如，用"生气"来代替"气愤"或"愤怒"，用"大喊大叫"来代替"吼叫"，用"胡说八道"来代替"无稽之谈"等，方便幼儿理解故事。在讲述时，还可去掉其中的人名、地名，改变一些难记的称呼，如"丁丁"、"明明"等，如果主人翁是几个兄弟，就用"老大、老二、老三……"，这样幼儿一听就清楚。

技巧3：可以采用对话来替代平铺直叙的叙述。例如，《小花狗找朋友》里有这么一段"小花狗看到小青蛙，叫小青蛙一块儿去玩儿，小青蛙不肯上岸，而是要到泥里睡觉去"。如果按照原文去讲，既平淡无奇，又不能让幼儿理解，可以改成幼儿能理解的对话："小花狗看见了小青蛙，就喊：'小青蛙！小青蛙！'小青蛙把脑袋伸出水面，睁着迷糊的大眼睛，问：'什么事啊？'小花狗说：'小青蛙，这么冷的天，快别在水里游泳了，上来跟我一起玩儿吧！'小青蛙说：'呱呱呱，小花狗，我这不是游泳，我是要到泥里睡觉去，明年春天再和你玩儿吧！'"经过这样的改编，故事角色的人物形象鲜明生动了，幼儿也能轻松理解了。

（二）恰当运用声音、表情、动作等来表现故事

故事讲演一定要有幼儿意识，表现出正在对幼儿讲故事，即带有表演性地面对幼儿讲故事，因此，恰当运用声音、表情以及动作等来表现故事是至关重要的。

技巧1：讲故事时"说"和"表"要有区分。"说"即叙说、叙述，指以故事外的身份

陈述故事情节;"表"即表述、表演,指在讲故事时通过扮演故事中不同人物的语言、表情动作表现人物形象。平时要认真练习,掌握比自己声音略高和略低的两种声音,在准备故事的时候,根据角色需要分别用高音和低音进行处理,以达到"说"和"表"分开的效果。

技巧2:语调、语速以及音量要有变化。总体上讲,给幼儿讲故事的语速不宜过快,要控制好节奏,并根据故事情节的发展、人物的个性,来确定故事语言的轻重和快慢。抑扬顿挫的语调、时而慢时而快的语速,以及音量的高低变化,可以更加生动地表达出故事所体现的情感。

例如,在讲《小马过河》这个故事的时候,可模仿小马妈妈用温柔的声音和辅以宠爱的眼神对小马说:"你去帮妈妈办点事情。"然后模仿连蹦带跳的小马高兴地说:"好呀好呀。"然后摆动双臂加小踱步模仿小马跑到小河边,突然皱起眉头,一脸茫然地说:"这可怎么办呀,不知道河水有多深。"小马四处张望了一下,露出惊喜的神态,发现牛伯伯在河边吃草,就开心地跑过去问牛伯伯。这时,再用浑厚的低音模仿牛伯伯答道:"不深不深,才刚没过小腿。"然后又模仿小马开心地跑起来,这时,再模仿松鼠大声地叫着:"不要,不要,河水很深,会被淹死的。"然后,露出小马害怕的眼神不知道该怎么办,噔噔噔地跑回去问妈妈。听了妈妈语重心长的话,小马开始过河,表现出担忧、提心吊胆的神态,小心翼翼地过了河。在这个故事中,要模仿多重角色,小马妈妈和牛伯伯比较成熟稳重,讲话时声音要低,语速要慢;小松鼠和小马活泼,讲话声音要高,语速可快一些。

技巧3:要配合适当的动作来表演。形象生动的肢体语言,能加深幼儿对故事的理解。幼儿故事讲演要用适当夸张的动作来生动地表达和表现故事内容。例如,猴王找到一个大西瓜,可是怎么吃呢(眼睛转动,手指挠头)?这个猴儿也是从来没有吃过西瓜啊(摇头)。忽然,他想出一条妙计(左手食指向上伸出),他把所有的猴儿召集到一起,左右来回走动说(背手):"今天我找到了一个大西瓜(双手掌心向内画圆比划一下),这个西瓜的吃法嘛我是全知道的(晃一下脑袋),但是,我要考验一下你们的智慧(伸出右手食指上下晃动),看你们谁能说出西瓜的吃法。说对了(拍一下西瓜),我就多赏给他一块,要是不对(向左瞪了一眼),我就惩罚他。"

(三)认真审题,沉着应试

面对考试,认真审题是非常关键的。幼儿故事讲演的考核有多种命题的方法,有的是提供一段完整的故事,有的是提供一个故事文本,让考生表演其中的一段,还有的则是提供几幅图片,让考生根据图片内容,来创编故事并进行故事讲演。因此,看清题意,严格按照试题要求进行是考试获得高分的前提。同时,考试时要沉着冷静,机智应对。万一讲故事时说错了词,千万不要去重复;一时忘了词,也不要慌张,要冷静机智地自我圆场。

第二部分　训练与考核题库

一、模拟讲故事

1　小公鸡和小鸭子

小公鸡和小鸭子是好朋友。有一天,它们一块儿出去玩。

它们走进草堆里。小公鸡找到许多虫子,吃得很高兴。小鸭子捉不到虫子,急得直叫。小公鸡看见了,一捉到虫子就叫小鸭子来吃。

它们走到小河边。小鸭子说:"公鸡弟弟,我到河里捉鱼给你吃。"小公鸡说:"我也去。"小鸭子说:"不行,不行,你下去会淹死的!"小公鸡不信,偷偷地跟在小鸭子后面下了水。

小鸭子正在水里捉鱼,忽然听见小公鸡喊救命。它飞快地游到小公鸡身边,让小公鸡坐在自己的背上。

小公鸡上了岸,笑着对小鸭子说:"鸭子哥哥,谢谢你。"

☆ **考核要求:**

1. 用普通话模拟对幼儿讲故事。

2. 回答问题

幼儿在开展"我和好朋友"的主题活动,你怎么利用这个故事去进一步推动活动。请说出1～2种方法。

3. 请在10分钟内完成上述两项任务。

☆ **评分要点:**

1. 普通话比较标准,吐字清晰,语速恰当,有感染力,讲故事的方法比较适合幼儿的特点,能用动作、表情、语气的变化等来吸引幼儿。

2. 能提出比较合适的方法,有一定的创意。

2　小河马拔牙

河马妈妈买了许多好吃的东西给小河马吃。饼干、薯片、巧克力,小河马几口就吞下了肚。一袋糖果眼看又要吃完了。妈妈说:"小河马,糖果吃多了,牙会疼的!"小河马说:"没关系,没关系。"

吃完了饭,小河马要睡午觉了,想起来还没吃完的那袋糖果,就偷偷地从床上爬起来,拿起糖果就往嘴里塞。啊!真甜呀!吃完了糖,小河马美美地睡着了!

睡着睡着,哎呦,不好啦!小河马捂着牙坐在床上大哭了起来:"妈妈,我的牙疼死啦!"

妈妈只好带着小河马去找小猴医生。小猴医生给小河马检查牙齿:"你看,牙都烂了,还长了黑斑。"

小河马不好意思地说:"我……我睡觉前吃糖了!"

小猴医生说:"糖虽然好吃,但每次不能吃太多,睡觉前也不能吃糖,还要漱口、刷牙,不然,牙齿会坏的!你看,牙齿坏了,就不能吃其他好吃的东西了!"小河马低下头说:"我知道了,我以后再也不这样了。"

小猴医生拿出工具给小河马拔牙。哎,小河马个子太高,小猴医生个子又太小,怎么拔也拔不动。没办法,只好请来长颈鹿和小黄狗,大家一起用力,才把那颗烂牙拔了出来。

从此以后,小河马注意保护牙齿,不再多吃糖果,睡觉前也不吃糖果,还知道要刷牙、漱口了。它的牙齿再也不疼了,再也不烂了!

☆ **考核要求:**

1. 模拟对幼儿讲故事
(1) 有幼儿意识,表现出正在对幼儿讲故事。
(2) 普通话标准,口齿清晰,语速适宜,有感染力。
2. 回答问题
如果请4~5岁的幼儿表演这段故事,你如何组织这一活动?
3. 请在10分钟内完成上述任务。

☆ **评分要点:**

1. 讲故事的方法适合幼儿的特点,能用适度夸张的动作、表情、语气、语调等来吸引幼儿,或者用适当的提问来吸引幼儿的注意力,模拟给幼儿看画面等。
2. 组织幼儿开展表演活动的方法可行,适合幼儿的特点,如请个别幼儿示范表演,组织幼儿讨论分配角色,选择或制作道具等。

3 逃家小兔

从前有一只小兔子，他很想要离家出走。有一天，他对妈妈说："我要跑走啦！""如果你跑走了"妈妈说，"我就去追你，因为你是我的小宝贝呀！"

"如果你来追我"小兔说，"我就要变成溪里的小鳟鱼，游得远远的。""如果你变成溪里的小鳟鱼"妈妈说，"我就变成捕鱼的人去抓你。"

"如果你变成捕鱼的人"小兔说，"我就变成高山上的大石头，让你抓不到我。""如果你变成高山上的大石头"妈妈说，"我就变成爬山的人，爬到高山上去找你。"

"如果你变成爬山的人"小兔说，"我就变成小花，躲在花园里。""如果你变成小花"妈妈说，"我就变成园丁，我还是会找到你。"

"如果你变成园丁，找到我了"小兔说，"我就变成小鸟，飞得远远的。""如果你变成小鸟，飞得远远的"妈妈说，"我就变成树，好让你飞回家。"

"如果你变成树"小兔说，"我就要变成小帆船，飘得远远的。""如果你变成小帆船"妈妈说，"我就要变成风，把你吹到我要你去的地方。"

"如果你变成风，把我吹走"小兔说，"我就要变成马戏团里的空中飞人，飞得高高的。""如果你变成了空中飞人"妈妈说，"我就变成走钢索的人，走到半空中好遇到你。"

"如果你变成走钢索的人，走在半空中"小兔说，"我就变成小男孩跑回家。""如果你变成小男孩跑回家"妈妈说，"我正好就是你妈妈，我会张开手臂好好地抱住你。"

"天哪"小兔说，"我不如就呆在这里，当你的小宝贝吧；那就这么办了。"

☆ **考核要求：**

1. 用普通话模拟对幼儿讲述该故事。

2. 回答问题

你怎样利用这个故事去引导幼儿懂得妈妈的爱？请说出1～2种方法。

3. 请在10分钟内完成上述两项任务。

☆ **评分要点：**

1. 普通话比较标准，吐字清晰，语速恰当，有感染力。讲故事的方法比较适合幼儿的特点，能用动作、表情、语气的变化等来吸引幼儿。

2. 能提出比较合理的方法，有一定的创意。

4 小猫钓鱼

在树林旁边,有一条小河,河里有许多的鱼在水里游来游去。

一天早上,猫妈妈带着小猫到小河边去钓鱼。他们刚刚坐下,一只蜻蜓飞来了,蜻蜓真好玩,飞来飞去像架小飞机。小猫看了真喜欢,放下鱼竿,就去捉蜻蜓。蜻蜓飞走了,小猫没捉着,空着手回到河边,一看,猫妈妈钓了一条大鱼。

小猫又坐到河边钓鱼,一只蝴蝶飞来了,蝴蝶真美丽,小猫看了真喜欢,放下鱼竿,又去捉蝴蝶。蝴蝶飞走了,小猫又没捉着,空着手回到河边,一看,猫妈妈又钓了一条大鱼。

小猫说:"真气人,我怎么一条鱼也钓不着?"

猫妈妈看了看小猫,说:"钓鱼要一心一意,不要三心二意,你一会儿捉蜻蜓,一会儿捉蝴蝶,怎么能钓到鱼呢?"

小猫听了猫妈妈的话很难为情,从此就一心一意地钓鱼了。

蜻蜓又飞来了,蝴蝶也飞来了,小猫就像没看见一样,一步也没走开。不一会儿,嗨!钓竿上的线往下沉,钓竿也动起来啦,小猫使劲把钓竿往上甩,"哎哟"一条大鱼钓上来啦。鱼摔在地上,噼噼啪啪地乱蹦,小猫赶紧捉住大鱼,高兴地喊了起来:"我钓到大鱼啦,我钓到大鱼啦!"后来,猫妈妈和小猫一起拎着钓到的鱼,高高兴兴地回家了。

☆ **考核要求**:

1. 用普通话模拟对幼儿讲故事。

2. 回答问题

在讲故事过程中,你认为3~4岁幼儿最感兴趣、最容易兴奋和难以理解的内容是什么?你如何应对?

3. 请在10分钟内完成上述两项任务。

☆ **评分要点**:

1. 普通话比较标准,吐字清晰,语速恰当,有感染力。有幼儿意识,讲故事的方法比较适合幼儿的特点,能用动作、表情、语气的变化等来吸引幼儿。

2. 答题分析比较准确,能大致概括出幼儿的兴奋点和难点,并表现出一定的应变能力。如幼儿兴奋时,可用适度停顿、语言引导等方法引导幼儿安静下来,对幼儿难以理解的故事内容,可用图片、动作、语言提示等方法来帮助他们理解。

5 狐狸和乌鸦

大树上住着乌鸦和她的小宝宝。大树下面的树洞里住着一只狐狸。

有一天早上,乌鸦飞出去给小宝宝找东西吃。她飞了很远,才找到一块肉。乌鸦叼着肉飞回来,在树枝上休息。

狐狸闻到肉的味道,从树洞里钻出来。他看见乌鸦正站在树枝上,嘴里叼着一块肉。狐狸馋得直流口水,他很想吃这块肉,可是他不会上树。

狐狸眼珠一转,想了一个办法。狐狸笑着对乌鸦说:"亲爱的乌鸦,早上好!"乌鸦看了狐狸一眼,没有回答。

狐狸又笑着对乌鸦说:"亲爱的乌鸦,您的孩子好吗?听说您的孩子很可爱。"乌鸦看了狐狸一眼,还是没有回答。

狐狸又摇摇尾巴说:"亲爱的乌鸦,您的羽毛真漂亮,麻雀比起您来,可就差多了。您的嗓子真好,我们都爱听您唱歌,您就唱几句吧!"

乌鸦听了狐狸的话,非常得意,就唱了起来。"哇⋯⋯"她刚一开口,肉就掉了下来。

狐狸叼起肉,赶紧钻进了树洞里。

☆ **考核要求**:

1. 模拟对幼儿讲故事

(1) 有幼儿意识,表现出对幼儿讲故事。

(2) 普通话标准,口齿清晰,语速适宜,有感染力。

2. 模拟向幼儿提问

在讲故事过程中,模拟向 3～4 岁的幼儿提 2 个问题,提出的问题有助于幼儿理解故事或吸引幼儿的注意力。

3. 请在 10 分钟内完成上述任务。

☆ **评分要点**:

1. 讲故事的方法比较适合幼儿的特点,如能用适度夸张的动作、表情、语气、语调等来吸引幼儿,或用适当的提问来吸引幼儿的注意力,模拟给幼儿看画面等。

2. 提问要符合幼儿的理解水平,如狐狸用了什么办法吃到了乌鸦嘴里的肉?它说了什么话让乌鸦很得意?请小朋友注意听。

6 三只小猪上幼儿园

牧场里开满了花朵,蜜蜂嗡嗡嗡地飞来飞去。就在这个时候,三只小猪——木木、花花和嗡嗡出生了。

三只小猪每天在牧场里跑来跑去,调皮捣蛋。猪妈妈和猪爸爸商量道:"送孩子们到幼儿园去吧,怎么样?"猪爸爸说:"好的!"第二天,三只小猪跟着妈妈到小猪幼儿园去了。"哇!这么多小猪啊!"三只小猪吓了一跳。

来,大家先来打个招呼:"老师早!""小朋友早!"忽然,木木大声哭起来:"妈妈不见了!"于是,花花和嗡嗡也跟着哭叫:"妈妈……妈妈……"小朋友们开心地做体操去了,三只小猪却一直往牧场那边看。

嘟,老师吹起了哨子。"木木、花花、嗡嗡,快来!"老师亲切地说:"我们一起赛跑,跑到那边摸一下白杨树后才能跑回来哦!看看谁能跑第一!"

"我这里有空位呢。""来,排我这里。"其他小猪帮助他们排好了队。

"预备——跑!"真快!真快!三只小猪都跑得好快。大家都休息啦,看!三只小猪精神抖擞地又跑了一圈。

放学了,妈妈来接三只小猪了。"老师再见!""小朋友再见!"三只小猪告诉老师和小朋友:"我们明天还来玩,我们喜欢上幼儿园。"

木木、花花和嗡嗡,三只小猪一路赛跑回牧场去了。

☆ **考核要求**:

1. 用普通话模拟对幼儿讲故事。
2. 回答问题

当你讲到妈妈不见了,三只小猪哭起来的时候,有个幼儿突然哭起来,教室里一下子热闹起来,故事讲述也没法继续下去了。这时,你怎么办?

3. 请在 10 分钟内完成上述两项任务。

☆ **评分要点**:

1. 普通话比较标准,吐字清晰,语速恰当,有感染力。讲故事的方法比较适合幼儿的特点,能用动作、表情、语气的变化等来吸引幼儿。
2. 能回答出比较合理的应对方法,表现出一定的应变能力。

7 雪房子

雪花飘飘,飘呀飘呀,天上地上一片白茫茫……咕噜噜,不知道是谁捏的一个雪球,滚到了一棵大树底下。有只小松鼠,钻出树洞:"咦?一座圆圆的雪房子!"它跳下了树,在雪球上开了一扇门,钻了进去:"嘻!风儿吹不进,雪房子里真暖和!"

"咚咚咚!"谁在敲门?小松鼠开门一看,是小白兔!"让我进你的房子躲躲雪好吗?"小白兔问。"好呀!"小松鼠说,"可是,房子太小了,你等等。"小松鼠推了推雪球,咕噜噜,雪球滚了起来,滚了一个大圈,变成了一个大雪球。小松鼠对小白兔说:"现在房子变大了,你进来吧!"小白兔很高兴,钻进了雪房子里。

"咚咚咚!"谁又在敲门?小松鼠开门一看:是小熊!"让我进你的房子躲躲雪,好吗?"小熊问。"好呀!"小松鼠说,"可是房子不够大,你等等。"

小松鼠和小白兔一起推雪球,咕噜噜,大雪球滚了起来,滚了一圈又一圈,变成了个一很大的雪球,小松鼠对小熊说:"现在房子变大了,你进来吧!"小熊很高兴,爬进了雪房子里。

"哟,房子里还挺挤哩!"大伙都说。咕噜噜,咕噜噜……大雪球滚呀滚呀,越来越大变成了一个很大很大的雪球。这下,雪房子变得可宽敞了,大伙儿住在一起,一点儿也不挤了。

北风"呼呀,呼呀"吹着,雪房子里暖暖的,大伙儿舒舒服服睡着了。不知道睡了多久,大伙儿醒来一看:啊?红红的太阳挂在头顶上,雪房子不见了,身旁是一片绿草地……

"啊哈,春天来了"大伙儿高兴得又蹦又跳。

可是,大伙儿又都想念起雪房子来:"住雪房子又暖和、又舒服!"小熊说。"大家住在一起,真开心!"小白兔说。"是呀!"小松鼠说,"明年下雪的时候,我们再造一座房子,还在一起住!"。

☆ **考核要求:**

1. 用普通话模拟为幼儿表演一段故事。

模拟表演从"咚咚咚……"到"……又蹦又跳"结束,见波浪线部分。

2. 回答问题

如果请4~5岁幼儿表演这段故事。你如何组织这一活动?

3. 请在10分钟内完成上述两项任务。

☆ **评分要点:**

1. 普通话基本标准,吐字清晰,语速恰当,有感染力。讲故事的方法比较适合幼儿的特点,如能用适度夸张的动作、表情、语气、语调来吸引幼儿,或用适当的提问来维持幼儿的注意力,模拟给幼儿看画面等。

2. 组织幼儿开展表演活动的方式可行,适合幼儿特点,如请个别幼儿示范表演,组织幼儿讨论分配角色,选择或制作道具等。

8　彩色的鸭子

有一只鸭子蹲在鸭巢里,想着:如果我有一堆彩色的蛋,就可以孵出一群彩色的鸭子,我就可以带着这群彩色的鸭子去旅行。

这只母鸭又想:只要我,天天吃漂亮的花草和果实;只要我,天天喝花汁做成的饮料;只要我,天天看美丽的朝霞和晚霞;只要我,天天用夕阳染过的池水洗澡;只要我,天天睡在鲜花铺成的床上,我就会生出一堆彩色的蛋,我就会孵出一群彩色的鸭子,我就可以天天带着他们到处去旅行。

想着,想着,这只母鸭睡着了。她的梦里,有彩色的花,彩色的晚霞,彩色的湖水,还有一群彩色的小鸭子。

后来,母鸭真地生了一堆像雪一样白的蛋,映着夕阳的光辉,那些蛋就像彩色的一样,好看极了,母鸭也真地孵出了一群黄黄的小鸭子。黄黄的小鸭子在夕阳下游戏,好像染上了漂亮的色彩一样,好看极了。母鸭天天带着小鸭子,去看美丽的朝霞和晚霞,去吃漂亮的花草和果实,去喝用花汁做成的饮料,天天到处去旅行。

☆ **考核要求:**

1. 用普通话模拟对幼儿讲故事。
2. 回答问题

   怎样用故事去激发幼儿大胆想象,说出1～2种方法。
3. 请在10分钟内完成上述任务。

☆ **评分要点:**

1. 普通话比较标准,吐字清晰,语速恰当,有感染力。讲故事的方法比较适合幼儿的特点,如能用适度夸张的动作、表情、语气、语调等来吸引幼儿,或用适当的提问来吸引幼儿,模拟给幼儿看画面等。
2. 能提出比较合理的方法,有一定的创意。

9 猴子捞月亮

一群猴子在林子里玩耍,它们有的在树上蹦蹦跳跳,有的在地上打打闹闹。

有一只小猴独自跑到林子旁边的一口井旁玩耍,它趴在井沿,往井里边一伸脖子,忽然大叫起来:"不得了啦,不得了啦!月亮掉到井里去了!"原来,小猴看到井里有个月亮。

一只大猴听到叫声,跑到井边朝井里一看,也吃了一惊,跟着大叫起来:"糟了,糟了,月亮掉到井里去啦!"

它们的叫声惊动了猴群,老猴带着一大群猴子都朝井边跑来。当它们看到井里的月亮时,都一起惊叫起来:"哎呀完了,哎呀完了!月亮真的掉到井里去了!"

猴子们叽叽喳喳地叫着、闹着。最后,老猴说:"大家别嚷嚷了,我们快想办法把月亮捞起来吧!"

井旁边有一棵大树,老猴率先跳到树上,自己头朝下倒挂在树上,其他的猴子也都爬过来,挂成一长条。上面猴子抱着下面猴子的腿,一个抱一个,头朝下一直垂到井中。

小猴子重量轻,挂在最下边,它把手伸到井水中,对着明晃晃的月亮一把抓起,可是除了抓住几滴水珠外,怎么也抓不到月亮。小猴这样不停地抓呀、捞呀,折腾了老半天,依然捞不着月亮。

倒挂了半天的猴子们觉得很累,都有点支持不住了。有的开始埋怨说:"快些捞呀,怎么还没捞起来呢?"有的叫着:"我挂不住啦!挂不住啦!"

老猴子也渐渐腰酸腿疼,它猛一抬头,忽然发现月亮依然在天上,于是它大声说:"不用捞了,不用捞了,月亮还在天上呢!"

众猴都抬头朝天上看,月亮好好地在天上呢。

☆ **考核要求**:

1. 用普通话模拟为幼儿表演一段故事

模拟表演从"一只大猴……"到"……还在天上呢"结束,见波浪线部分。

2. 回答问题

在讲故事的过程中,你认为3~4岁幼儿最感兴趣、最容易兴奋和难以理解的内容是什么?为什么?

3. 请在10分钟内完成上述两项任务。

☆ **评分要点**:

1. 普通话基本标准,吐字清晰,语速恰当,有感染力。讲故事的方法比较适合幼儿的特点,如能用适度夸张的动作、表情、语气、语调来吸引幼儿,或用适当的提问来维持幼儿的注意力,模拟给幼儿看画面等。

2. 回答能基本把握幼儿的兴奋点和难点,理由充分,如对故事中"上面猴子抱着下面猴子的腿,一个抱一个,头朝下一直垂到井中",幼儿有可能表现出兴奋的情绪;如对故事中"月亮掉到井里了",幼儿有可能不理解。

10　聪明的小白兔

一只小白兔在小溪边吃草，狐狸悄悄走过去，一把抓住了他。狐狸准备把兔子带回家，慢慢吃掉。

一只老虎从树丛中钻出来，突然出现在狐狸面前。狐狸想躲已经来不及了，他一边把小白兔交到老虎手中，一边说："老虎大哥，我知道你要来，抓了一只小白兔在这里等你，请你收下吧。"

老虎高高兴兴接过小白兔，对狐狸说："我饿得很，正好把他当点心。"狐狸丢下小白兔，赶紧溜走了。

小白兔一看老虎要吃掉自己，就装出呕吐的样子，对老虎说："你要吃就快点吃罢，我刚才不小心，吃了有毒的草，现在肚子正难受呢！"

老虎听了小白兔的话，半信半疑地说："真的吗？"

小白兔装出痛苦的样子，说："哎唷，我难受死了。你快吃了我吧，别像狐狸，不敢吃我。"

老虎把小白兔丢在一边，咬牙切齿地说："这该死的狐狸，怪不得他逃得这么快，原来是想用有毒的兔子来害我，我要把他抓回来！"

老虎飞快地朝着狐狸逃跑的方向追去。小白兔赶紧钻进了附近的洞里，躲了起来。

☆ **考核要求：**

1. 用普通话模拟对幼儿讲故事。

2. 回答问题

（1）在帮助幼儿理解故事时，教师提出问题："小白兔为什么要装出呕吐的样子？"你认为这个问题适合3～4岁的幼儿吗？为什么？

（2）根据故事内容，说说还能组织3～4岁幼儿开展其他什么游戏？

3. 请在10分钟内完成上述任务。

☆ **评分要点：**

1. 普通话比较标准，吐字清晰，语速恰当，有感染力。讲故事的方法比较适合幼儿的特点，如能用适度夸张的动作、表情、语气、语调等来吸引幼儿，或用适当的提问来吸引幼儿，模拟给幼儿看画面等。

2. 能提出比较合理的方法，有一定的创意。

11 丑小鸭的故事

太阳暖烘烘的。鸭妈妈卧在草堆里,等她的孩子出世。

一只只小鸭子都从蛋壳里钻出来了,就剩下一个特别大的蛋。过了好几天,这个蛋才慢慢裂开,钻出一只又大又丑的鸭子。他的毛灰灰的,嘴巴大大的,身子瘦瘦的,大家都叫他"丑小鸭"。

丑小鸭来到世界上,除了鸭妈妈,谁都欺负他。哥哥、姐姐咬他,公鸡啄他,连养鸭的小姑娘也讨厌他。丑小鸭感到非常孤单,就钻出篱笆,离开了家。丑小鸭来到树林里,小鸟讥笑他,猎狗追赶他。他白天只好躲起来,到了晚上才敢出来找吃的。

秋天到了,树叶黄了,丑小鸭来到湖边的芦苇,悄悄地过日子。傍晚,一群天鹅从空中飞过。丑小鸭望着洁白美丽的天鹅,又惊奇又羡慕。

天越来越冷,湖面结了厚厚的冰。丑小鸭卧在冰上冻僵。幸亏一位农夫看见了,把他带回家。

一天,丑小鸭出来散步,看见丁香开花了,知道春天来了。他扑扑翅膀,向湖边飞去,忽然看见镜子似的湖面上,映出一个漂亮的影子,雪白的羽毛,长长的脖子,美丽极了。

这难道是自己的影子?"啊,原来我不是丑小鸭,是一只漂亮的天鹅呀!"

☆ 考核要求:

1. 用普通话模拟对幼儿讲故事。

2. 回答问题

在讲故事过程中,你认为5~6岁幼儿最感兴趣、最容易兴奋和难以理解的内容是什么?为什么?

3. 请在10分钟内完成上述两项任务。

☆ 评分要点:

1. 普通话基本标准,吐字清晰,语速恰当,有感染力。有幼儿意识,讲故事的方法比较适合幼儿的特点,如能用适度夸张的动作、表情、语气、语调来吸引幼儿,或用适当的提问来维持幼儿的注意力,模拟给幼儿看画面等。

2. 能基本概括出幼儿的兴趣点、兴奋点和难点,答题分析比较准确。

12　小熊长大了

暑假过去了,幼儿园要开学了,小熊还在树洞里呼呼大睡。动物朋友们都来了,他们大声喊:"小熊,小熊快起来,我们上幼儿园去吧!我们现在是中班的小朋友啦!"

小熊从树洞里出来一看,呦!小马、小兔和小象这些朋友都来了。

小马说:"你们瞧,我长大了,腿也长了,背也宽了,可以背大木头了。"小马背起一根大木头,飞快地跑了一圈。

小兔说:"你们瞧,我也长大了,我的脚丫子变大了,跳得更高了。"小兔抬起脚,让大家看看她那双大大的新鞋,又高高地跳起来摘下几个果子。

小象说:"我也长大了,我的鼻子更长,更有力气。"小象把长鼻子伸到小河里,吸足了水,往天上一喷,呀,好像下了一场大雨。

小熊对着河水照了照自己,嘟囔着说:"就是我没长大,好像还和原来一样。"

朋友们对小熊说:"穿上衣服快走吧!"小熊赶快穿衣服,咦,衣服怎么变紧了啊,小熊扣完扣子打了一个喷嚏,"嗨",扣子都崩开了。

小熊抬脚穿鞋子,鞋子怎么变小了啊,好不容易才把脚伸进去,小熊一走路,鞋子顶破了,脚指头都露在了外面,小熊真着急。

这时,熊妈妈拿出早已准备好的新衣服、新鞋子,还有一顶新帽子,说:"小熊,快来穿上吧。"

小熊穿上新衣服、新鞋子,带上新帽子。这时刮来一阵大风,把小熊的帽子吹跑了。小熊追着帽子跑,风把帽子刮过了小河,小熊一着急,使劲一跳,跳过小河,追上了帽子,小熊说:"啊!原来我也长大了。"

长大了,大家都长大了,小动物们一起高高兴兴地上幼儿园去了。

☆ **考核要求：**

1. 用普通话模拟对幼儿表演一段故事

模拟表演从"小马说……"到"……也长大了"结束,见波浪线部分。

2. 回答问题

(1) 在帮助幼儿理解故事时,教师提出问题:"小熊怎么知道自己长大了?"你认为这个问题适合5~6岁的幼儿吗?为什么?

(2) 根据故事内容,说说还能组织5~6岁幼儿开展其他什么游戏。

3. 请在10分钟内完成上述任务。

☆ **评分要点：**

1. 普通话比较标准,吐字清晰,语速恰当,有感染力。讲故事的方法比较适合幼儿的特点,如能用适度夸张的动作、表情、语气、语调等来吸引幼儿,或用适当的提问来吸引幼儿的注意力,模拟给幼儿看画面等。

2. 提出的方法比较合理,如可以组织幼儿开展表演游戏,还可以开展体育游戏"小动物运动会"等。

13　漂亮的代价

一天,刺猬姑娘兴高采烈地走出家门。她悠闲自得地走在路上,突然从路边的草丛中窜出一只饥肠辘辘的大灰狼,不怀好意地盯着她。

刺猬姑娘问:"灰狼叔叔,我漂亮吗?""漂亮,太……美丽!太……漂亮了!"大灰狼结结巴巴地说:"只要你把身上的刺烫平,就更美丽了,更漂亮了!"

"真得吗?"刺猬姑娘有些半信半疑。"当然真的,我怎么会骗你,烫平了身体就会变得光滑、亮丽。""说得对啊!"刺猬姑娘转身就朝理发店跑去。"快,给我把身上的刺给烫平了,从此我要改变我的形象!"一进门,刺猬姑娘就大声说。

"不行,你的刺是保护你的,你们生来就有,不然受到攻击会没命的。"小鹿姐姐心平气和地说。"我不听,你胡言乱语。"小鹿姐姐只好把刺猬姑娘的刺给烫平了。

刺猬姑娘走到大灰狼面前,得意地说:"现在我漂亮了吧!"大灰狼奸笑地说:"哈哈!什么漂亮不漂亮,我从来都没吃到过刺猬肉,只想知道你的肉味道美不美。"说完,就扑上去,一口就把可怜的刺猬吞进了肚子。

☆ 考核要求:

1. 模拟对幼儿讲故事

(1) 有幼儿意识,表现出对幼儿讲故事。

(2) 普通话标准,口齿清晰,语速适宜,有感染力。

2. 模拟向幼儿提问

在讲故事过程中,模拟向 5～6 岁的幼儿提 2 个问题,提出的问题有助于幼儿理解故事或吸引幼儿的注意力。

3. 请在 10 分钟内完成上述任务。

☆ 评分要点:

1. 讲故事的方法比较适合幼儿的特点,如能用适度夸张的动作、表情、语气、语调等来吸引幼儿,或用适当的提问来吸引幼儿的注意力,模拟给幼儿看画面等。

2. 提问要符合幼儿的理解水平,如大灰狼为什么说小刺猬把身上的刺烫平,就更美丽了?小刺猬到理发店干什么了?请小朋友注意听。

14　换尾巴

小袋鼠长着一条又粗又硬的尾巴,他觉得自己的尾巴长得太难看了。小兔子长着一条又软又短的尾巴,他嫌自己的尾巴太短了,不好看。

一天,小袋鼠和小兔子碰到一起,他们高高兴兴地换了尾巴。

袋鼠在林子里一蹦一跳地找东西吃,忙了一个上午,现在该坐下来歇会儿了。哎呀,真糟糕!袋鼠跌了个大跟头。小袋鼠原来的尾巴又硬又长,和两条后腿一起撑在地上,正好成了一张"三脚板凳"。换了尾巴就不能坐了,小袋鼠急得团团转。

兔子呢,带着长尾巴,到林子里玩,突然碰见一只大灰狼。小兔子拼命地跑呀,跑呀,可大尾巴拖在后面沉沉的,老是跑不快。眼看兔子就要被大灰狼追上了,突然,从林子里又跳出一只兔子,噢,原来是兔妈妈。兔妈妈飞快地跑着,引开了大灰狼。

小兔子躲在树后,难过地低着头。他恨死这条长尾巴了,原来的尾巴多好啊,轻轻的,软软的,跑起来可真带劲。找袋鼠去吧!

袋鼠和兔子找到对方,迫不及待地换回了自己的尾巴。从那以后,他们都不感到自己的尾巴难看了。

☆ 考核要求:

1. 用普通话模拟对幼儿讲故事。

2. 回答问题

在讲故事过程中,你认为4~5岁幼儿最感兴趣、最容易兴奋和难以理解的内容是什么?为什么?

3. 请在10分钟内完成上述任务。

☆ 评分要点:

1. 普通话比较标准,吐字清晰,语速恰当,有感染力。讲故事的方法比较适合幼儿的特点,如能用适度夸张的动作、表情、语气、语调等来吸引幼儿,或用适当的提问来吸引幼儿,模拟给幼儿看画面等。

2. 回答分析比较准确,能基本把握幼儿的兴奋点和难点,理由充分。如故事讲到"他们高高兴兴地换了尾巴",幼儿可能表现出兴奋的情绪,对故事中"不感到自己的尾巴难看了",幼儿有可能不理解等。

15 小壁虎借尾巴

小壁虎在墙角捉蚊子,一条蛇咬住了它的尾巴。小壁虎一挣,挣断尾巴逃走了。没有尾巴多难看啊!小壁虎想去借一条尾巴。

小壁虎爬呀爬,爬到小河边。他看见小鱼在河里摇着尾巴游来游去。小壁虎说:"小鱼姐姐,您的尾巴借给我行吗?"小鱼说:"不行啊,我要用尾巴拨水呢。"小壁虎告别了小鱼,又向前爬去。

小壁虎爬呀爬,爬到大树上。他看见老黄牛在树下甩着尾巴吃草。小壁虎说:"黄牛伯伯,您的尾巴借给我行吗?"老黄牛说:"不行啊,我要用尾巴赶蝇子呢。"小壁虎告别了老黄牛,又向前爬去。

小壁虎爬呀爬,爬到屋檐下。他看见燕子在空中摆着尾巴飞来飞去。小壁虎说:"燕子阿姨,您的尾巴借给我行吗?"燕子说:"不行啊,我飞的时候,要用尾巴掌握方向呢。"

小壁虎借不到尾巴,心里很难过。他爬呀爬,爬回家里找妈妈。小壁虎把借尾巴的事告诉了妈妈。妈妈笑着说:"傻孩子,你转过身子看看。"小壁虎转身一看,高兴地叫起来:"我长出一条新尾巴啦!"

☆ **考核要求**:

1. 用普通话模拟对幼儿讲故事。

2. 回答问题

(1) 在讲故事过程中,模拟向5~6岁的幼儿提2个问题,提出的问题有助于幼儿理解故事或吸引幼儿的注意力。

(2) 根据故事内容,说说还能组织5~6岁幼儿开展其他什么游戏?

3. 请在10分钟内完成上述任务。

☆ **评分要点**:

1. 普通话比较标准,吐字清晰,语速恰当,有感染力。讲故事的方法比较适合幼儿的特点,如能用适度夸张的动作、表情、语气、语调等来吸引幼儿,或用适当的提问来吸引幼儿的注意力,模拟给幼儿看画面等。

2. 提出的方法比较合理,如可以组织幼儿开展表演游戏,还可以开展科学活动"小动物的尾巴"等。

16　涂果酱的房子

　　熊哥哥要去给熊弟弟送一桶蜂蜜,路过树林的时候,熊哥哥看到一座红色的小房子,小房子散发出一阵阵好闻的香味。"这房子里一定装有好多果酱。"熊哥哥边想边停下来,用力吸着鼻子:"多谗人啊,让我进小房子好好闻一闻。"熊哥哥走近小房子,发现门开着,房子里空空的:果酱在哪儿呢?这儿既没有桶也没有罐子。熊哥哥刚想把脑袋伸进门,忽然发现他那只扶在墙上的手掌被粘住了。

　　熊哥哥大叫起来:"啊,小房子的主人饶了我吧,我什么东西没拿呀。"熊哥哥好不容易把手掌从墙上挣脱下来,他觉得这只手掌黏糊糊的,用舌头一舔,咦,甜甜的,是果酱的那种味道! 原来,红色的小房子的墙上涂着的都是香甜的果酱呀。熊哥哥忍不住往墙上舔,这一舔把墙上的果酱舔个干净。舔完果酱,他又不安起来:"我把人家辛辛苦苦涂上的果酱吃了,这下怎么办呢?"

　　熊哥哥看到自己带来的那桶蜂蜜,他笑了:"嘿嘿~我可以把这桶蜂蜜涂在墙上。"于是,熊哥哥就把小房子涂成了漂亮的金黄色,散发着蜂蜜的香味。

　　第二天,熊弟弟来看熊哥哥。熊弟弟说:"树林里原来有座涂着果酱的红房子呢?"熊哥哥笑了:"我知道,不过现在这座房子是黄颜色的了,真有点不好意思呢。"接着,就把红房子变成黄房子的故事讲了一遍。

☆ **考核要求**:

1. 用普通话模拟为幼儿表演一段故事

模拟表演从"熊哥哥看到……"到"……蜂蜜的香味"结束,见波浪线部分。

2. 回答问题

在讲故事的过程中,你认为4~5岁幼儿最感兴趣、最容易兴奋和难以理解的内容是什么? 为什么?

3. 请在10分钟内完成上述两项任务。

☆ **评分要点**:

1. 普通话基本标准,吐字清晰,语速恰当,有感染力。讲故事的方法比较适合幼儿的特点,如能用适度夸张的动作、表情、语气、语调来吸引幼儿,或用适当的提问来维持幼儿的注意力,模拟给幼儿看画面等。

2. 答题能基本把握幼儿的兴奋点和难点,理由充分,如对故事中"熊哥哥觉得这只手掌黏糊糊的,用舌头一舔,咦,甜甜的,是果酱的那种味道",幼儿有可能表现出兴奋的情绪;如对故事中"他那只扶在墙上的手掌被粘住了",幼儿有可能不理解。

17 小马过河

马棚里住着一匹老马和一匹小马。老马每天都要把一袋粮食送到磨房去。小马每天到草地上练习跑步,锻炼身体。有一天,老马对小马说:"小马,你已经长大了,能帮妈妈做点事吗?"小马连蹦带跳地说:"怎么不能,我很愿意帮你做事。"老马高兴地说:"那好吧,今天你把这袋麦子送到磨房去吧。"

小马驮着麦子欢快地上了路,跑着跑着,一条小河挡住了去路,河上没有桥,只能趟过去。河水哗哗地流着,不知道河水有多深,小马为难了,他往四周看了看,看见一头老牛在河边吃草。小马跑过去,问:"牛伯伯,请问这河水深不深,我能不能过去呀?"牛伯伯笑着说:"水很浅,刚到小腿,能过去。"小马高兴地跑回河边,准备趟过河去。

突然,有一只小松鼠从树上跳下来,拦住他,说:"小马,别过河!你会淹死的!"小马吃惊地说:"河水很深吗?"小松鼠翘着大尾巴,睁着圆圆的眼睛,认真地说:"水深得很呢。我有个朋友不小心,掉在这条河里淹死了。"小马连忙往后退。牛伯伯说河水浅,小松鼠说河水深,到底能不能过河呢?小马不知道怎么办了。他叹了口气,说:"唉,还是回家问问妈妈吧。"

小马回到家里,妈妈问:"你怎么回来了?"小马难为情地说:"我碰到一条小河,过不去。"妈妈说:"那条河很浅啊,怎么会过不去呢?"小马说:"牛伯伯也是这么说,可是小松鼠说河水很深,还淹死了他的小伙伴了呢!"妈妈说:"河水到底是深还是浅,你仔细想过他们的话没有?"小马低下了头,说:"没有想过。"妈妈亲切地说:"光听别人说,自己不动脑筋,不去试一试是不行的。河水是深是浅,你去试一试就知道了。"

小马又来到河边,准备过河,他刚抬起腿,小松鼠又大叫起来说:"小马,你不要命了?"小马说:"让我试一试吧。"小马很小心地抬起腿走进河里,一步一步往前走,慢慢地走到河对岸。小马很顺利地过了河,他明白了,河水既没有牛伯伯说的那么浅,也没有小松鼠说的那么深。

☆ **考核要求**:

1. 用普通话模拟为幼儿表演一段故事

模拟表演从"小马驮着麦子……"到"……他的小伙伴了呢"结束,见波浪线部分。

2. 回答问题

如果请幼儿表演这段故事,你如何组织这一活动?

3. 请在10分钟内完成上述两项任务。

☆ **评分要点**:

1. 普通话比较标准,吐字清晰,语速恰当,有感染力。有幼儿意识,讲故事的方法比较适合幼儿的特点,能用动作、表情、语气的变化等来吸引幼儿。

2. 回答问题中组织幼儿开展表演活动的方法可行,适合幼儿的特点,例如教师示范表演,请个别幼儿示范表演,欣赏录像,利用图片等。

18　福气糕

有一只福气猫,过年的时候,他会出去送红包。红包里面有一句祝福的话:"恭喜恭喜,新年福气!"收到红包,新的一年里,会有很多很多的福气。

走了一家又一家,红包送了一个又一个。天快亮了,福气猫走到了年糕师傅家里。年糕师傅还在不停地做年糕,一个晚上都没有休息。辛苦的年糕师傅应该有最多的福气,可是,红包已经送完了。

福气猫不停地给年糕师傅鞠躬:"恭喜恭喜,新年福气!"年糕师傅笑嘻嘻地端来年糕,送给福气猫。福气猫还在一个劲儿地鞠躬:"恭喜恭喜,新年福气!"一不小心,福气猫的脸贴在了年糕上。"哈哈……我的年糕成了福气糕啦!"年糕师傅喜欢得满脸都是笑。

年糕师傅那么开心,那么喜欢。福气猫给每一块年糕都印上自己的笑脸。他一边印,一边对着年糕说:"恭喜恭喜!"每一块年糕都成了福气糕。

"劈劈啪、劈劈啪……"天亮了,家家户户都起来放鞭炮。年糕师傅给大家送去福气糕。

福气猫的笑脸印在年糕上,好像在对大家说:"恭喜恭喜,新年福气!"买了福气糕的人,都把钱放在红纸包里给年糕师傅。年糕师傅收到了很多很多红包,大家都说,最辛苦的人,应该是最有福气的人。

从那以后,大家都把年糕叫作福气糕,把年糕师傅叫作福气师傅。

☆ **考核要求:**

1. 用模拟对幼儿讲故事

(1) 有幼儿意识,表现出对幼儿讲故事。

(2) 普通话标准,口齿清晰,语速适宜,有感染力。

2. 回答问题

在讲故事的过程中,你认为4~5岁幼儿最感兴趣、最容易兴奋和难以理解的内容是什么?为什么?

3. 请在10分钟内完成上述两项任务。

☆ **评分要点:**

1. 讲故事的方法比较适合幼儿的特点,如能用适度夸张的动作、表情、语气、语调等来吸引幼儿,或用适当的提问来吸引幼儿的注意力,模拟给幼儿看画面等。

2. 答题能基本把握幼儿的兴奋点和难点,理由充分,如对故事中"一不小心,福气猫的脸贴在了年糕上",幼儿有可能表现出兴奋的情绪;如对故事中"最辛苦的人,应该是最有福气的人",幼儿有可能不理解。

19 美丽的花环

今天是妈妈的节日,熊宝宝都想给妈妈送上最好的礼物。波比为妈妈编织了一个美丽的花环,他要赶在别人前面,第一个向妈妈祝贺节日快乐。

正在赶路到时候,波比听到有人叫:"等一等,波比!"听到喊声,波比转过身去看,原来是大哥。熊大哥拿着一盒蛋糕,在叫波比。熊大哥对波比说:"你能送我一朵花吗?我的蛋糕上少了一朵鲜花。波比问:"是送给妈妈的吗?"熊大哥说:"是啊"。波比爽快地答应了。大哥挑走了最大的一朵花。把花插在蛋糕盒上,快乐地走了。可波比有些心疼了。

波比继续往前走,但是没走几步,被二哥拦住了去路。二哥说:"给妈妈的相框上有鲜花才漂亮。"波比还没点头,玫瑰花就被二哥插上了相框。嘿,相框真是漂亮好多!熊二哥高兴地走了。

波比拔腿就跑,不能再让谁要走他花环上的鲜花了。可是,波比跑得太急,他撞到了熊三哥。熊三哥的礼物是一只漂亮的花瓶,花瓶摔碎了。三哥说:"要你赔!"熊三哥摘走了花环上所有的茉莉花,捧着一束花走了。波比呆呆地望着只有一朵喇叭花的花环。

四哥走来了,四哥找不到礼物,他想借用一下花环上的喇叭花,吹一首节日快乐的歌送给妈妈,波比摘下那朵喇叭花,递给了四哥。花环上一朵鲜花都没有了。

熊大哥、二哥、三哥、四哥都拿着生日礼物赶到妈妈面前了,可小波比还没有到。妈妈问:"波比怎么还没来?他说要送我一个花环啊!"大哥说:"是有一个花环,开满了鲜花";二哥说:"不是开满,是开着很多鲜花";三哥说:"不是很多,是几朵鲜花";四哥说:"不是几朵,是一朵喇叭花,喏,就在这儿"。

波比带着一个没有花的花环,最后一个来到了妈妈的面前,他听到妈妈在问他,吓得躲进了墙角。细心的妈妈看到了波比,戴上花环,亲了波比一下说:"谢谢你,宝贝,这是最美丽的花环!"

☆ 考核要求:

1. 用普通话模拟对幼儿讲故事。
2. 回答问题

(1) 在帮助幼儿理解故事时,教师提出问题:波比带着一个没有花的花环,妈妈为什么还说"谢谢你,宝贝,这是最美丽的花环?"你认为这个问题适合4~5岁的幼儿吗?为什么?

(2) 根据故事内容,说说还能组织4~5岁幼儿开展其他什么游戏?

3. 请在10分钟内完成上述任务。

☆ 评分要点:

1. 普通话比较标准,吐字清晰,语速恰当,有感染力。讲故事的方法比较适合幼儿的特点,如能用适度夸张的动作、表情、语气、语调等来吸引幼儿,或用适当的提问来吸引幼儿的注意力,模拟给幼儿看画面等。

2. 提出的方法比较合理,如可以组织幼儿开展表演游戏,开展美工游戏"送给妈妈的花环"等。

20　大熊的拥抱节

清晨,大熊早早就出了门。今天是森林城一年一度的拥抱节,和谁拥抱就表示愿意和谁做朋友。大熊给自己定了一个目标,要和100个朋友拥抱!

远远地,大熊看见袋鼠哥哥,他连忙张开双臂:"袋鼠哥哥,你好!"可袋鼠哥哥支吾着说:"嗯,我很忙。"说着,就跑了。大熊尴尬地放下手臂,安慰自己说:"没关系,还有好多拥抱的机会呢。"

呀,前面一蹦一跳过来的不是漂亮的兔妹妹吗?大熊赶紧张开双臂:"亲爱的兔妹妹,你好!"兔妹妹停也不停,自顾自哼着歌儿过去了。大熊愣了一下,生气地甩了甩手说:"哼,真没礼貌!"

大熊再往前走,看见了红狐狸。大熊张开双臂,红狐狸却赶紧绕了过去,连个招呼也没打。大熊慢慢地把手臂放下来,不明白为什么大家都不跟他拥抱。

天快黑了,大熊没有拥抱到一个朋友。"昨天,我把兔妹妹的萝卜全拔光了。我还老是揪袋鼠哥哥和红狐狸的尾巴。"大熊的眼泪一滴一滴落下来。

这时,小动物们手牵着手走过来,看见孤零零的大熊,他们都愣住了。大熊呢,马上站起来,捂着脸跑回家了。"我今天没拥抱大熊。"兔妹妹说。"大熊看上去很伤心呢!"袋鼠说。

小动物们你看看我,我看看你,然后,他们都往大熊家走去。

天黑了,大熊晚饭也没吃,一个人躺在床上想心事。"笃笃笃!"是谁在敲门?大熊慢吞吞地走过去开门。门一开,大熊惊呆了!小动物们在门前排成了长长的队伍,一个个张开双臂,说:"大熊,祝你拥抱节快乐!我愿意做你的朋友。"

大家一个接一个地拥抱了大熊,大熊的眼泪越来越多,比刚才没人拥抱他时还要多。他在心里暗暗对自己说,从明天起一定要让大家看到一个不一样的大熊!

月亮的银光柔柔地洒在森林城,洒在互相拥抱着的小动物们身上,这真是一个令人难忘的拥抱节呀!

☆ **考核要求**:

1. 模拟为幼儿表演一段故事

表演内容从"大熊看见袋鼠哥哥……"到"……做你的朋友"结束,见波浪线部分。

2. 回答问题

如果请5~6岁幼儿表演上述这段故事,你如何组织这一活动?

3. 请在10分钟内完成上述两项任务。

☆ **评分要点**:

1. 普通话比较标准,吐字清晰,语速恰当,有感染力。有幼儿意识,讲故事的方法比较适合幼儿的特点,能用动作、表情、语气的变化等来吸引幼儿。

2. 回答问题中组织幼儿开展表演活动的方法可行,适合幼儿的特点,例如教师示范表演,请个别幼儿示范表演,欣赏录像,利用图片等。

21　小乌龟的冬眠梦

冬天早已经过了,可是小乌龟尼克还在洞里睡觉。突然,他的四肢和小尾巴慢慢地从甲壳里伸出来,然后又慢慢地伸出小脑袋,摇晃了几下,这才打了一个长长的呵欠。

"这真是一个又漫长又美丽的梦啊!"尼克一边说一边慢慢走出洞外。洞外的情景让尼克大吃一惊——只见到处都是白白的雪花!

"真糟糕!"尼克挠着脑袋对自己说,"现在还是冬天,我还在做梦呢!"

"你没有做梦!"一个声音从尼克的身后传来。尼克急忙把自己缩进甲壳里。"不要害怕,尼克,我是小白兔呀!"尼克又把脑袋伸出来一看,果然是小白兔吉米。

"吉米,你好!"尼克高兴地问,"你的腿全好了吗?""全好了!你看,我现在又能跑又能跳的!"吉米在尼克面前蹦跳了几下。

"这太好啦!不过这……"尼克指着四周白白的雪花问,"这是怎么回事呀?"

"你不记得了吗?"吉米认真地说,"去年夏天我的腿被大灰狼咬伤了,是你一直当我的轮椅,还给我讲好多好听的故事!"

"这是我应该做的!"尼克不好意思地说,"可惜我要冬眠,不能在冬天陪伴你!"

"没关系的,有哼哼猪陪着我呢!"吉米开心地说,"你曾经告诉我,你要在冬眠的梦里和雪花在一起,所以我和哼哼猪找来了能开像雪花一样的花的种子,你看,你家四周现在都开满了雪花!"

"啊,真是太棒啦!"尼克惊喜地四处看着开满像雪花的花,"我是在梦里梦见了雪花,和现在一模一样!""那太好啦!"吉米高兴地蹦跳起来,"我的愿望也实现啦!"

"谢谢你,吉米!"尼克激动地说,"你让我的冬眠梦变成了现实!""不用谢我!"吉米认真地说,"这是你用你的爱心获得的奖励啊!"

☆ **考核要求:**

1. 模拟对幼儿讲故事

(1) 有幼儿意识,表现出对幼儿讲故事。

(2) 普通话标准,口齿清晰,语速适宜,有感染力。

2. 模拟向幼儿提问

在讲故事过程中,模拟向5~6岁的幼儿提2个问题,提出的问题有助于幼儿理解故事或吸引幼儿的注意力。

3. 请在10分钟内完成上述任务。

☆ **评分要点:**

1. 讲故事的方法比较适合幼儿的特点,如能用适度夸张的动作、表情、语气、语调等来吸引幼儿,或用适当的提问来吸引幼儿的注意力,模拟给幼儿看画面等。

2. 提问要符合幼儿的理解水平,如为什么小兔子吉米要感谢小乌龟尼克?小兔子吉米的愿望是什么?请小朋友仔细听故事。

22　和月亮一起吃

猪妈妈烤了香甜的红薯,给了小猪一个。"再给我一个好吗?我要和月亮一起吃。"小猪请求道。"噢!"猪妈妈很惊讶。不过,她还是又给了小猪一个红薯。

猪妈妈摘了一篮子红彤彤的苹果,给了小猪一个。"再给我一个好吗?我要和月亮一起吃。"小猪请求道。"噢!"猪妈妈很惊讶。不过,她还是又给了小猪一个苹果。

猪妈妈买了一盒软乎乎的蜂蜜蛋糕,给了小猪一块。"再给我一块好吗?我要和月亮一起吃。"小猪请求道。"噢!"猪妈妈很惊讶。不过,她还是又给了小猪一块蜂蜜蛋糕。

这一次,猪妈妈悄悄地跟在了小猪的后面。

小猪欢欢喜喜地穿过一片小树林,来到一个树洞跟前。他一边敲门一边喊:"月亮,月亮,我给你带好吃的来了。"门开了,一只胖乎乎的小熊走出来。小熊的胸口有白白的绒毛,很像月亮的形状。两个好朋友见面,小熊和小猪亲热地拥抱在一起。

猪妈妈感动得眼泪哗哗的,她再也不担心什么了。

从那以后,不管吃什么东西,猪妈妈总会笑眯眯地拿出两份来,温柔地对小猪说:"和月亮一起吃吧!"

☆ **考核要求:**

1. 模拟对幼儿讲故事

用普通话模拟对幼儿讲故事。

2. 回答问题

你怎样利用这个故事去引导幼儿懂得分享?请说出1~2种方法。

3. 请在10分钟内完成上述两项任务。

☆ **评分要点:**

1. 普通话标准,口齿清晰,语速适宜,有感染力。讲故事的方法比较适合幼儿的特点,如能用适度夸张的动作、表情、语气、语调等来吸引幼儿,或用适当的提问来吸引幼儿的注意力,模拟给幼儿看画面等。

2. 能提出比较合适的方法,有一定的创意。

23　小船悠悠

海龟爷爷的生日到了,一大早,海面上就出现了许许多多小船。

小松鼠用圆圆的草帽做小船,小草帽在水上漂呀漂,像一轮圆圆的月亮。

小灰兔乘着她的西瓜小船。瞧,她手里还拿着一束鲜花,在蓝蓝的大海上特别显眼。

小花猫坐在一只大皮靴里,皮靴船上挂着一只红气球,那是小花猫送给海龟爷爷的生日礼物。

小刺猬站在树枝编成的小船上,背上插满了鲜红的山楂果,随着海浪,忽悠忽悠往前走。

小黄狗把几个空罐头盒绑在一起当小船,他坐在船上,抱着送给海龟爷爷的生日蛋糕,听着海浪敲打着小船,叮叮咚咚好开心。

小猪拿块门板当小船,一把扫帚当桅杆,挂上衬衣当风帆,特别神气。

啊,各式各样的小船,像一支小小舰队,向海龟爷爷划来,海龟爷爷高兴得不停地招呼大家。

海龟爷爷说:"你们常年生活在陆地上,为了祝贺我的生日,这回都下海了。为了答谢大家,我带大家游游大海,都坐到我的背上吧。"于是,小松鼠、小灰兔、小花猫、小刺猬、小黄狗、小猪都跳到海龟爷爷背上。

海龟爷爷像一艘大船,船上插着鲜花,挂着气球,载着六位好朋友,忽悠忽悠,开始了海上航行。

☆ **考核要求:**

1. 模拟对幼儿讲故事

(1) 有幼儿意识,表现出正在对幼儿讲故事。

(2) 普通话标准,口齿清晰,语速适宜,有感染力。

2. 模拟向幼儿提问

在讲故事过程中,模拟向4~5岁的幼儿提2个问题,提出的问题有助于幼儿理解故事或吸引幼儿的注意力。

3. 请在10分钟内完成上述任务。

☆ **评分要点:**

1. 讲故事的方法比较适合幼儿的特点,如能用适度夸张的动作、表情、语气、语调等来吸引幼儿,或用适当的提问来吸引幼儿的注意力,模拟给幼儿看画面等。

2. 提问要符合幼儿的理解水平,如小黄狗的小船是用什么做的?小动物们送给海龟爷爷的生日礼物都有什么?请小朋友们注意听。

24　花瓣儿风车

一群小蚂蚁,扛着许多黄澄澄的麦子,嗨呦嗨呦往家走。蚂蚁爸爸、蚂蚁妈妈抬着一只装满麦子的大箩筐,他们开心地说:"麦子,麦子,神奇的麦子就要变成……"

麦子会变成什么?小蚂蚁们又蹦又跳地嚷着:"要变成软软的!""不,要变成脆脆的!""我说会变成香香的!""我想让它变成甜甜的!"蚂蚁妈妈微笑着说:"等一等,你们说得都对,可是,先要让麦子变成白白的、细细的……"

蚂蚁爸爸搬来了一台小小的磨盘。"咕隆隆,咕隆隆!"磨盘转起来啦!"咕隆隆,咕隆隆!"蚂蚁爸爸推不动啦,蚂蚁妈妈接着推,小蚂蚁们都争着来帮忙,他们的力气太小啦,哼哧哼哧拼命推,磨就是不动!小蚂蚁们急得直冒汗!

蚂蚁爷爷说:"麻雀家有架老古董,它会吱吱嘎嘎地转,麦子就会变成好多好多的面粉,可有趣啦!"一只小蚂蚁说:"我知道,那是风车!"其他小蚂蚁都叫起来:"快,我们快去找风车!"小蚂蚁们全出门儿找风车去了。

可是,到哪儿去找风车呢?小蚂蚁们看见了一朵美丽的花,花瓣儿好像风车上的风叶。小蚂蚁们把花儿扛回了家,和爸爸妈妈一起把"风车"安在磨盘上。风儿呼呼地吹来了,花瓣儿风车转起来了,磨盘也转起来了!风小的时候,蚂蚁们就鼓足了腮帮,一起用力吹气,花瓣儿风车越转越快,磨盘也越转越快。"咕隆隆,咕隆隆!"好多好多雪白的面粉磨出来了!

白白的面粉变成了白白的大馍馍、脆脆的饼干,还有又香又甜的面包……小蚂蚁们吃得真香啊,点心里还有一股花儿的甜味儿呢!

☆ **考核要求:**

1. 模拟为幼儿表演故事

表演内容从"小蚂蚁们又蹦又跳……"到"……面粉磨出来了"结束,见波浪线部分。

2. 回答问题

在讲故事的过程中,你认为4~5岁幼儿最感兴趣、最容易兴奋和难以理解的内容是什么?为什么?

3. 请在10分钟内完成上述两项任务。

☆ **评分要点:**

1. 讲故事的方法比较适合幼儿的特点,如能用适度夸张的动作、表情、语气、语调等来吸引幼儿,或用适当的提问来吸引幼儿的注意力,模拟给幼儿看画面等。

2. 回答问题能基本把握幼儿的兴奋点和难点,理由充分,如对故事中"风儿呼呼地吹来了,花瓣儿风车转起来了,磨盘也转起来了",幼儿有可能表现出兴奋的情绪;如对故事中"好多好多雪白的面粉磨出来了",幼儿有可能不理解。

25　大狮子和小老鼠

有一天,一只大狮子正在草地上睡大觉。一只小老鼠正好路过草地:"嘻嘻,大狮子睡着了,这下我可以好好玩玩了。"

于是,小老鼠一下子跳到大狮子背上。它刚想站起来,看看大狮子的脸,大狮子醒了,看见了小老鼠:"好啊,你这个小东西我要吃掉你!"小老鼠连忙请求道:"好狮子,求求你,放了我吧,说不定哪一天我会帮助你的。""哈哈哈,你这么小,我这么大,我怎么会要你的帮助?"大狮子骄傲地说。小老鼠不停地请求大狮子放了它。最后,大狮子放走了小老鼠。

没过几天,大狮子在草地上散步,一不小心掉进了猎人设的陷阱里。大狮子急得连声大叫:"谁来帮帮我?谁来帮帮我?"小老鼠听见了,赶紧跑过来:"别怕,亲爱的大狮子,我有办法救你。"小老鼠跳到大网上,咬断了一根线,又咬断了一根线。网上慢慢出现了一个大洞洞,大狮子得救了。"谢谢你,小老鼠。"大狮子说:"虽然我这么大,你这么小,但是我能帮你的忙,你也能帮我的忙。让我们做好朋友吧。"

从此以后,大狮子和小老鼠就成了一对好朋友。

☆ **考核要求:**

1. 模拟为幼儿讲故事
（1）有幼儿意识,表现出正在为幼儿讲故事。
（2）普通话标准,语气、语调、表情符合角色形象,有感染力。
2. 回答问题
如果请4～5岁的幼儿表演这段故事,你如何组织这一活动?
3. 请在10分钟内完成上述任务。

☆ **评分要点:**

1. 普通话标准,语气、语调、表情符合角色形象,有感染力。
2. 组织幼儿开展表演活动的方式可行,适合幼儿特点,如组织幼儿讨论分配角色,或请个别幼儿示范表演,选择或制作道具等。

26 动物职业介绍所

大猩猩开了一家动物职业介绍所,他在电视上做了个广告:尊敬的各位动物,您有合适的工作吗,您想充分发挥自己的特长吗,请到大猩猩动物职业介绍所,一定能让您如愿以偿。

广告登出不久,就有动物报名了。第一位是龙虾,龙虾急匆匆地说:"猩猩所长,我是粮仓管理员,可我一不小心,大钳子就戳破了米袋子,请您帮帮忙,帮助我找到一份合适的工作,好吗?"

大猩猩所长笑着说:"龙虾先生,别着急,我想办法帮助你。你的大钳子像把剪刀,裁衣服倒挺合适的,你可以当个好裁缝。"龙虾非常乐意地当了一名裁缝。

第二位报名的是青蛙,他说:"猩猩所长,我是歌唱演员,可观众们都说我的歌声太难听,请您帮帮忙,帮助我找一份合适的工作,好吗?"大猩猩所长笑着说:"小青蛙,别着急,我来帮助你,你的歌声不好听,可你是游泳的行家,你当游泳教练肯定行。"小青蛙想想:对呀,我游泳棒极了,我就当一名游泳教练吧。小青蛙非常高兴地当上了游泳教练。

第三位来报名的是袋鼠妈妈,她急得快要哭了。她说:"猩猩所长,我是一名理发员,可这个工作一点儿也不适合我,请您帮帮我,帮助我找一份合适的工作,好吗?"大猩猩所长笑着说:"袋鼠妈妈,您别急,我来帮助您。你不是有个大口袋吗,当邮递员准合适。"袋鼠妈妈高兴地点点头。

一天天过去了,大猩猩所长真能干,帮助许多小动物找到合适的工作:小狗当上了警察,小猴成了路灯管理员,大象开了浴室,蚯蚓是个合格的天气预报员,松鼠当上了粮食局长……

动物们都找到了自己合适的工作,他们忘不了大猩猩所长的帮助,买来了鲜花表示感谢。猩猩所长笑着说:"我们每个人都有自己的长处,找到自己的长处,就不愁找不到合适的工作啦!"

☆ **考核要求**:

1. 模拟对幼儿讲故事

(1) 有幼儿意识,表现出对幼儿讲故事。

(2) 普通话标准,口齿清晰,语速适宜,有感染力。

2. 模拟向幼儿提问

在讲故事过程中,模拟向5~6岁的幼儿提2个问题,提出的问题有助于幼儿理解故事或吸引幼儿的注意力。

3. 请在10分钟内完成上述任务。

☆ **评分要点**:

1. 讲故事的方法比较适合幼儿的特点,如能用适度夸张的动作、表情、语气、语调等来吸引幼儿,或用适当的提问来吸引幼儿的注意力,模拟给幼儿看画面等。

2. 提问要符合幼儿的理解水平,如为什么大猩猩所长帮小猴当路灯管理员?松鼠为什么能当粮食局长?

27 借你一把伞

下雨了,糟糕了,娜娜没带伞,娜娜站在雨中。

小蚂蚁拿着小小的草叶走过来,说:"借你一把伞。"娜娜拿着,小蚂蚁的伞真小。

青蛙拿着丝瓜的叶子跳过来,说:"借你一把伞。"咦!青蛙的伞是漏斗伞。

小兔子拿着上头有叶须的胡萝卜,说:"借你一把伞。"嗯!小兔子的伞会漏雨。

小狐狸拿着"芋头叶"给娜娜,小狐狸的伞是不是刚刚好呢?撑着撑着,啊!雨漏下来了,娜娜和小动物跑了起来。

大熊拿着大大的荷叶走过来,说:"借你一把伞。"哇!大熊的伞,好大好重啊!

小狗拿着伞跑过来,说:"给你一把伞。"啊!那就是娜娜的伞嘛!

下雨天,大家一起撑着伞排排走,还有谁没有伞呢?一起来吧!

☆ 考核要求:

1. 模拟对幼儿讲故事

(1) 有幼儿意识,表现出对幼儿讲故事。

(2) 普通话标准,口齿清晰,语速适宜,有感染力。

2. 回答问题

(1) 故事讲完后,教师提出问题:"动物朋友给娜娜拿来了哪些伞?这些伞合适吗?请你说说理由。"你认为这个问题适合4~5岁的幼儿吗?为什么?

(2) 根据故事内容,说说还可以组织4~5岁的幼儿开展其他什么游戏?

3. 请在10分钟内完成上述任务。

☆ 评分要点:

1. 普通话标准,口齿清晰,语速适宜,有感染力。有幼儿意识,讲故事的方法比较适合幼儿的特点,如能用适度夸张的动作、表情、语气、语调等来吸引幼儿,或用适当的提问来吸引幼儿的注意力,模拟给幼儿看画面等。

2. 能说出自己的观点,理由恰当。可以组织幼儿开展表演游戏,开展手工制作"一把伞"等。

28 请让我搭车吧

狮子爷爷会做各种东西。这次他整天都在沙沙沙、咚咚咚,他到底在做什么呢?原来,狮子爷爷做了一辆很棒的公共汽车。这辆车有结实的轮胎、大大的方向盘,还有排列整齐的椅子。汽车开动了,司机是狮子爷爷。

公共汽车咕噜咕噜跑在田野里,路边站着一只刺猬:"狮子爷爷,请让我搭车吧。""好好,快点上车吧,可是你身上尖尖的刺不能刺伤朋友们。"刺猬轻轻地上了车。

公共汽车咣当咣当跑在砂石路上。来了一只长颈鹿。"请让我搭车吧。""好的,上来吧,可是不许把脖子伸出窗外。"

公共汽车"吱"的一声停了下来!来了一群小松鼠。"狮子爷爷,请让我们也上车吧。""好好,但是要排队上车。"公共汽车又上路了。

长颈鹿突然叫了起来:"呀,是大海!"这时候,刺猬高兴地滚做一团,长颈鹿把长脖子伸出窗外,小松鼠也窜上窜下地跳到狮子爷爷头上。

公共汽车"轰"的一声,撞在了树上!住在树上的鸟儿和蜜蜂都吓得飞了出来。

"对不起,狮子爷爷。"小动物们不知所措。没有家的鸟儿和蜜蜂怎么办呢?大家一起努力,修好鸟巢,把蜂巢也放回树上。"鸟儿们,蜜蜂们,对不起。"

以后大家还会不遵守和狮子爷爷的约定吗?

☆ **考核要求**:

1. 用模拟对幼儿讲故事
(1) 有幼儿意识,表现出正在对幼儿讲故事。
(2) 普通话标准,口齿清楚,语速适宜,有感染力。

2. 回答问题:
在讲故事的过程中,你认为5~6岁幼儿最感兴趣、最容易兴奋和难以理解的内容是什么?为什么?

3. 请在10分钟内完成上述两项任务。

☆ **评分要点**:

1. 讲故事的方法比较适合幼儿的特点,如能用适度夸张的动作、表情、语气、语调等来吸引幼儿,或用适当的提问来吸引幼儿的注意力,模拟给幼儿看画面等。

2. 答题能基本把握幼儿的兴奋点和难点,理由充分,如当故事讲到"这时候,刺猬高兴地滚做一团,长颈鹿把长脖子伸出窗外,小松鼠也窜上窜下地跳到狮子爷爷头上",幼儿有可能表现出兴奋的情绪;如对故事中词语"约定",幼儿有可能不理解。

29 过 冬

冬天的一个早晨,小鹿和往常一样早早起来。它推开窗户一看,啊!下雪了,厚厚的积雪盖住了房子,盖住了石头,把小树枝压弯了。太好了,小鹿决定去找小伙伴们打雪仗。

小鹿穿好外套,戴上长围巾,向小刺猬家走去。好奇怪,刺猬家没有一点声音。小鹿一边轻轻地敲门,一边喊道:"小刺猬,小刺猬,开开门,我们去玩打雪仗吧!"可是里面没有一点动静。小鹿从窗口往里面一看,只见小刺猬独自缩在床上,盖着大被子睡得正香。小鹿连叫了几声,小刺猬都没有醒。这是怎么回事呢?小鹿觉得很纳闷儿,只得悻悻走开。一路走一路想:小刺猬怎么了?难道它生病了?

小鹿又向小熊家走去。小熊家的门也紧闭着,咦?难道小熊也在睡大觉?小鹿用力地敲了敲门,没有人理它。小鹿从门缝往里面一看,小熊果然缩在床上睡大觉。

小鹿又来到小河边找小乌龟,叫了半天也不见小乌龟出来。小鹿只好到小乌龟最喜欢的大石头缝里找。啊,石头缝里,小乌龟把头缩在壳里睡得正香呢!

小鹿很奇怪,难道它们都病了?

小鹿急忙赶回家,伤心地对妈妈说:"妈妈,小刺猬、小熊和小乌龟它们都生病了,你快去看看呀!"妈妈说:"你怎么知道它们生病了?"小鹿说:"我去找它们玩打雪仗,可它们全都躺在家里睡大觉,怎么叫也不起来,不是生病还能是什么?"

妈妈一听,忍不住笑了:"傻孩子,它们没有生病,它们是在冬眠呢!""冬眠?冬眠是什么意思?""就是到了冬天躺在家里睡大觉,等到第二年的春天才出来活动。""那它们不饿吗?""它们已经储备了足够的食物和热量,足够它们睡一个冬天。"

小鹿一下子想起来,有一次和小刺猬约好去采野果,可是小刺猬失约了,后来再也找不到小刺猬了,那时候天还不太冷,小刺猬一定是急着去找睡觉的地方,早知道是这么回事,一定帮小刺猬找一个舒服的洞。

☆ **考核要求:**

1. 模拟为幼儿表演故事

表演内容从"小鹿穿好外套……"到"……一个冬天"结束,见波浪线部分。

2. 回答问题

在讲故事的过程中,你认为4~5岁幼儿最感兴趣、最容易兴奋和难以理解的内容是什么?为什么?

3. 请在10分钟内完成上述两项任务。

☆ **评分要点:**

1. 普通话基本标准,吐字清晰,语速恰当,有感染力。讲故事的方法比较适合幼儿的特点,如能用适度夸张的动作、表情、语气、语调来吸引幼儿,或用适当的提问来维持幼儿的注意力,模拟给幼儿看画面等。

2. 答题能基本把握幼儿的兴奋点和难点,理由充分,如对故事中"小刺猬,开开门,我们去玩打雪仗吧",幼儿有可能表现出兴奋的情绪;如对故事中"它们已经储备了足够的食物和热量,足够它们睡一个冬天",幼儿有可能不理解。

30 蛀牙王子

国王有一个小王子,王子什么都爱吃,不过他最爱吃甜甜的食物,连洗泡泡澡时也要吃呢!

王后不让小王子吃太多糖果,所以小王子就把糖果藏得到处都是,甜甜香香的糖果引来了许多蚂蚁和蟑螂,房间里的蚂蚁、蟑螂越来越多。大家伤透脑筋,只好分头去找藏起来的糖果,不让小王子吃更多的糖果。

有一天,平常笑嘻嘻的小王子突然大哭起来,哭得非常、非常、非常大声,还一直喊着:"好痛啊!"国王找了医生来,医生说:"王子有蛀牙,得赶快送医院!"大家一听,都叫了起来:"啊!原来我们的小王子是蛀牙王子!"

到了医院,小王子还在哭,医生马上帮小王子检查牙齿。医生说:"王子的牙齿蛀了好几个洞,要赶快补一补才行!"时间一分一秒过去,牙齿终于补好了,小王子的牙齿不痛了,马上又伸手要糖吃。医生看到了,就说:"你一定是糖果吃得太多,又没刷牙,才会牙痛,对不对?"

小王子说:"我刷牙的啊!"医生问:"什么时候刷得牙?"小王子想了一下说:"上次吃了糖果,三天以后就刷牙了!"

"什么!"医生叫了起来,"吃完东西要漱口,牙齿更要天天刷才行!来,我来教你刷一次!"说完,医生拿起牙刷,一边念着,一边教小王子刷牙:"牙齿前面刷一刷,上面刷完下面刷;牙齿后面刷一刷,外面刷完里面刷;门牙前后刷一刷,后面牙齿刷一刷;刷完牙后漱口水,牙齿洁白又健康。"医生还对小王子说:"你要记住:最重要的是——每一颗牙齿都要刷到啊!"

从医院回来,厨师对小王子说:"营养均衡,多吃青菜水果,常喝牛奶,少吃粘性太强的糖果,就不会有蛀牙了。"国王也对小王子说:"你要记住:吃完东西漱漱口,牙齿要天天刷。"王子说:"这样好麻烦啊!"国王、王后和公主说:"大家一起做就不麻烦了!"

大家为了帮助王子去除蛀牙,每天督促他刷牙,还有多吃牛奶、蔬菜、水果,少吃甜食。王子终于学会自己刷牙、漱口了,平常也会多喝牛奶,常吃青菜水果,牙齿不再痛了。

大家都说:"我们的王子,牙齿真是洁白又健康。"王子开心地笑了。

☆ **考核要求**:

1. 模拟故事表演

(1) 表演内容从"有一天……"到"……就不麻烦了"结束,见波浪线部分。

(2) 普通话标准,语气、语调、表情符合角色形象,有感染力。

2. 模拟向幼儿提问

在讲故事过程中,模拟向4~5岁幼儿提2个问题,提出的问题有助于幼儿理解故事或吸引幼儿的注意力。

3. 请在10分钟内完成上述任务。

☆ 评分要点：

1. 讲故事的方法比较适合幼儿的特点，如能用适度夸张的动作、表情、语气、语调等来吸引幼儿，或用适当的提问来吸引幼儿的注意力，模拟给幼儿看画面等。

2. 提问要符合幼儿理解水平，如大家尽量不让小王子吃多糖果，这是为什么？医生帮小王子检查，发现了什么？请小朋友注意听。

二、看图讲故事

1 小兔的故事

☆ **考核要求**：

1. 看图讲述

（1）看图片模拟对幼儿讲故事，故事符合图意，语言生动有趣。

（2）给故事取名，名字有一定的概括性，符合图意。

2. 模拟提问

根据每幅图模拟向 4~5 岁幼儿提 1 个问题，以引导幼儿仔细观察画面细节，发现角色之间的关系。

3. 请在 10 分钟内完成上述两项任务。

☆ **评分要点**：

1. 普通话比较标准，口齿清晰，语速适宜，讲故事的方法比较适合幼儿的特点，有感染力。讲述故事的名称和内容符合图意，故事完整，生动有吸引力。

2. 提问要符合图意和幼儿的认知与理解水平，如图1：小白兔坐在家里为什么会冷得打抖呢？图2：小白兔用了一个什么方法来给自家做窗户？图3：你从什么地方看出小白兔家没有寒风吹进来？图4：小白兔原来的窗为什么会不见了？

2　买菜的故事

☆ **考核要求：**

1. 看图讲述

（1）看图片模拟对幼儿讲故事，故事符合图意，语言生动有趣。

（2）给故事取名，名字有一定的概括性，符合图意。

2. 模拟提问

根据每幅图模拟向5～6岁幼儿提1个问题，以引导幼儿仔细观察画面细节，发现角色之间的关系。

3. 请在10分钟内完成上述两项任务。

☆ **评分要点：**

1. 普通话比较标准，口齿清晰，语速适宜，讲故事的方法比较适合幼儿的特点，有感染力。讲述故事的名称和内容符合图意，故事完整，生动有吸引力。

2. 提问要符合图意和幼儿的认知与理解水平，如图1：老奶奶手上拎着一篮子什么？图2：两个小朋友闯了什么祸？图3：小朋友对奶奶说了什么？图4：小朋友又做了什么？

3 小花狗的故事

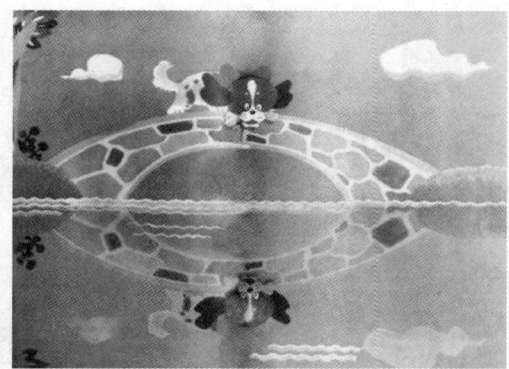

☆ **考核要求**：

1. 看图讲述

（1）看图片模拟对幼儿讲故事,故事符合图意,语言生动有趣。

（2）给故事取名,名字有一定的概括性,符合图意。

2. 模拟提问

根据每幅图模拟向 4～5 岁幼儿提 1 个问题,以引导幼儿仔细观察画面细节,发现角色之间的关系。

3. 请在 10 分钟内完成上述两项任务。

☆ **评分要点**：

1. 普通话比较标准,口齿清晰,语速适宜,讲故事的方法比较适合幼儿的特点,有感染力。讲述故事的名称和内容符合图意,故事完整,生动有吸引力。

2. 提问要符合图意和幼儿的认知与理解水平,如图 1:小花狗看样子很高兴,是为什么呢? 图 2:小花狗在回家的路上经过了一个什么地方? 图 3:小花狗的骨头为什么会掉进水里? 图 4:这时的小狗怎么了? 为什么?

4 玩具小象的故事

☆ **考核要求：**

1. 看图讲述

（1）看图片模拟对幼儿讲故事，故事符合图意，语言生动有趣。

（2）给故事取名，名字有一定的概括性，符合图意。

2. 模拟提问

根据每幅图模拟向3~4岁幼儿提1个问题，以引导幼儿仔细观察画面细节，发现角色之间的关系。

3. 请在10分钟内完成上述两项任务。

☆ **评分要点：**

1. 普通话比较标准，口齿清晰，语速适宜，讲故事的方法比较适合幼儿的特点，有感染力。讲述故事的名称和内容符合图意，故事完整，生动有吸引力。

2. 提问要符合图意和幼儿的认知水平，如图1：图上小朋友们想要干什么？图2：小朋友们分别在玩哪些玩具？图3：小朋友在玩完后发现少了一件什么玩具？图4：小姑娘最后把找到的大象放进哪里了？

5　种树的故事

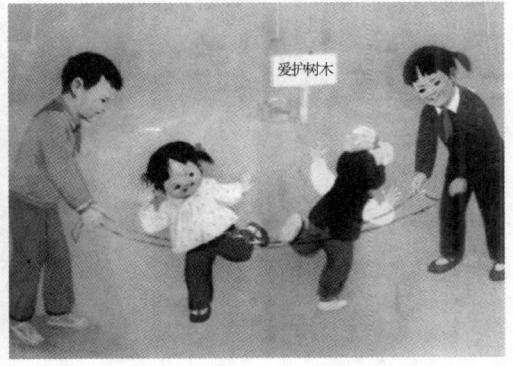

☆ **考核要求：**

1. 看图讲述

（1）看图片模拟对幼儿讲故事，故事符合图意，语言生动有趣。

（2）给故事取名，名字有一定的概括性，符合图意。

2. 模拟提问

根据每幅图模拟向5～6岁幼儿提1个问题，以引导幼儿仔细观察画面细节，发现角色之间的关系。

3. 请在10分钟内完成上述两项任务。

☆ **评分要点：**

1. 普通话比较标准，口齿清晰，语速适宜，讲故事的方法比较适合幼儿的特点，有感染力。讲述故事的名称和内容符合图意，故事完整，生动有吸引力。

2. 提问要符合图意和幼儿的认知水平，如图1：图上小哥哥小姐姐在干什么？图2：小妹妹把皮筋挂在什么地方玩游戏？图3：小哥哥小姐姐怎么做的？图4：小哥哥小姐姐在和小妹妹做什么？

6 猴子和老爷爷的故事

☆ **考核要求：**

1. 看图讲述

(1) 看图片模拟对幼儿讲故事，故事符合图意，语言生动有趣。

(2) 给故事取名，名字有一定的概括性，符合图意。

2. 模拟提问

根据每幅图模拟向5～6岁幼儿提1个问题，以引导幼儿仔细观察画面细节，发现角色之间的关系。

3. 请在10分钟内完成上述两项任务。

☆ **评分要点：**

1. 普通话比较标准，口齿清晰，语速适宜，讲故事的方法比较适合幼儿的特点，有感染力。讲述故事的名称和内容符合图意，故事完整，生动有吸引力。

2. 提问要符合图意和幼儿的认知水平，如图1：图上这位老爷爷是卖什么的？图2：老爷爷醒来发现了什么？图3：老爷爷做了什么？猴子怎么做的？图4：老爷爷想了一个什么好办法把帽子全都拿回来了？

三、情景故事表演

1 帮玩具回家

小班游戏结束了,有的幼儿不愿意收玩具或者随意乱放玩具,不把玩具送回原来的地方。请创编一个故事,利用情景故事表演启发幼儿爱护玩具,送玩具"回家"的意愿。

☆ 考核要求:

1. 根据上述内容,创编一个简单的情景表演故事
(1) 有 2～3 个角色,有简单的情节。
(2) 故事有针对性,易于幼儿理解。
2. 选择或制作道具
(1) 利用信封、纸杯、橡皮泥等材料,根据情景表演需要,制作简单的角色人物。
(2) 道具适用于表演。
3. 模拟对小班的幼儿表演
语言生动,有一定的感染力。
4. 请在 10 分钟内完成上述任务。

☆ 评分要点:

1. 普通话比较标准,吐字清晰,表演时语气、表情较为生动,有感染力。
2. 故事有针对性,有利于激发幼儿玩完玩具后收拾的意愿,如小朋友放学后要回家,玩具也要"回家",要帮玩具找到自己的"家"。
3. 表演道具不要求制作精良,大体体现角色特征,可用于表演即好。

2 高高兴兴去上幼儿园

小班幼儿睡觉一般不容易醒,早晨,妈妈要上班了,幼儿还在呼呼睡大觉。妈妈叫醒后,常常是又哭又闹,特别是在冬天,幼儿更是钻在被窝里不肯起床。请创编一个故事,利用情景故事表演启发幼儿养成早睡早起,高高兴兴上幼儿园的好习惯。

☆ 考核要求:

1. 根据上述内容,创编一个简单的情景表演故事
(1) 有 2～3 个角色,有简单的情节。
(2) 故事有针对性,易于幼儿理解。
2. 选择或制作道具
(1) 利用信封、纸杯、橡皮泥等材料,根据情景表演需要,制作简单的角色人物。
(2) 道具适用于表演。
3. 模拟对小班的幼儿表演
语言生动,有一定的感染力。

4. 请在10分钟内完成上述任务。

☆ 评分要点：

1. 普通话比较标准，吐字清晰，表演时语气、表情较为生动，有感染力。

2. 故事有针对性，有利于小班幼儿良好生活习惯的养成，如知道每天早睡早起，能愉快地配合妈妈，每天高高兴兴上幼儿园等。

3. 表演道具不要求制作精良，大体体现角色特征，可用于表演即可。

3　一起玩玩具

小班幼儿游戏中常发生同伴抢玩具的现象。请设计一个情景表演，为幼儿示范同伴友好玩耍的行为和做法。

☆ 考核要求：

1. 根据上述内容，创编一个简单的情景表演故事

(1) 有1~2个角色，有简单的情节。

(2) 故事有针对性，易于幼儿理解。

2. 选择或制作道具

(1) 利用信封、纸杯、橡皮泥等材料，根据情景表演需要，制作简单的角色人物。

(2) 道具适用于表演。

3. 模拟对小班的幼儿表演

语言生动，有一定的感染力。

4. 请在10分钟内完成上述任务。

☆ 评分要点：

1. 普通话比较标准，吐字清晰，表演时语气、表情较为生动，有感染力。

2. 故事有针对性，有利于小班幼儿亲社会行为，如争抢可能会把玩具抢坏，大家都玩不成，可以学习轮流、一起玩、交换玩具等方法来解决冲突。

3. 表演道具不要求制作精良，大体体现角色特征，可用于表演即可。

4　我爱吃蔬菜

有的小班幼儿吃饭挑食，不喜欢吃蔬菜，碰到吃蔬菜时，很多幼儿就皱起了眉头，挑来挑去不愿意吃蔬菜。请设计一个情景表演活动，利用情景故事表演启发幼儿养成吃饭不挑食，爱吃蔬菜的良好行为习惯。

☆ 考核要求：

1. 根据上述内容，创编一个简单的情景表演故事

(1) 有2~3个角色，有简单的情节。

(2) 故事有针对性，易于幼儿理解。

2. 选择或制作道具

(1) 利用信封、纸杯、橡皮泥等材料,根据情景表演需要,制作简单的角色人物。

(2) 道具适用于表演。

3. 模拟对小班的幼儿表演

语言生动,有一定的感染力。

4. 请在10分钟内完成上述任务。

☆ 评分要点:

1. 普通话比较标准,吐字清晰,表演时语气、表情较为生动,有感染力。

2. 故事有针对性,有助于小班幼儿养成吃饭不挑食、爱吃蔬菜的良好行为习惯。

3. 表演道具不要求制作精良,大体体现角色特征,可用于表演即可。

5　勇敢体检

医生要到幼儿园来对幼儿的身高、体重、血色素、视力、龋齿等进行体检,有的小班幼儿很紧张,害怕体检。请设计一个情景表演活动,为小班幼儿演示配合体检的做法,缓解幼儿的紧张情绪。

☆ 考核要求:

1. 根据上述内容,创编一个简单的情景表演故事

(1) 有2~3个角色,有简单的情节。

(2) 故事有针对性,易于幼儿理解。

2. 选择或制作道具

(1) 利用信封、纸杯、橡皮泥等材料,根据情景表演需要,制作简单的角色人物。

(2) 道具适用于表演。

3. 模拟对小班的幼儿表演

语言生动,有一定的感染力。

4. 请在10分钟内完成上述任务。

☆ 评分要点:

1. 普通话比较标准,吐字清晰,表演时语气、表情较为生动,有感染力。

2. 故事有针对性,有助于小班幼儿了解配合体检的做法,如体检只需要按医生的要求做就可以,医生不会伤害小朋友,缓解小朋友的紧张情绪。

3. 表演道具不要求制作精良,大体体现角色特征,可用于表演即好。

6　分享的快乐

很多幼儿在和同伴的交往中,都表现出乐于接受别人的东西,却不愿意把自己的东西与别人分享。请创编一个故事,利用情景故事表演启发幼儿关心别人,互相帮

助,体验分享的快乐。

☆ 考核要求:

1. 根据上述内容,创编一个简单的情景表演故事
(1) 有 2~3 个角色,有简单的情节。
(2) 故事有针对性,易于幼儿理解。
2. 选择或制作道具
(1) 利用信封、纸杯、橡皮泥等材料,根据情景表演需要,制作简单的角色人物。
(2) 道具适用于表演。
3. 模拟对中班的幼儿表演
语言生动,有一定的感染力。
4. 请在 10 分钟内完成上述任务。

☆ 评分要点:

1. 普通话比较标准,吐字清晰,表演时语气、表情较为生动,有感染力。
2. 故事有针对性,有助于中班幼儿建立正确的分享观念,如分享不是失去自己心爱的东西,懂得如何分享并体验分享的快乐。
3. 表演道具不要求制作精良,大体体现角色特征,可用于表演即好。

四、儿歌表演

1 家

蓝蓝的天空,是白云的家。
高高的大树,是小鸟的家。
绿绿的草地,是小羊的家。
清清的河水,是小鱼的家。
红红的花朵,是蝴蝶的家。
快乐的幼儿园,是小朋友的家。

☆ 考核要求:

1. 模拟对幼儿表演儿歌
普通话标准,语气、语调、动作、表情符合儿歌内容,有感染力。
2. 模拟组织活动
模拟组织 5~6 岁幼儿学儿歌的一个活动,活动有趣,能吸引幼儿参与活动,有利于幼儿熟悉、理解、朗读儿歌。
3. 请在 10 分钟内完成上述两项任务。

☆ 评分要点:

1. 普通话比较标准,吐字清晰,语气、语调、动作、表情符合儿歌内容,有感染力。
2. 模拟组织教学的语言逻辑清楚,易于幼儿理解,活动组织围绕儿歌内容,教学

方法生动,符合幼儿年龄特点。

2 太阳和月亮

太阳出来了,
小动物们醒来了。
一只小狗汪汪叫,
两只兔子蹦蹦跳,
三只小鸟喳喳叫。
白天真热闹。
月亮出来了,
小动物们回家了。
一只小狗睡着了,
两只兔子睡着了,
三只小鸟睡着了,
黑夜静悄悄。

☆ **考核要求:**

1. 模拟对幼儿表演儿歌

普通话标准,语气、语调、动作、表情符合儿歌内容,有感染力。

2. 模拟组织活动

模拟组织 3~4 岁幼儿学儿歌的活动,内容有趣,能吸引幼儿参与活动,有利于幼儿熟悉、理解、朗读儿歌。

3. 请在 10 分钟内完成上述两项任务。

☆ **评分要点:**

1. 普通话比较标准,吐字清晰,语气、语调、动作、表情符合儿歌内容,有感染力。

2. 模拟组织教学的语言逻辑清楚,易于幼儿理解,活动组织围绕儿歌内容,教学方法生动,符合幼儿年龄特点。

3 小蝌蚪

小蝌蚪,水边游
摆摆尾,摇摇头。
弟弟嫌他黑,
妹妹笑他丑,
我愿和他交朋友。
要问为什么——

小蝌蚪长大变青蛙,
会跳高,会抓虫,
还是一个小歌手。

☆ **考核要求:**

1. 模拟对幼儿表演儿歌

普通话标准,语气、语调、动作、表情符合儿歌内容,有感染力。

2. 模拟组织活动

模拟组织4~5岁幼儿学儿歌的活动,内容有趣,能吸引幼儿参与活动,有利于幼儿熟悉、理解、朗读儿歌。

3. 请在10分钟内完成上述两项任务。

☆ **评分要点:**

1. 普通话比较标准,吐字清晰,语气、语调、动作、表情符合儿歌内容,有感染力。

2. 模拟组织教学的语言逻辑清楚,易于幼儿理解,活动组织围绕儿歌内容,教学方法生动,符合幼儿年龄特点。

4 别说我小

奶奶您别说我小,
我会穿衣和洗脚。
爸爸您别说我小,
我会擦地把地扫。
奶奶您别说我小,
我会帮忙把水浇,
爸爸妈妈工作忙,
我会做的事情也不少。

☆ **考核要求:**

1. 模拟对幼儿表演儿歌

普通话标准,语气、语调、动作、表情符合儿歌内容,有感染力。

2. 模拟组织活动

模拟组织5~6岁幼儿学儿歌的活动,内容有趣,能吸引幼儿参与活动,有利于幼儿熟悉、理解、朗读儿歌。

3. 请在10分钟内完成上述两项任务。

☆ **评分要点:**

1. 普通话比较标准,吐字清晰,语气、语调、动作、表情符合儿歌内容,有感染力。

2. 模拟组织教学的语言逻辑清楚,易于幼儿理解,活动组织围绕儿歌内容,教学方法生动,符合幼儿年龄特点。

5　我有一双小小手

我有一双小小手，
一只左来一只右。
会洗脸来会刷牙，
还会穿衣和梳头。
我有一双小小手，
一共十个手指头。
自己的事情自己做，
还做妈妈的小帮手。

☆ **考核要求：**

1. 模拟对幼儿表演儿歌

普通话标准，语气、语调、动作、表情符合儿歌内容，有感染力。

2. 模拟组织活动

模拟组织4～5岁幼儿学儿歌的活动，内容有趣，能吸引幼儿参与活动，有利于幼儿熟悉、理解、朗读儿歌。

3. 请在10分钟内完成上述两项任务。

☆ **评分要点：**

1. 普通话比较标准，吐字清晰，语气、语调、动作、表情符合儿歌内容，有感染力。

2. 模拟组织教学的语言逻辑清楚，易于幼儿理解，活动组织围绕儿歌内容，教学方法生动，符合幼儿年龄特点。

第三单元

幼儿绘画·儿童主题画创作技能

第一部分　考核指南

幼儿美术活动中有各种各样的绘画,如蜡笔画、水彩画、版画等。学前儿童绘画能力的培养对于幼儿的观察、记忆、想象等能力具有重要作用。绘画教学是学前教育专业美术课程的重要内容之一,其中,主题绘画技能是学前教育专业学生必须掌握的一项重要的教育技能。

在幼儿园教师资格证考试面试环节,有很多对考生的主题绘画能力进行考察的试题,题型包括命题主题绘画、故事配画和儿歌配画等,并要求完成与之相关的问题。

为了培养幼儿园教师扎实的教学基本功,提升专业素质水平,有效提高师范生通过幼儿园教师资格证考试的通过率,在幼儿园教师培养环节,应加强对学前教育专业学生主题绘画技能的训练,并通过专项技能考核和竞赛提高技艺水平。

一、训练内容与要求

儿童主题绘画项目主要通过各种主题造型的绘画练习,训练学生对造型的认识以及对色彩组织能力和感应能力。基本掌握后,通过命题主题绘画、为故事配画、为儿歌配画等类型的题目,全面考核学生绘画的基本技能和设计创意。

1. 基础造型训练。内容为蔬果、植物、动物、人物、建筑、交通工具和生活用具造型等,要求熟练掌握基本造型,并从易到难逐步提高要求。

2. 主题绘画训练。通过命题主题绘画、为故事配画、为儿歌配画等类型的题目,要求学生能根据指定的主题,快速完成主题绘画创作。

二、训练方式

结合美术课程教学,通过教师传授方法、学生自主练习等措施加强绘画基本功训练,发挥主观能动性,要求学生每周完成3幅以上绘画临摹和创作作业。展示学生优秀主题绘画作品,组织开展主题绘画技能专项考核与竞赛。

三、考核方案与评分标准

儿童主题绘画技能考核试题由命题绘画和回答问题两部分组成,主要考核学生绘画的基本技能技巧、创意,包括学生对主题的理解能力和认识能力,学生绘画的造型能力和色彩的运用搭配能力,以及美术活动的设计和了解幼儿、语言表达等方面的能力。

考核采用随机抽题考核方式,要求学生抽题后准备10分钟即进行考核,在10分钟内在完成试题指定的内容。

评分标准:
1. 绘画作品符合命题要求,既能创作出主题,又能反映其审美个性。
2. 作品主题突出,画面构图合理,线条流畅,造型准确,色彩协调。
3. 富有童趣,易于幼儿理解,有一定的创意。

本项目考核分值均为10分,凡获6分以下为不合格,6~8分为合格,8~9分为良好,9分以上为优秀。

四、儿童主题画创作技能考核的高分要点

(一)以童心和童趣来解读主题

以童心来面对命题,用童趣来解读命题。首先要思考幼儿喜欢什么,幼儿想什么,你能做什么。其次,尽量间接表现主题。很常见的题材要使画面出彩,不妨换个视角,处处皆趣。当我们用儿童的视角观察事物时,会发现一些成人发现不了的趣味,选择其中的一部分或是组合几个作品,用充满童趣的表现手法表现出来,便是一幅成功的作品。

(二)以生动的手法来表现主题

1. 合适的构图

构图一般分为两个阶段,整体构图与深入构图。

整体构图:在观察的基础上把表现物象的外轮廓线、主要结构、大体位置以简洁概括的线条,轻轻描画在画稿上,要注意各物象的大小向背及相关关系是否正确,以及形体比例是否协调。

深入构图:以抓结构为主,从整体形到局部形,根据观察分析的结构及相关空间,抓结构线、明暗交界线及投影线,可适当表现明暗,要注意准确性与生动性,相互联系地检查与修改。

2. 丰富的色彩

可以选择先画背景,其次画前景,最后画主要物象。或者可以先画主要物象,其次前景,最后背景。还可以先画前景,其次物像,最后背景。注意前景色、背景色以及物像的色彩表现。

3. 协调的色调

可以选择从物体暗部画起,再画灰部,最后画亮部。或者可以从物体亮部画起,再画灰部,最后画暗部。还可以先画灰部,再画亮部,最后画暗部。注意画面色调的

层次以及各层次间的协调。

4. 多样的技法

掌握直线平涂、圈涂、点彩、混色、层涂等基本技法，选择合适刮涂、厚涂、遮挡、油水分离、拓印底纹的表现方法。通过单独或组合使用上述技法，可以画出属于你自己的风格。

五、主题绘画技能造型基础

1. 蔬果类造型基础

（1）初级难度

图 3-1 水果

图 3-2 水果

（2）中级难度

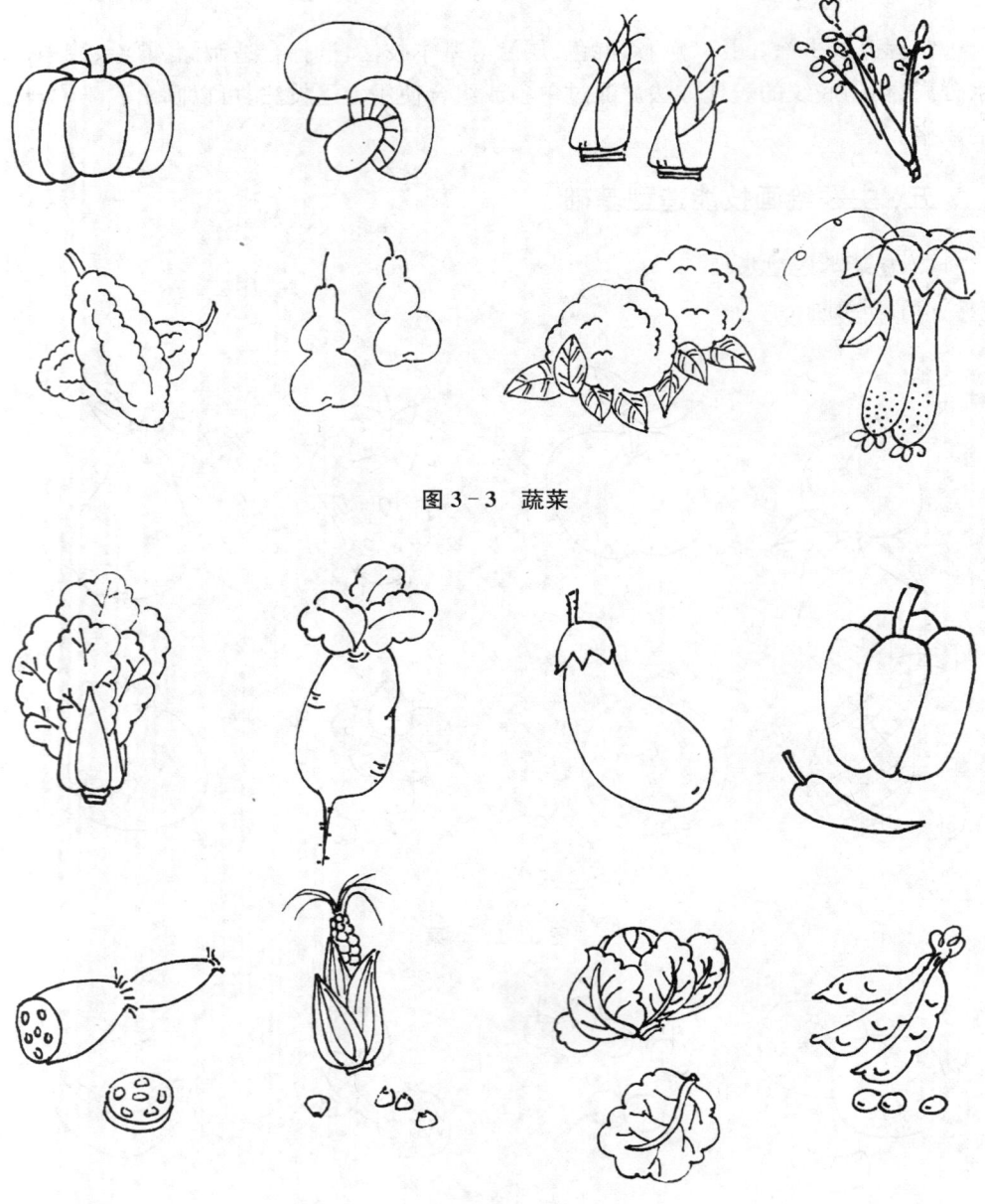

图 3-3 蔬菜

图 3-4 蔬菜

(3) 高级难度

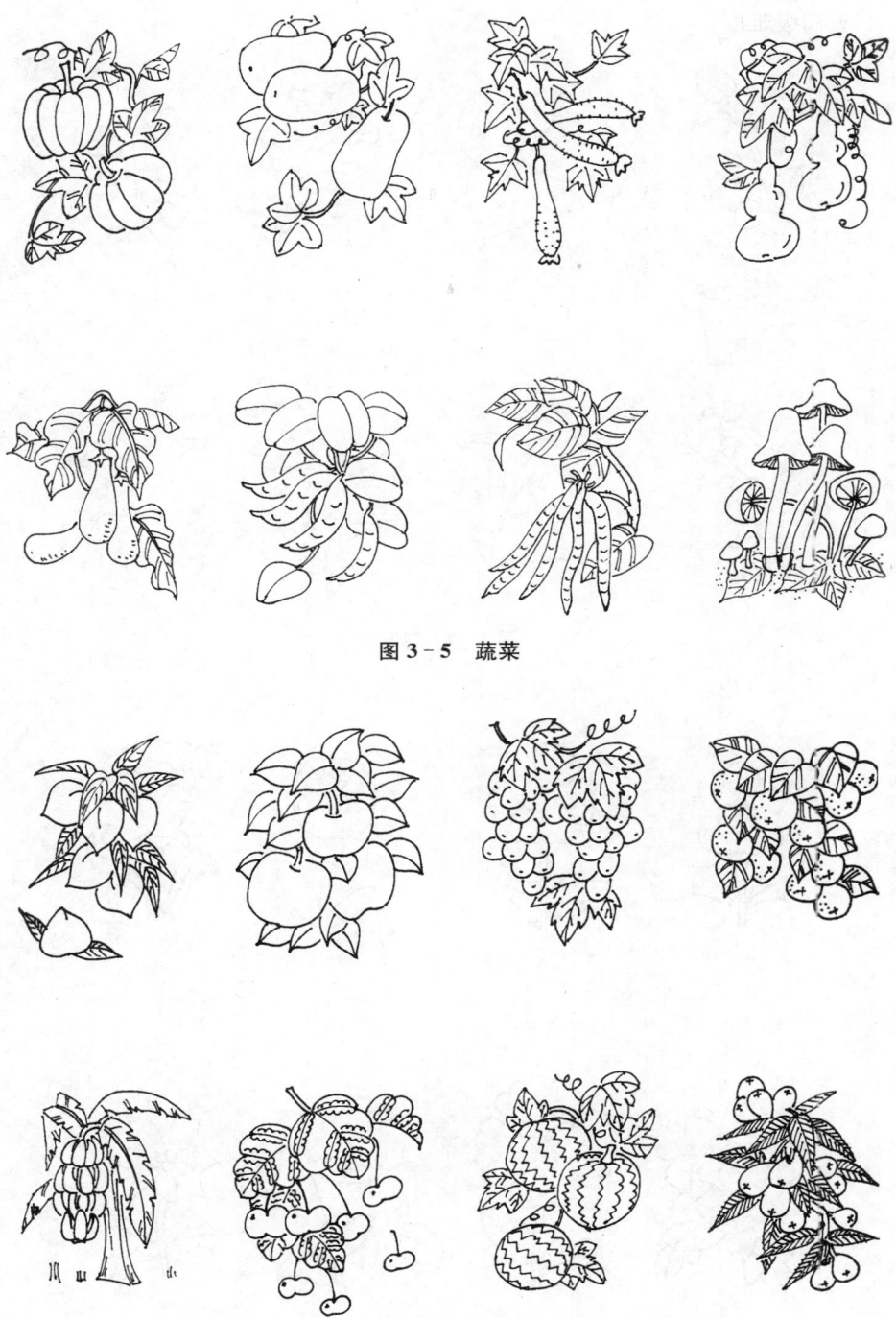

图 3-5　蔬菜

图 3-6　水果

2. 植物类造型基础

（1）初级难度

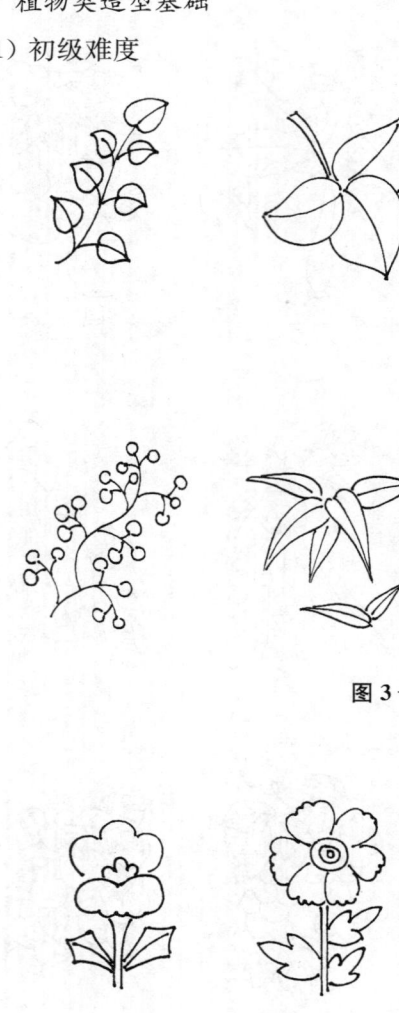

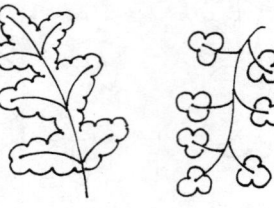

图3-7 花叶

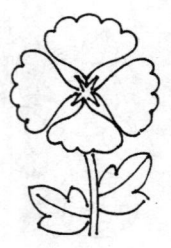

图3-8 花朵

（2）中级难度

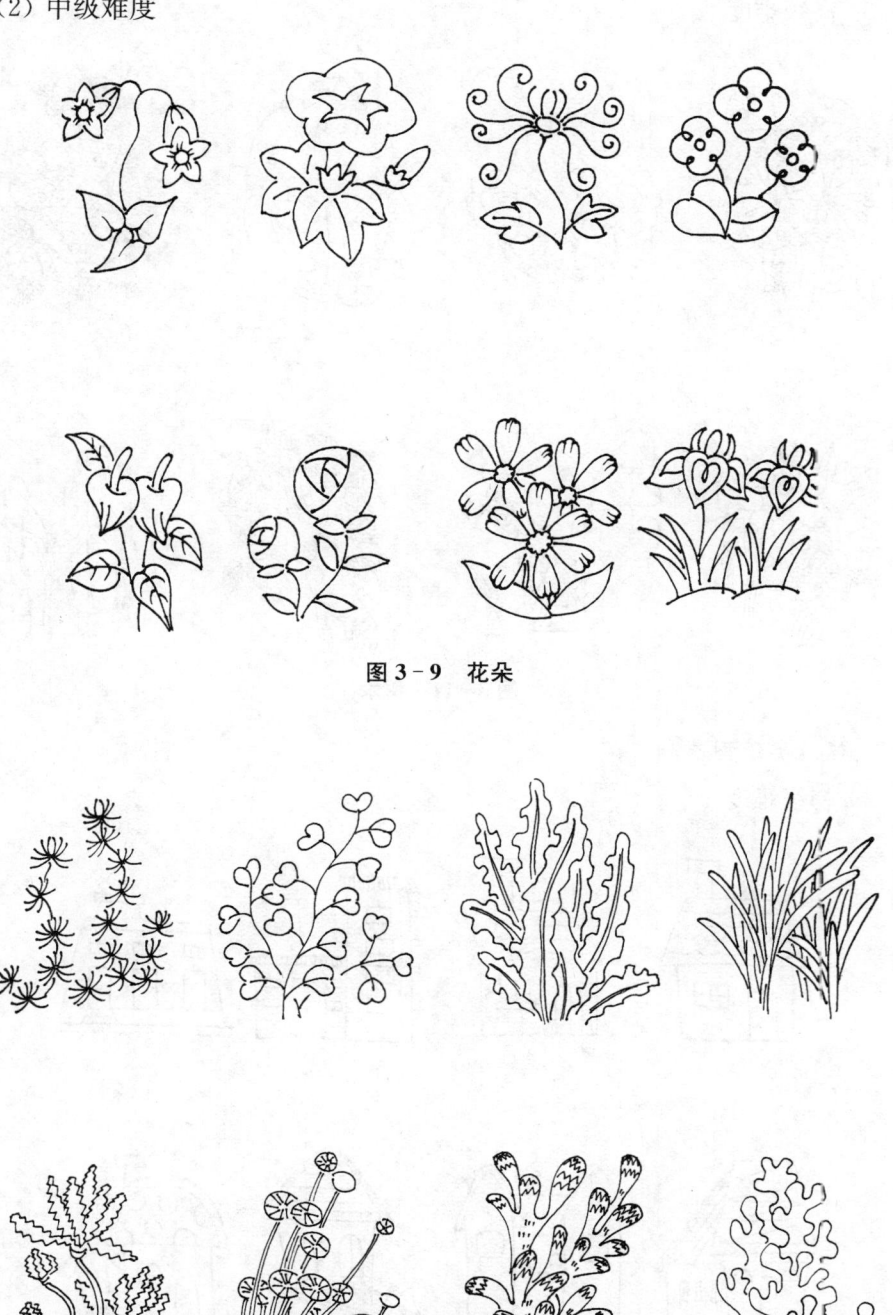

图 3-9　花朵

图 3-10　藻类

（3）高级难度

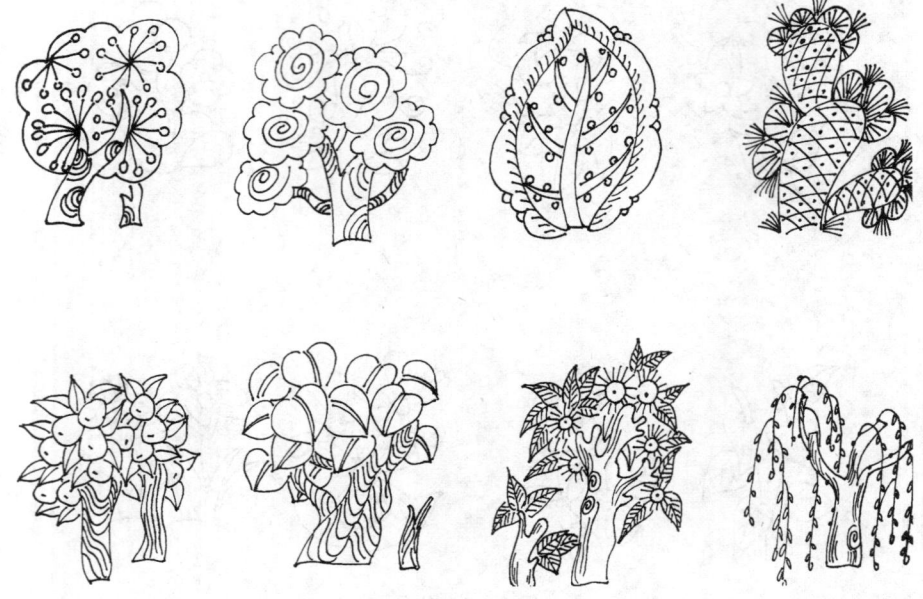

图 3-11　树木

3. 建筑类造型基础

（1）初级难度

图 3-12　房屋

图 3-13 房屋

（2）中级难度

图 3-14 房屋

（3）高级难度

图 3-15　房屋

图 3-16　房屋

4. 动物类造型基础

(1) 初级难度

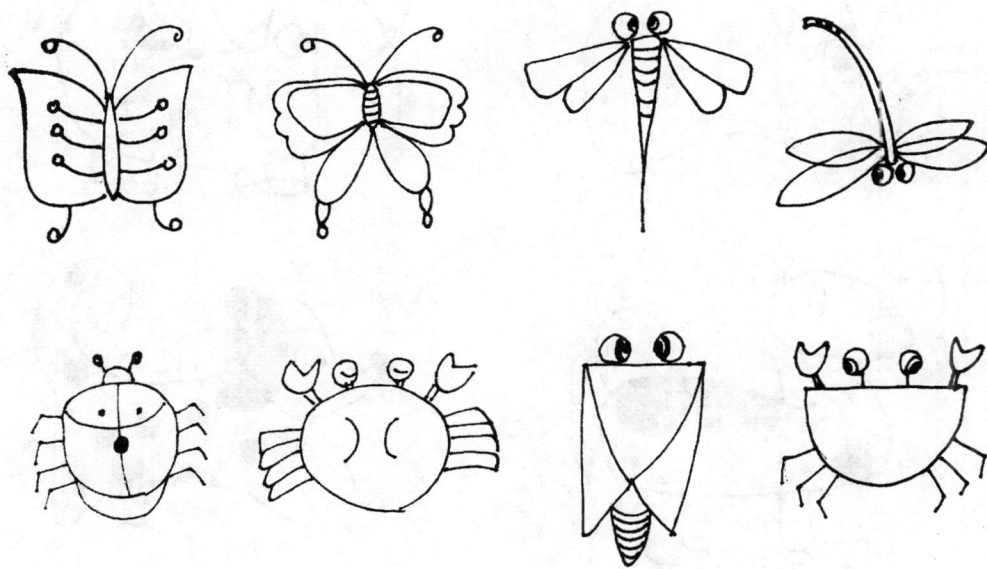

图 3-17 昆虫

图 3-18 禽鸟鱼

（2）中级难度

图 3-19 动物

（3）高级难度

图 3-20 动物

图 3-21 卡通动物

5. 人物类造型基础

（1）初级难度

图 3-22 人物动态

图 3-23 儿童

(2) 中级难度

图 3-24 儿童

(3) 高级难度

图 3-25 场景人物

6. 交通类造型基础

(1) 初级难度

图 3-26 交通工具

(2) 中级难度

图 3-27 交通工具

（3）高级难度

图 3-28 交通工具

7. 生活用品类造型基础

（1）初级难度

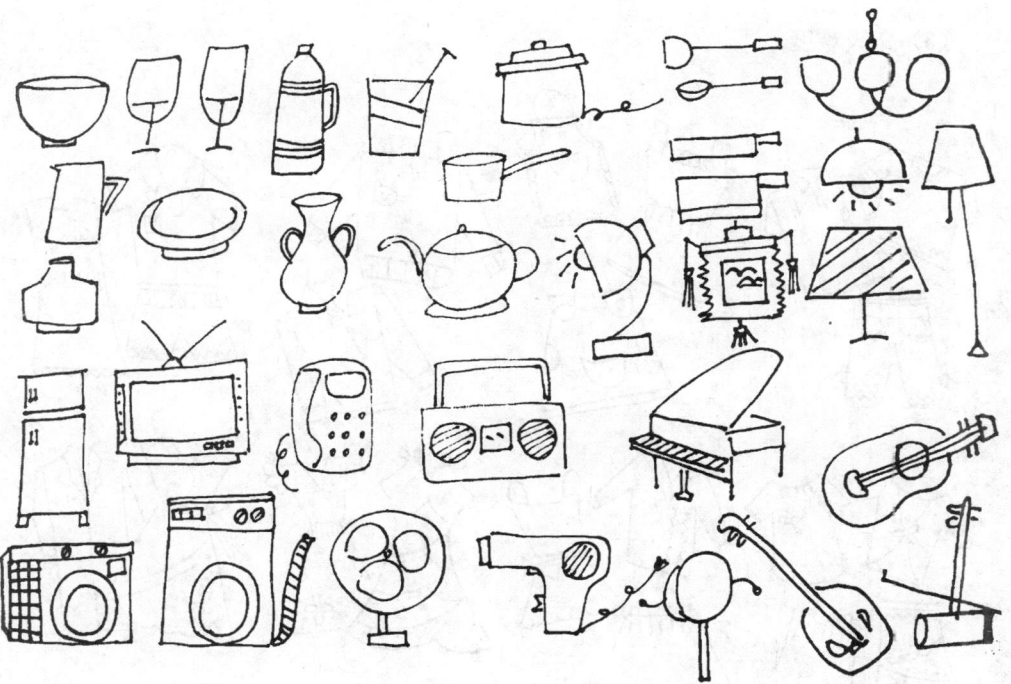

图 3-29 生活用品

（2）中级难度

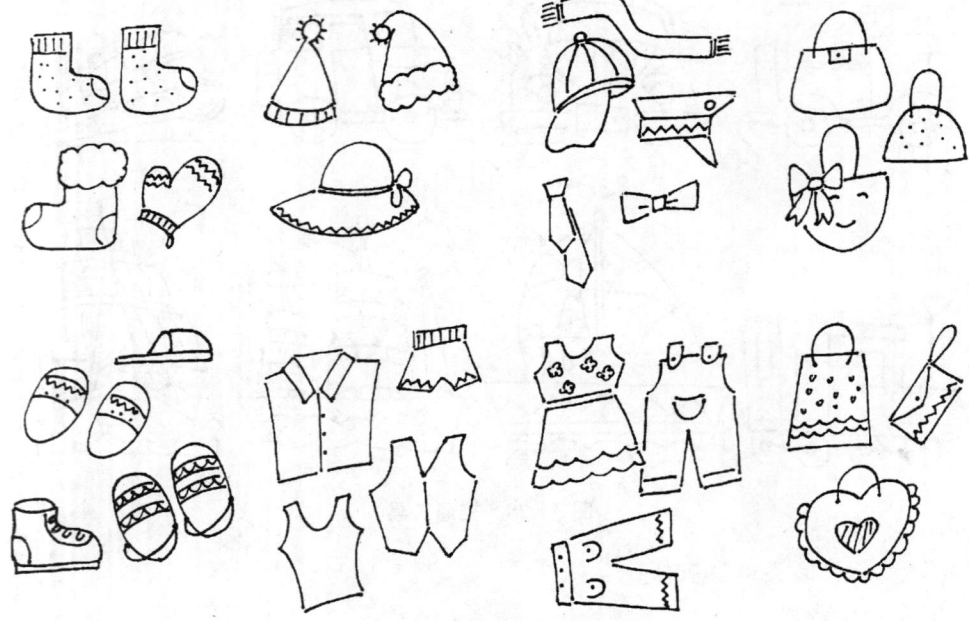

图 3-30　衣帽

（3）高级难度

图 3-31　服装

第二部分 训练与考核题库

一、命题主题画

1 美丽的春天

扫描二维码
查看参考图例

☆ 考核要求：

1. 主题绘画《美丽的春天》
（1）以绘画配合开展"春天"主题活动，根据活动需要进行绘画。
（2）作品有童趣，幼儿能理解，有一定的创意。
2. 回答问题
如何利用你的作品引导3～4岁幼儿开展"春天"的主题活动？
3. 请在10分钟内完成上述任务。

☆ 评分要点：

1. 能画出春天的主要特征，画面构图饱满，线条流畅，色彩生动和谐，有童趣。
2. 回答的问题应符合幼儿特点和主题活动内容，如让幼儿观察作品，说说"春天有什么"、"我们在春天里"，组织幼儿到户外去找一找春天在哪里，画一画美丽的春天等活动。

参考图例：

图3-32 美丽的春天(1)

图3-33 美丽的春天(2)

2 我长大了

☆ 考核要求：

1. 主题绘画《我长大了》

(1) 根据开展"我的成长变化"活动的需要，进行现场绘画(绘画类型不限)。

(2) 作品有童趣，幼儿能理解，有一定的创意。

2. 回答问题

如何利用你的作品引导幼儿发现自己的成长变化？

3. 请在 10 分钟内完成上述任务。

☆ 评分要点：

1. 能画出我长大了的主要特征，画面构图饱满，线条流畅，色彩生动和谐，有童趣。

2. 回答的问题符合幼儿特点和活动内容，如让幼儿欣赏作品，说说"我的成长变化"，量一量我的身高变化，观察镜子画一画"我"等活动。

参考图例：

图 3-34 我长大了

3 我的好朋友

☆ 考核要求:

1. 主题绘画《我的好朋友》

(1) 根据"幼儿园里朋友多"主题活动的需要,进行现场绘画(绘画类型不限)。

(2) 作品有童趣,幼儿能理解,有一定的创意。

2. 回答问题

如何利用你的作品引导幼儿喜欢与小伙伴结成好朋友?

3. 请在 10 分钟内完成上述任务。

☆ 评分要点:

1. 具有绘画的基本技能,画面构图饱满,线条流畅,色彩生动和谐,有童趣。

2. 回答的问题符合幼儿特点和活动内容,如引导幼儿欣赏作品,说说自己的好朋友,组织幼儿玩"找朋友"的游戏,画一画"我的好朋友"等活动。

参考图例:

图 3-35 我的好朋友(1)

图 3-36 我的好朋友(2)

4　水果娃娃

☆ 考核要求：

1. 主题绘画《水果娃娃》

（1）根据"好吃的水果"主题活动的需要，绘制3种水果娃娃以配合开展主题活动。

（2）作品有童趣，幼儿能理解，有一定的创意。

2. 回答问题

如何利用你的作品引导3～5岁幼儿开展"好吃的水果"主题活动？

3. 请在10分钟内完成上述任务。

☆ 评分要点：

1. 能画出3种幼儿常见水果的卡通造型，画面构图饱满，线条流畅，色彩生动和谐，有童趣。

2. 回答的问题符合幼儿特点和主题活动内容，如让幼儿欣赏作品，说说"水果娃娃"的名称，开展品尝水果、绘制水果或制作"水果娃娃"等活动。

参考图例：

图3-37　水果娃娃

5　我的妈妈

☆ 考核要求：

1. 主题绘画《我的妈妈》

（1）根据"我爱妈妈"主题活动的需要，进行现场绘画（绘画类型不限）。

（2）作品有童趣，幼儿能理解，有一定的创意。

2. 回答问题

如何利用你的作品引导幼儿表达对妈妈的爱？

3. 请在 10 分钟内完成上述任务。

☆ 评分要点：

1. 具有绘画的基本技能，画面构图饱满，造型生动，线条流畅，色彩和谐，绘画作品有童趣，符合活动需要。

2. 回答的问题符合幼儿特点和活动内容，如引导幼儿欣赏作品，夸夸我的妈妈本领大，唱一唱《我的好妈妈》歌曲，组织幼儿画一画"我的妈妈"、做小礼物送妈妈等活动。

参考图例：

图 3-38　我的妈妈（1）

图 3-39　我的妈妈（2）

6 我的爸爸

☆ 考核要求：

1. 主题绘画《我的爸爸》

(1) 根据"我爱爸爸"主题活动的需要，进行现场绘画(绘画类型不限)。

(2) 作品有童趣，幼儿能理解，有一定的创意。

2. 回答问题

如何利用你的作品引导幼儿表达对爸爸的爱？

3. 请在 10 分钟内完成上述任务。

☆ 评分要点：

1. 具有绘画的基本技能，画面构图饱满，造型生动，线条流畅，色彩和谐，绘画作品有童趣，符合活动需要。

2. 回答的问题符合幼儿特点和活动内容，如引导幼儿欣赏作品，说说我的爸爸干什么工作，组织幼儿开展美工活动"爸爸的领带"、做一做"送爸爸的礼物"等活动。

参考图例：

图 3-40 我的爸爸(1)

图 3-41 我的爸爸(2)

7 神奇的树

☆ 考核要求：

1. 主题绘画《神奇的树》
（1）现场绘画（绘画类型不限），以绘画配合开展"神奇的树"主题活动。
（2）作品有童趣，幼儿能理解，有一定的创意。
2. 回答问题
如何利用你的作品引导幼儿在大自然中观察树的特征？
3. 请在 10 分钟内完成上述任务。

☆ 评分要点：

1. 具有绘画的基本技能，画面构图饱满，造型生动，线条流畅，色彩和谐，绘画作品有童趣，符合活动需要。
2. 回答的问题符合幼儿特点和活动内容，如引导幼儿欣赏作品，说说"不一样的树"、"树在四季中变化"，组织幼儿开展美工活动制作"树的成长画册"等。

参考图例：

图 3-42　神奇的树

8　我的身体

☆ 考核要求：

1. 主题绘画《我的身体》

（1）现场绘画（绘画类型不限），以绘画配合开展"这就是我"主题活动。

（2）作品有童趣，幼儿能理解，有一定的创意。

2. 回答问题

如何利用你的作品引导 5～6 岁的幼儿开展"这就是我"的主题活动？

3. 请在 10 分钟内完成上述任务。

☆ 评分要点：

1. 具有绘画的基本技能，画面构图饱满，造型生动，线条流畅，色彩和谐，绘画作品有童趣，符合活动需要。

2. 回答的问题符合幼儿特点和活动内容，如引导幼儿观察作品，说一说我的身上主要由哪几部分组成，每一部分的主要功能是什么，谈谈如何保护自己的身体，开展画一画我自己等活动。

参考图例：

图 3-43　我的身体

9　天冷我不怕

☆ 考核要求：

1. 主题绘画《天冷我不怕》

（1）根据"欢迎冬爷爷"主题活动需要，现场绘画以配合开展主题活动（绘画类型不限）。

（2）作品主题突出，富有童趣，幼儿能理解，有一定的创意。

2. 回答问题

如何利用你的作品引导 4～6 岁的幼儿开展"欢迎冬爷爷"的主题活动？

3. 请在 10 分钟内完成上述任务。

☆ 评分要点：

1. 具有绘画的基本技能，画面构图饱满，造型生动，线条流畅，色彩和谐，绘画作品有童趣，符合活动需要。

2. 回答的问题符合幼儿特点和活动内容，如引导幼儿欣赏作品，说说画中的小朋友在做什么，为什么他不怕冷。引导幼儿了解冬天的季节特征，到户外感受冬天，组织开展谈话"如何做才能不怕冬天"等活动。

参考图例：

图 3-44　天冷我不怕

10 清洁工人

☆ 考核要求：

1. 主题绘画《清洁工人》
(1) 以绘画配合开展"叔叔阿姨辛苦了"主题活动，现场绘画（绘画类型不限）。
(2) 作品主题鲜明，富有童趣，有一定的创意。
2. 回答问题
如何利用你的作品引导幼儿珍惜清洁工人的劳动？
3. 请在 10 分钟内完成上述任务。

☆ 评分要点：

1. 具有绘画的基本技巧，作品主题突出，画面构图饱满，线条流畅，色彩生动和谐，富有童趣。
2. 回答的问题符合幼儿特点和主题活动内容，如让幼儿观察作品，说说清洁工叔叔阿姨是怎么工作的，开展帮叔叔阿姨擦桌子、洗杯子、洗玩具、晒毛巾等活动。

参考图例：

图 3-45 清洁工人

二、故事配画

1　彩色梨

小鸟带给外婆一颗彩色的种子,外婆把它种在了院子里。种子长啊长,长成了一棵嫩嫩的小树。

云朵搂着它,温柔地说:"我要把白色送给你。"

河水绕着它,哗啦啦:"我把蓝色送给你。"

小草、小花陪伴着它,说:"我们把绿色、红色送给你。"

风儿吹啊吹,秋天到了,树上结出一个大梨子,这个梨子是五颜六色的,闻一闻,好香啊,尝一尝,哇,味道酸酸、甜甜的,真好吃啊!

外婆把大梨子送到幼儿园,小朋友都尝到啦!

☆ 考核要求:

1. 为故事《彩色梨》配画

(1) 自选一段故事内容,为故事配插图。

(2) 作品有童趣,幼儿能理解,有一定的创意。

2. 回答问题

利用故事和你的作品能带领4~5岁幼儿开展什么活动?请说出两种活动。

3. 请在10分钟内完成上述任务。

☆ 评分要点:

1. 能根据故事内容画出插图,画面构图饱满,线条流畅,色彩生动和谐,有童趣。

2. 回答的问题符合中班幼儿特点,如引导幼儿分角色开展故事表演,让幼儿看图讲述故事,开展尝一尝、画一画"好吃的梨"等活动。

参考图例:

图 3-46　彩色的梨

2 还有谁要上车

小小司机看看钟,开车的时间到喽,"今天有谁要坐车,准备好车票请上来吧!"

兔子来了,兔子要上车,但是他说能不能等一等,因为他的朋友布鹅也要上车。

布鹅来了,布鹅要上车,但是他说能不能等一等,因为他的朋友小猪也要上车。

小猪来了,小猪要上车,但是他说能不能等一等,因为他的朋友大绵羊和小山羊也要上车。

大绵羊和小山羊来了,他们要上车,但是他们说能不能再等一等,因为他们的朋友胖狗阿噜噜也要上车。

胖狗阿噜噜挤上车。

嘟嘟嘟、嘀嘀嘀、嘎嘎嘎、嘭嘭嘭、叽叽叽!

抓好、扶好、坐好,车子终于开动了!

☆ **考核要求:**

1. 请为故事《还有谁要上车》配插图

插图符合故事内容,造型生动富有童趣,便于幼儿理解,有一定的创意。

2. 回答问题

利用故事和你的作品能带领3~4岁幼儿开展什么活动?

3. 请在10分钟内完成上述任务。

☆ **评分要点:**

1. 具有绘画的基本技能,作品符合故事内容,画面构图合理,线条流畅,色彩和谐,富有童趣,有一定的创意。

2. 可开展的活动,如引导幼儿观察作品,看图讲述故事,利用小舞台开展故事表演等活动。

3 蛋壳的故事

"噼噼啪!"小蛋壳裂开了,钻出一只毛茸茸的鸡宝宝。鸡妈妈带着鸡宝宝去散步。刮风了,鸡妈妈张开大翅膀,鸡宝宝赶快钻进去。这是它的新家呀。

小蛋壳有点孤单。"现在我不是鸡宝宝的家了。对了,我再去找一个小宝宝,做它的家。"它咕噜咕噜滚走了。

一只蜜蜂在采花粉。"蜜蜂宝宝,我做你的新家吧!""谢谢你,小蛋壳。我不是蜜蜂宝宝,我是蜜蜂阿姨。我的家在大树上,那个圆圆的蜂巢就是我的家。"

一只蚂蚁在拖虫子。"蚂蚁宝宝,我做你的新家吧!""谢谢你,小蛋壳。我不是蚂蚁宝宝,我是蚂蚁姐姐。我的家在田埂上,那个小小的泥洞就是我的家。"

一只小青蛙在唱歌。"青蛙宝宝,我做你的新家吧!""谢谢你,小蛋壳。我不是青蛙宝宝,我是青蛙哥哥。我的家在前面的小池塘里。"

一只小蜗牛在散步。"蜗牛宝宝,我做你的新家吧!""谢谢你,小蛋壳。我有家呀,你看我的家在背上呢。"

谁也不要它,小蛋壳有点难过。一只金龟子路过这里。"太好啦,我的宝宝正缺个摇篮,这只蛋壳做摇篮刚刚好!"金龟子衔来一片花瓣铺在小蛋壳里面。多舒服呀!

"快快睡,小宝贝。"金龟子向睡在蛋壳摇篮里的小宝宝唱起了歌。小蛋壳听着听着,也睡着啦。

☆ **考核要求:**

1. 请为故事《蛋壳的故事》配插图

请选取一段故事内容,为故事配插图。插图符合故事情节,富有童趣,便于幼儿理解,有一定的创意。

2. 回答问题

利用故事和你的作品能带领4~5岁幼儿开展什么活动?

3. 请在10分钟内完成上述任务。

☆ **评分要点:**

1. 具有绘画的基本技能,作品符合故事内容,画面构图合理,线条流畅,色彩和谐,富有童趣,有一定的创意。

2. 可开展的活动,如可以引导幼儿为故事表演制作道具,看图讲述故事,利用小舞台开展故事表演等活动。

4 你好! 你好!

小兔和兔妈妈在散步。"你好! 你好!"一个清脆的声音在说,原来是小鸟在打招呼呢,小兔难为情地躲在妈妈的怀抱。

小鸟却钻进小兔的怀里,继续叫:"你好! 你好!"

小兔被逗得哈哈大笑,一下子和小鸟成了好朋友:"你好! 你好!"

"你好! 你好!"

☆ **考核要求:**

1. 为故事配插图

请为故事《你好! 你好!》配插图,插图符合故事的情节,造型生动,富有童趣,便于幼儿理解,有一定的创意。

2. 回答问题

利用故事和你的作品能带领3~4岁幼儿开展什么活动?

3. 请在10分钟内完成上述任务。

☆ **评分要点:**

1. 具有绘画的基本技能,作品符合故事内容,画面构图合理,线条流畅,色彩和谐,富有童趣,有一定的创意。

2. 可开展的活动,如可以引导幼儿观察图画,开展看图说话,在小舞台开展故事表演等活动。

5 小老鼠搬家

小老鼠要搬家喽！鼠爸爸要搬大柜子,鼠妈妈要搬大箱子,小老鼠要搬自己的玩具。哇！小老鼠的玩具可真多,这么多的玩具怎么拿？

妈妈笑着说:"开动脑筋,想一想！"

"有办法了！"小老鼠拿来一根线,把木珠穿成项链,戴在脖子上。小老鼠又找来一只竹篮,把所有的玩具都放进去,挂在三轮车的车把上。

小老鼠蹬着车,唱着歌:"啦啦啦,啦啦啦,聪明的小老鼠会搬家。"

☆ **考核要求:**

1. 为故事配插图

(1) 请选取一段故事内容,为故事《小老鼠搬家》配插图。

(2) 插图符合故事的情节,造型生动,富有童趣,便于幼儿理解,有一定的创意。

2. 回答问题

利用故事和你的作品能带领 3~4 岁幼儿开展什么活动？

3. 请在 10 分钟内完成上述任务。

☆ **评分要点:**

1. 具有绘画的基本技能,作品符合故事内容,画面构图合理,线条流畅,色彩和谐,富有童趣,有一定的创意。

2. 可开展的活动,如可以引导幼儿学习整理玩具,组织幼儿开展用木珠"做项链"的游戏,到户外开展"运积木"的游戏等。

6 小狐狸的玩具手枪

小狐狸的妈妈给小狐狸买了一把玩具手枪,小狐狸看了高兴得又蹦又跳。

小狐狸非常喜欢这把玩具手枪。有时睡觉的时候,也把它搂在怀里。出门的时候,就把玩具手枪挎在腰上,可神气啦！一天,小狐狸要去奶奶家看奶奶,走在路上碰见了小狗。小狗热情地跟小狐狸打招呼:"你好,小狐狸,让我玩玩你的玩具手枪好吗？"小狐狸不高兴地撇着嘴说:"我才不让你玩呢！"说完,就挺起胸脯继续朝奶奶家走去。

走了一段路,又碰见了小花猫。小花猫羡慕地看着小狐狸的玩具手枪,对小狐狸说:"让我玩一下你的玩具手枪好吗？"当然,小狐狸也没让小花猫玩。

小狐狸哼着歌儿,昂首挺胸地继续往前走。正走着,一不小心掉进了脚下一个又深又大的土坑里。小狐狸害怕地大声喊救命。小动物们听见小狐狸的叫声,都匆匆赶来救小狐狸。小动物们把一根又粗又长的绳子的另一端扔进土坑,就拽着另一端一起用力把小狐狸从土坑里拉了上来。

小狐狸不好意思地说:"谢谢大家把我救了上来。可是给奶奶带的点心掉进土坑里摔坏了。那可怎么办呢?"小松鼠说:"别担心,我们帮你再做吧。"小狐狸说:"谢谢你们。那太好了。"于是大家就开始动手做自己最拿手的点心。

等小动物们把点心做好交给小狐狸,小狐狸也大方地把玩具手枪交给大家玩。然后,就提着满满一篮又甜又香的点心高高兴兴地朝奶奶家走去。

☆ **考核要求:**

1. 为故事配插图

(1) 请选取一段故事内容,为故事《小狐狸的玩具手枪》配插图。

(2) 插图符合故事的情节,造型生动,富有童趣,便于幼儿理解,有一定的创意。

2. 回答问题

利用故事和你的作品能带领4~5岁幼儿开展什么活动?

3. 请在10分钟内完成上述任务。

☆ **评分要点:**

1. 具有绘画的基本技能,作品符合故事内容,画面构图合理,线条流畅,色彩和谐,富有童趣,有一定的创意。

2. 可开展的活动,如可以引导幼儿欣赏观察画面,开展看图讲故事的活动,和小朋友分享玩具,利用各种材料为故事表演制作道具,在小舞台开展故事表演等。

7 拿糖果

兔妈妈给小兔一大罐糖:"哇,这么多糖果!"

小兔子好想吃,它伸手去拿,糖罐太深了,怎么也够不着! 小兔子想了一个好办法,它踩在椅子上。"哎呀!"糖果拿到又掉下去了。"呜……呜!"小兔子急得哭起来。

小熊过来抱起糖果瓶,对小兔说:"我来帮你吧!"哗啦啦,小熊把糖都倒了出来。

小兔高兴地说:"小熊,你真聪明! 我怎么没有想到呢?"

☆ **考核要求:**

1. 为故事配插图

(1) 请选取一段故事内容,为故事《拿糖果》配插图。

(2) 插图符合故事的情节,造型生动,富有童趣,便于幼儿理解,有一定的创意。

2. 回答问题

利用故事和你的作品能带领3~4岁幼儿开展什么活动?

3. 请在10分钟内完成上述任务。

☆ **评分要点:**

1. 具有绘画的基本技能,作品符合故事内容,画面构图合理,线条流畅,色彩和谐,富有童趣,有一定的创意。

2. 可开展的活动,如可以引导幼儿观察图画,开展看图说话活动,在活动区玩"包糖果"的游戏,在小舞台开展故事表演等。

8　好饿的小蛇

一天,一条好饿的小蛇扭来扭去,在树林里散步。忽然,它发现了一个圆圆的苹果,猜猜看,好饿的小蛇会怎么样? 啊呜——咕嘟,它一口吞下了圆圆的苹果,真好吃!

第二天,好饿的小蛇又扭来扭去在散步。它发现了一根黄色的香蕉。于是,它一口把香蕉吞了下去……啊呜——咕嘟,真好吃。

第三天,它又发现了一个三角形的饭团,它饿极了,啊呜——咕嘟,一下子就吞下了肚子……

第四天,这回它发现了一串紫色的葡萄。它迫不及待地一口吃了下去,啊呜——咕嘟,哇,真好吃!

第五天,好饿的小蛇惊喜地找到了一个带刺的菠萝……啊呜——咕嘟,哇,真好吃!

第六天,有大发现啦! 这回,小蛇发现了一棵结满红苹果的树。它扭来扭去地爬上了树。然后……张开了大嘴……小蛇变成了一棵树。

"啊,真好吃!"你发现了吗? 原来小蛇吃了什么东西,它的身体就变成了什么。

☆ **考核要求:**

1. 为《好饿的小蛇》故事配插图
(1) 请选取一段故事内容,为故事配插图。
(2) 插图符合故事的情节,造型生动,富有童趣,便于幼儿理解,有一定的创意。
2. 回答问题
利用故事和你的作品能带领3~4岁幼儿开展什么活动?
3. 请在10分钟内完成上述任务。

☆ **评分要点:**

1. 具有绘画的基本技能,作品符合故事内容,画面构图合理,线条流畅,色彩和谐,富有童趣,有一定的创意。
2. 可开展的活动,如可以引导幼儿观察图画,开展看图讲述活动,开展泥工活动制作"一条小蛇",在小舞台开展故事表演等。

9　小青蛙的礼物

夏天到了,小青蛙给森林里每个小动物送了一份礼物——一张绿色的大荷叶。

喵喵猫要去朋友家做客。哎呀,忽然下起了大雨! 对了,我有一把大伞! 喵喵猫打着那把大大的荷叶伞,笑眯眯地出门了。

胖胖熊要到河边捉鱼。哎呀,太阳好辣呀!对了,我有一顶太阳帽!胖胖熊戴着那顶圆圆的荷叶太阳帽,笑眯眯地出门了。

花花兔要去给奶奶送胡萝卜。哎呀,篮子找不到了!对了,我有一只盘子!花花兔托着那只香香的荷叶盘子,笑眯眯地出门了。

小青蛙的礼物真好!大家都要去谢谢他。

大伙儿走到池塘边,看见小青蛙站在一张荷叶上,呱呱,呱呱呱,大声唱着歌……哈哈,大荷叶还是他的舞台呢!

☆ 考核要求:

1. 为故事配插图

(1)请选取一段故事内容,为故事《小青蛙的礼物》配插图。

(2)插图符合故事的情节,造型生动,富有童趣,便于幼儿理解,有一定的创意。

2. 回答问题

利用故事和你的作品能带领4~5岁幼儿开展什么活动?

3. 请在10分钟内完成上述任务。

☆ 评分要点:

1. 具有绘画的基本技能,作品符合故事内容,画面构图合理,线条流畅,色彩和谐,富有童趣,有一定的创意。

2. 可开展的活动,如可以引导幼儿观察图画,开展看图说话活动,开展手工制作装饰荷叶,在小舞台开展故事表演等活动。

10 多多什么都爱吃

丽丽家养了一只小狗,名叫多多。每天吃饭,妈妈说:"多多吃青菜,青菜很有营养!"妈妈说:"吃点胡萝卜,对你的眼睛好!"妈妈说:"来来来,喝点豆腐汤!"……可是,这些丽丽一点都不爱吃,她都给了多多吃。妈妈说"如果什么都叫多多帮你吃,多多也会帮你长高、长大,你就长不大啦!"

丽丽想,让多多长大,也没什么不好啊?等多多长大一点,隔壁阿美和她的狗狗哈利就神气不起来了。快迟到的时候,我可以骑着多多去学校。多多还可以帮我吓跑讨厌的男生,赛跑的时候,我一定会赢!

不过,如果多多一直长个不停,就不能睡它的小床了……洗澡可能要洗一天,而且,一定吃得比现在多得多!万一多多长成全世界最大的狗,有人就会抓它去展览。到时候要跟多多玩,就太麻烦了……想来想去,我还是喜欢多多现在的样子。好吧,我自己来吃一些青菜看看吧。

☆ 考核要求:

1. 为故事配插图

(1)请选取一段故事内容,为故事《多多什么都爱吃》配插图。

(2) 插图符合故事的情节,造型生动,富有童趣,便于幼儿理解,有一定的创意。

2. 回答问题

利用故事和你的作品能带领 3～4 岁幼儿开展什么活动?

3. 请在 10 分钟内完成上述任务。

☆ **评分要点**:

1. 具有绘画的基本技能,作品符合故事内容,画面构图合理,线条流畅,色彩和谐,富有童趣,有一定的创意。

2. 可开展的活动,如可以引导幼儿观察图画,开展看图说话活动,开展"吃一吃,说一说"的活动引导幼儿多吃蔬菜类食物,在小舞台开展故事表演等活动。

三、诗歌配画

1 家

小黄莺,小黄莺,
你的家在哪里?
我的家在密密的树林里。
白云,白云,
你的家在哪里?
我的家在高高的蓝天里。
小宝宝,小宝宝,
你的家在哪里?
我的家在妈妈温暖的怀抱里。

☆ **考核要求**:

1. 为诗歌《家》配插图

插图符合诗歌的意境,造型生动富有童趣,幼儿能理解,有一定的创意。

2. 回答问题

利用诗歌和你的作品能带领 4～5 岁幼儿开展哪些活动?请说出两种活动。

3. 请在 10 分钟内完成上述任务。

☆ **评分要点**:

1. 能根据诗歌内容画出插图,画面构图饱满,线条流畅,色彩生动和谐,有童趣。

2. 回答的问题符合中班幼儿特点,如引导幼儿看图学儿歌,感受诗歌韵味;到户外观察小动物,了解动物生活习性;续编儿歌,画一画自编的诗歌;利用小舞台开展诗歌表演等。

2　小刺猬

天上突然下起雨，
刺猬宝宝不着急，
打个滚儿再爬起，
扎着树叶当雨衣。

☆ **考核要求：**

1. 为儿歌配插图

（1）为儿歌《小刺猬》配插图，插图符合儿歌的意境。

（2）造型生动富有童趣，便于幼儿理解，有一定的创意。

2. 回答问题

利用儿歌和你的作品能带领4～5岁幼儿开展哪些活动？请说出两种活动。

3. 请在10分钟内完成上述任务。

☆ **评分要点：**

1. 具有绘画的基本技能，作品符合儿歌内容，画面造型生动，构图饱满，线条流畅，色彩生动和谐，富有童趣。

2. 开展的活动，如引导幼儿欣赏插图，感受儿歌有趣的意境；学习儿歌，了解小刺猬的生活习性；运用各种材料为儿歌表演制作道具；利用小舞台开展儿歌表演等活动。

3　太阳公公

太阳公公起得早，
他怕宝宝睡懒觉，
爬上窗口瞧一瞧，
咦，宝宝不见了！
宝宝正在院子里，
一二三四做早操
太阳公公眯眯笑，
宝宝是个好宝宝。

☆ **考核要求：**

1. 为儿歌《太阳公公》配插图

（1）为儿歌配插图，插图符合儿歌的意境。

（2）作品造型生动富有童趣，便于幼儿理解，有一定的创意。

2. 回答问题

利用儿歌和你的作品能带领4～5岁幼儿开展哪些活动？请说出两种活动。

3. 请在10分钟内完成上述任务。

☆ 评分要点：

1. 具有绘画的基本技能，作品符合儿歌内容，画面造型生动，构图饱满，线条流畅，色彩生动和谐，富有童趣。

2. 开展的活动，如引导幼儿欣赏插图，学习儿歌，组织幼儿到户外做操，利用小舞台开展儿歌表演等活动。

4 小花猫爱画画

小花猫，爱画画，
先画一朵腊梅花，
又画一个小喇叭。
带着腊梅花，
吹着小喇叭，
回家去，见妈妈，
妈妈见了笑哈哈。

☆ 考核要求：

1. 为儿歌配插图
（1）为儿歌《小花猫爱画画》配插图，插图符合儿歌的意境。
（2）造型生动富有童趣，便于幼儿理解，有一定的创意。
2. 回答问题
利用儿歌和你的作品能带领4～6岁幼儿开展哪些活动？请说出两种活动。
3. 请在10分钟内完成上述任务。

☆ 评分要点：

1. 具有绘画的基本技能，作品符合儿歌内容，画面造型生动，构图饱满，线条流畅，色彩生动和谐，富有童趣。

2. 开展的活动，如引导幼儿欣赏插图，感受儿歌有趣的意境；学习儿歌，画一画腊梅花和小喇叭；运用各种材料为儿歌表演制作道具；利用小舞台开展儿歌表演等活动。

5 小雨

小雨淅沥沥，
小雨沙啦啦，
淅沥沥，沙啦啦，
小雨小雨慢慢下。
别瞧小雨水滴小，
苗苗就是喜欢它。

☆ **考核要求：**

1. 为儿歌《小雨》配插图

（1）根据儿歌内容为儿歌配插图，插图符合儿歌的意境。

（2）造型生动富有童趣，便于幼儿理解，有一定的创意。

2. 回答问题

利用儿歌和你的作品能带领3～4岁幼儿开展哪些活动？请说出两种活动。

3. 请在10分钟内完成上述任务。

☆ **评分要点：**

1. 具有绘画的基本技能，作品符合儿歌内容，画面造型生动，构图饱满，线条流畅，色彩生动和谐，富有童趣。

2. 开展的活动如引导幼儿欣赏插图，学习儿歌感受儿歌有趣的意境，用玻璃杯或打击乐器模仿各种雨滴的声音，利用小舞台开展儿歌表演等活动。

6 奇妙的手印

我的手印真奇妙，
涂一涂，画一画，
变成神奇的小公鸡。
我的手印真奇妙，
涂一涂，画一画，
变出一只小乌龟。
我的手印真奇妙，
涂一涂，画一画，
变出一条大金鱼。

☆ **考核要求：**

1. 用"手印添画"的方法为儿歌配画

（1）根据儿歌《奇妙的手印》的内容，描画自己的手印，并在手印上添画，表现儿歌中的动物形象。

（2）作品造型生动，富有童趣，有一定的创意。

2. 回答问题

如何利用"手印添画"的方法，来激发幼儿的绘画兴趣？请说出两种活动。

3. 请在10分钟内完成上述任务。

☆ **评分要点：**

1. 具有绘画的基本技能，作品符合诗歌内容，画面造型生动，构图饱满，线条流畅，色彩生动和谐，富有童趣。

2. 引导幼儿欣赏手印添画作品，感受儿歌的韵味；让幼儿用各种颜料在纸上按上手印,然后进行自由添画活动;续编儿歌"我的小手变变变"等活动。

7 搬鸡蛋

小老鼠,搬鸡蛋,
鸡蛋太大怎么办?
一只老鼠地上躺,
紧紧抱住大鸡蛋。
一只老鼠拉尾巴,
拉呀拉呀拉回家。

☆ **考核要求:**

1. 为儿歌《搬鸡蛋》配画

(1) 根据儿歌内容,为儿歌配插图,插图符合儿歌的意境。

(2) 作品造型生动,富有童趣,有一定的创意。

2. 回答问题

利用儿歌和你的作品能带领 4~5 岁幼儿开展哪些活动?请说出两种活动。

3. 请在 10 分钟内完成上述任务。

☆ **评分要点:**

1. 具有绘画的基本技能,作品符合儿歌内容,画面造型生动,构图饱满,线条流畅,色彩生动和谐,富有童趣。

2. 引导幼儿欣赏画面,学习儿歌感受儿歌的韵味;组织幼儿到户外玩"小老鼠搬鸡蛋"的游戏;在小舞台开展儿歌表演等活动。

8 家在哪里

小虫子,小虫子,
你的家在哪里?
我的家在绿绿的草地里。
小鲤鱼,小鲤鱼,
你的家在哪里?
我的家在清清的池塘里。
小宝宝,小宝宝,
你的家在哪里?
我的家在妈妈温暖的怀抱里。

☆ 考核要求：

1. 为诗歌配画

（1）为诗歌《家在哪里》配插图，插图符合诗歌的意境。

（2）造型生动富有童趣，幼儿能理解，有一定的创意。

2. 回答问题

利用诗歌和你的作品能带领4～5岁幼儿开展哪些活动？请说出两种活动。

3. 请在10分钟内完成上述任务。

☆ 评分要点：

1. 具有绘画的基本技能，作品符合诗歌内容，画面造型生动，构图饱满，线条流畅，色彩生动和谐，富有童趣。

2. 开展的活动，如引导幼儿看图学儿歌，感受诗歌韵味；到户外观察小动物，了解动物的生活习性；续编儿歌，画一画自编的诗歌；利用小舞台开展诗歌表演等活动。

9 过年

过年到，放鞭炮，
鞭炮蹦蹦跳，
新年真热闹。
鞭炮响，哈哈笑，
祝我新年长一岁，
祝我个子快长高。

☆ 考核要求：

1. 为儿歌配画

（1）为儿歌《过年》配插图，插图符合儿歌的意境。

（2）造型生动富有童趣，幼儿能理解，有一定的创意。

2. 回答问题

利用儿歌和你的作品能带领4～5岁幼儿开展哪些活动？请说出两种活动。

3. 请在10分钟内完成上述任务。

☆ 评分要点：

1. 具有绘画的基本技能，作品符合诗歌内容，画面造型生动，构图饱满，线条流畅，色彩生动和谐，富有童趣。

2. 开展的活动如引导幼儿欣赏图画，看图学习儿歌，开展美工活动"做鞭炮"，利用小舞台开展儿歌表演等活动。

10 小蚂蚁

小蚂蚁，小蚂蚁，
见面碰碰小胡须，
你碰我，我碰你，
报告一个好消息，
开步走，一二一，
大家去抬一粒米。

☆ 考核要求：

1. 为儿歌《小蚂蚁》配插图
插图符合儿歌的意境，造型生动富有童趣，幼儿能理解，有一定的创意。
2. 回答问题
利用儿歌和你的作品能带领3～5岁幼儿开展什么活动？请说出两种活动。
3. 请在10分钟内完成上述任务。

☆ 评分要点：

1. 能根据儿歌内容画出插图，画面构图饱满，线条流畅，色彩生动和谐，有童趣。
2. 组织的活动符合幼儿特点，如组织幼儿到户外观察小蚂蚁，了解蚂蚁的生活习性；引导幼儿看图学儿歌；尝试用各种废旧材料装扮自己；在小舞台进行儿歌表演等活动。

第四单元

幼儿美工·折纸技能

第一部分　考核指南

折纸是深受幼儿喜爱的一种游戏活动。一张简单的纸,经过反复的折叠,可以创造出概括而生动的立体形象。在折纸的过程中,主要是通过手部肌肉群的精细动作来完成纸的造型,不仅有效地提高了幼儿手指的灵活性,还能促进幼儿大脑相应部位的发育。一般折纸游戏都有既定的折叠步骤,能培养幼儿认真观察和按步骤有顺序认真工作的好习惯,培养他们做事的顺序性、条理性。由于折纸的过程都是将点、角、线等反复重合,构成三角形、正方形、菱形等各种形状,有效地促进了幼儿数理概念的形成和空间知觉的发展,并在折叠新形象的过程中加强对事物的认识,开拓幼儿视野,引发幼儿的创造性,培养幼儿的审美能力,愉悦幼儿的身心。因此,幼儿园美术教育新课程标准将折纸活动,列为"造型·表现"领域的重要活动之一。

折纸技能是学前教育专业学生必须掌握的一项教育技能。要求学生必须熟练掌握折纸造型的基本技能和造型技巧,能熟练地运用纸折出常见的动物、花卉、器物、人物等造型,能按照折叠图示完成较为复杂的折纸造型。同时,还要能将折纸技能应用到幼儿教育活动中,与讲故事、唱儿歌、做游戏有机结合起来。

为了培养幼儿园教师的动手能力和扎实的教学基本功,提升专业素质水平,在幼儿园教师培养环节,应加强对学前教育专业学生折纸及其应用技能的训练,并通过技能考核和竞赛提高技艺水平。

一、训练内容与要求

(一) 折纸的技能

1. 基本折叠图示:能看懂折纸图,会画简单的折叠示意图。
2. 基本折纸造型:熟练掌握常见的动物、花卉、器物、人物等折纸造型。
3. 较复杂的折纸作品:快速识图完成作品,组合创作。

(二) 折纸应用与教学的技能

1. 能根据幼儿的特点,将折纸作品应用到幼儿游戏活动中。
2. 能熟练应用折纸及作品,为幼儿讲故事、表演儿歌。
3. 会教幼儿折纸,能组织幼儿开展折纸的美术活动。

二、训练方式

结合美术、手工、幼儿美术活动设计等课程教学,通过教师传授方法、学生自主练习等措施加强折纸基本功训练及折纸应用能力训练,展示学生优秀折纸作品,组织开展折纸技能考核与竞赛。

三、考核方案与评分标准

折纸技能考核试题包括命题折纸和折纸讲故事两类试题。命题折纸试题由现场折纸和回答问题两部分组成;折纸讲故事试题由现场折纸和模拟应用两部分组成,主要考核学生手工折纸的技能技巧,以及了解幼儿、语言沟通、语言表达等方面的能力。

考核采用随机抽题考核方式,要求学生抽题后准备10分钟即进行考核,在10分钟内完成试题指定的内容。

本项目考核总分为10分。得分9分以上为优秀,8~9分为良好,6~8分为合格,6分以下者为不合格。

四、折纸技能考核的高分要点

(一) 精益求精,做出漂亮的折纸作品

1. 第一个重要步骤是选择合适的纸张。不同的造型需要不同的纸张,要根据作品的不同,选择颜色、大小合适的纸张。一般情况下,纸张要并裁切成标准的正方形,任何不成直角和边缘不平整的纸张都难以做出精致漂亮的折纸作品。

2. 每一步都要认真仔细地折。折纸的时候,要把纸的边和角对整齐,做到边与边、角与角对准,全部对齐后再折好。如果这一步没有达到要求的话,不仅不能折出整齐的折纸,最终的作品也不漂亮。

3. 每一个折痕都要尽量清晰。折纸的折痕是下一步折叠的基础,每折一步都必须用大拇指用力按压折痕使之更清晰。如果这一步马虎的话,下一步的折纸路线就会模糊不清,进而折不出完美的作品。因此,建议折纸所有的动作都在桌面上完成,由里向外做,并用力抹平每一步的折痕。

4. 想要提高折纸技术,最重要的莫过于"熟能生巧"。通过反复练习和记忆,掌握折纸图的识图和基本折法是关键。

(二) 勤学苦练,提高折纸技能应用水平

1. 选材恰当,激发幼儿主动参与。幼儿是否主动取决于教学内容的选择,一方面要选幼儿熟悉了解、感兴趣的;另一方面把握好内容的难易程度。太简单,幼儿会很快完成,达不到提高的目的。太难,幼儿缺乏热情,严重的甚至有抵触情绪。在折纸活动中,教师应避免呆板的说教和枯燥的示范一步折一步的方式,而多采用猜谜语、念儿歌、讲故事等方式引起幼儿的兴趣,以便幼儿的注意力能更好地集中。让幼儿听着故事或儿歌,感受到折纸活动的奇妙,羡慕之情油然而生,以此来激发幼儿从羡慕到想学的兴趣萌芽,产生探究的动力。

2. 教会幼儿看懂示意图解,掌握折纸的方法。引导幼儿观察,阅读感知折纸的基本符号,如折叠线、中心线、正折、反折、剪开、剪去部分等。并通过练习,让幼儿理

解符号所代表的意义。除了教这些符号外,还要学一些折纸的专用语,如对角折、对边折、双三角形、双正方形等,学了这些固定的专用语,幼儿一听就懂了,既有利于幼儿的学习,也有利于老师的教学。还可以和幼儿玩"找一找"游戏,即让幼儿仔细地看一看、找一找,比比谁能先排出折纸的顺序,然后再让他们把折纸示意图按顺序排好。

3. 运用拟人化的语言提示幼儿能够让幼儿更容易接受。在活动中运用趣味性指导语,不但可以使幼儿较为准确地领会老师的意图,而且易于理解折叠技能名称,达到折叠活动的效果。例如,折纸的基本操作中有个四角向中心折的步骤,很多幼儿往往没有对准就折,以至于折出来的角大小不一,还不对准中心点。可以采用启发性的口吻:"中心妈妈和它的四个角宝宝,角宝宝向妈妈靠齐,来让妈妈亲一亲,小朋友们看看中心妈妈有没有亲到它的四个宝宝呀?"这样一来,幼儿会自然而然地把角对准中心折。

4. 鼓励幼儿克服困难自己完成作品。幼儿的折纸能力存在着差异,同样的折纸,有的幼儿能折出来,有的幼儿折不出来。对能力稍落后的幼儿,可以进行个别指导,也可以请折得好的幼儿给他当小老师,直至折出来。幼儿对折纸技能的掌握更不可能一次就成功,教师应鼓励幼儿再折几次,善于等待,给孩子充足展示的机会,让孩子们在再来一次的游戏中,进一步理解和记忆折纸的技能,并能在老师提供的材料的刺激下主动进行探索活动,充分体验折纸活动的乐趣,进一步促进幼儿创造性的发挥。

第二部分 训练与考核题库

一、命题折纸

1 麻雀

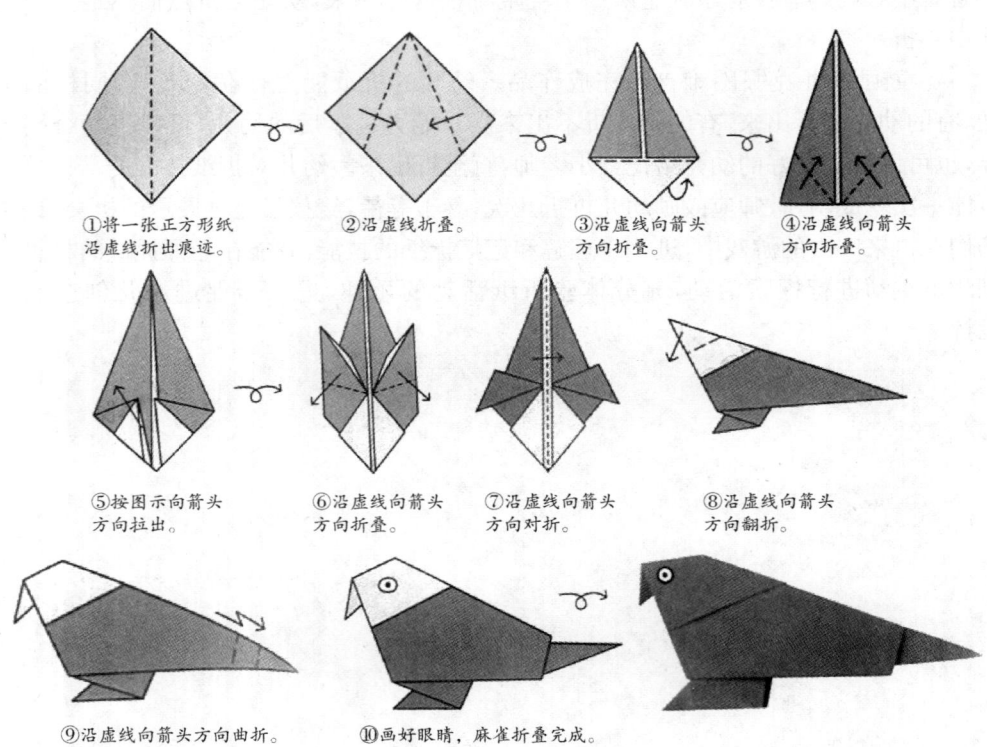

☆ 考核要求：

1. 现场演示折纸

根据图示折纸步骤，现场演示完成折纸。作品整齐美观，符合图示要求。

2. 回答问题

利用这个折纸可以和幼儿开展什么游戏？请说出 2~3 种。

3. 请在 10 分钟内完成上述任务。

☆ 评分要点：

1. 能按照图示要求完成折纸，作品整齐美观，有吸引力。
2. 回答的问题应符合幼儿特点，有创意。

2 狐狸

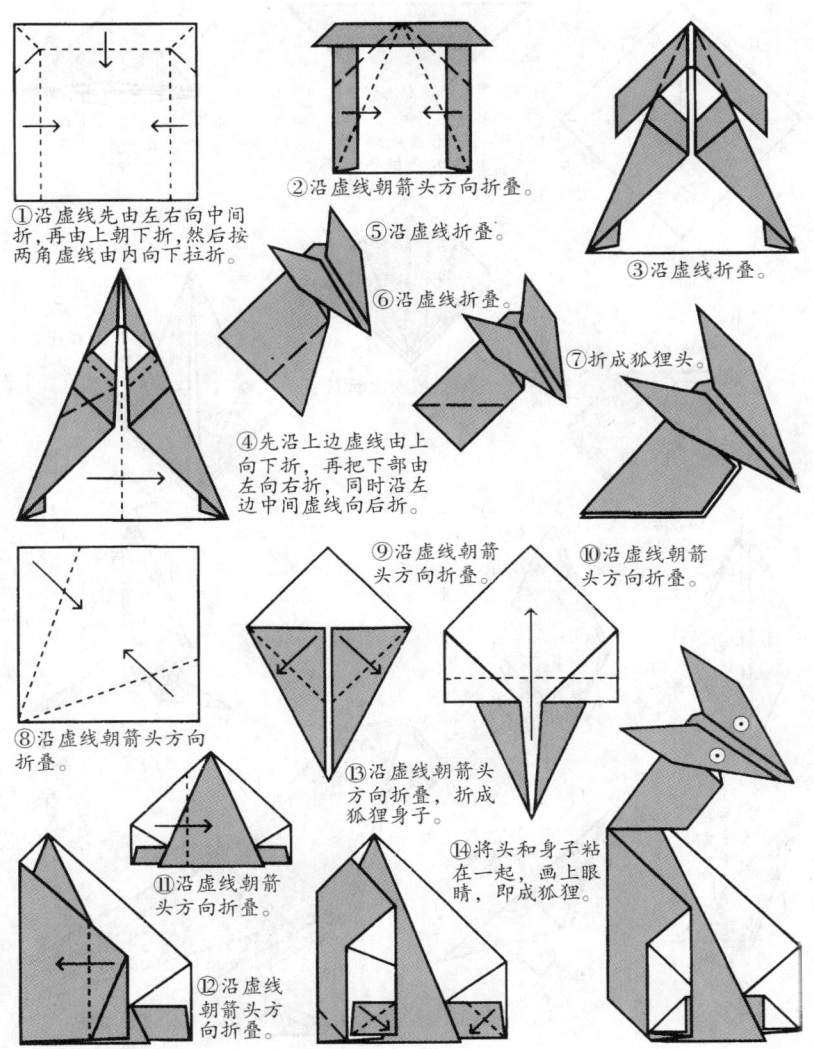

☆ **考核要求：**

1. 现场演示折纸

根据图示折纸步骤，现场演示完成折纸。作品整齐美观，符合图示要求。

2. 回答问题

利用这个折纸可以和幼儿开展什么游戏？请说出2~3种。

3. 请在10分钟内完成上述任务。

☆ **评分要点：**

1. 能按照图示要求完成折纸，作品整齐美观，有吸引力。
2. 回答的问题应符合幼儿特点，有创意。

3 鹰

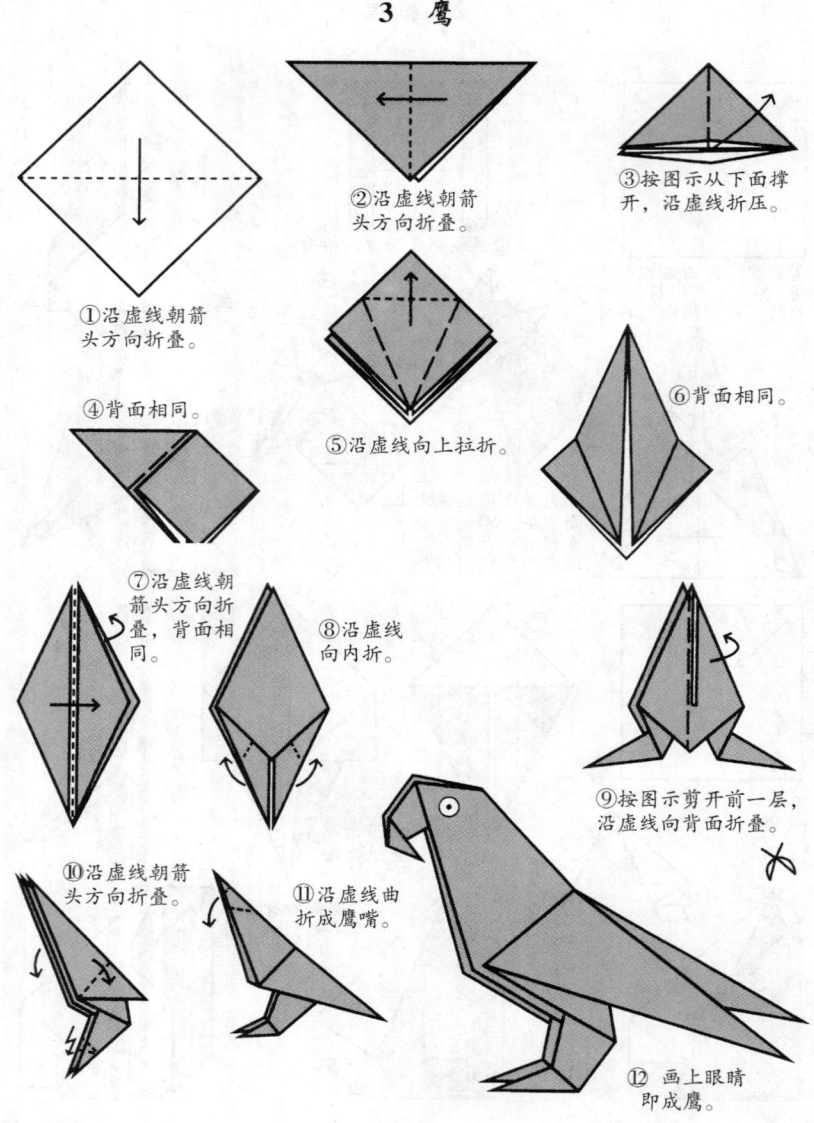

☆ 考核要求：

1. 现场演示折纸

根据图示折纸步骤，现场演示完成折纸。作品整齐美观，符合图示要求。

2. 回答问题

利用这个折纸可以和幼儿开展什么游戏？请说出2～3种。

3. 请在10分钟内完成上述任务。

☆ 评分要点：

1. 能按照图示要求完成折纸，作品整齐美观，有吸引力。
2. 回答的问题应符合幼儿特点，有创意。

4 牛头

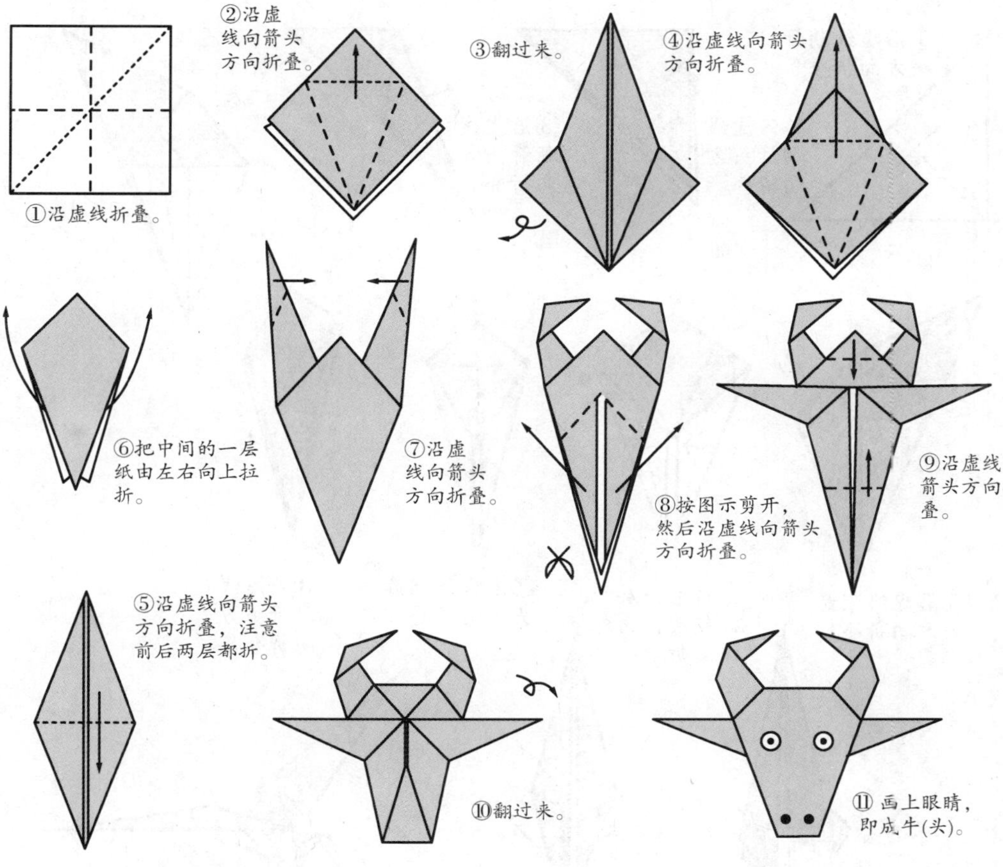

① 沿虚线折叠。
② 沿虚线向箭头方向折叠。
③ 翻过来。
④ 沿虚线向箭头方向折叠。
⑤ 沿虚线向箭头方向折叠,注意前后两层都折。
⑥ 把中间的一层纸由左右向上拉折。
⑦ 沿虚线向箭头方向折叠。
⑧ 按图示剪开,然后沿虚线向箭头方向折叠。
⑨ 沿虚线向箭头方向折叠。
⑩ 翻过来。
⑪ 画上眼睛,即成牛(头)。

☆ 考核要求:

1. 现场演示折纸
根据图示折纸步骤,现场演示完成折纸。作品整齐美观,符合图示要求。
2. 回答问题
利用这个折纸可以和幼儿开展什么游戏?请说出2~3种。
3. 请在10分钟内完成上述任务。

☆ 评分要点:

1. 能按照图示要求完成折纸,作品整齐美观,有吸引力。
2. 回答的问题应符合幼儿特点,有创意。

5 鹤

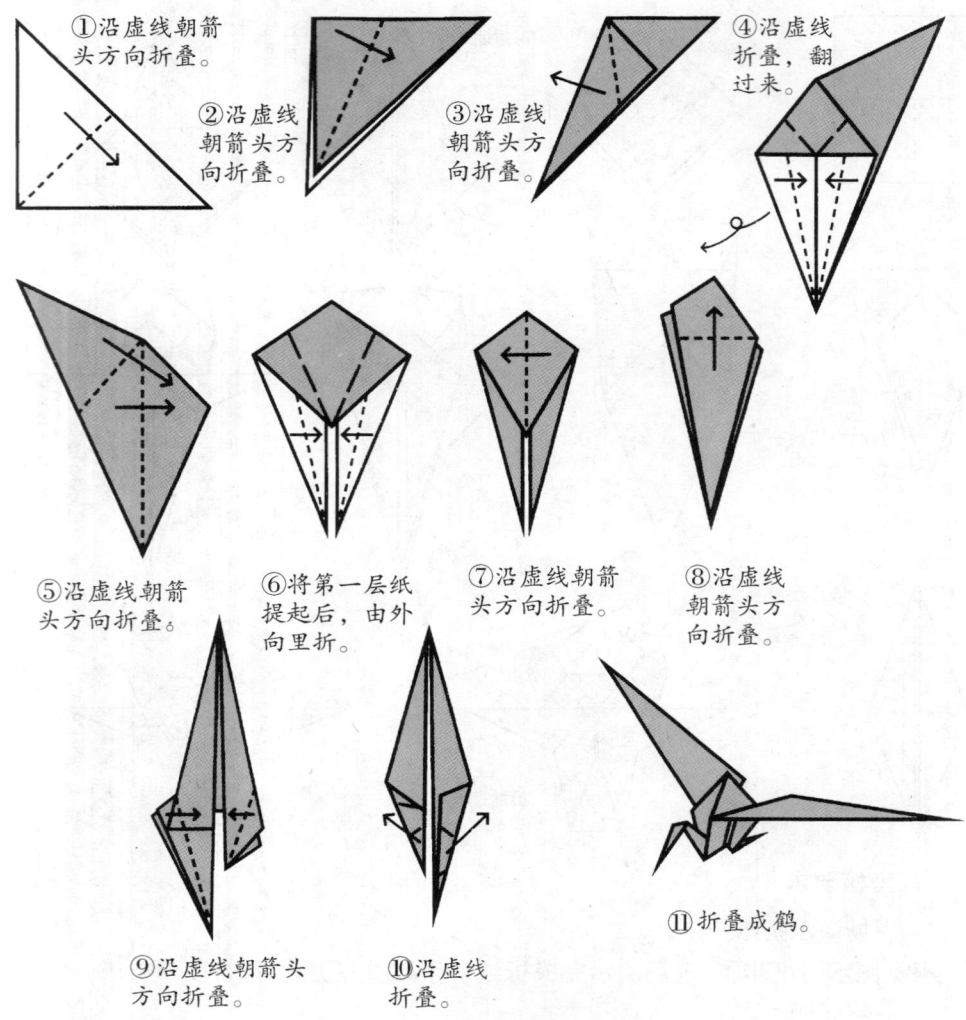

① 沿虚线朝箭头方向折叠。
② 沿虚线朝箭头方向折叠。
③ 沿虚线朝箭头方向折叠。
④ 沿虚线折叠，翻过来。
⑤ 沿虚线朝箭头方向折叠。
⑥ 将第一层纸提起后，由外向里折。
⑦ 沿虚线朝箭头方向折叠。
⑧ 沿虚线朝箭头方向折叠。
⑨ 沿虚线朝箭头方向折叠。
⑩ 沿虚线折叠。
⑪ 折叠成鹤。

☆ **考核要求：**

1. 现场演示折纸

根据图示折纸步骤，现场演示完成折纸。作品整齐美观，符合图示要求。

2. 回答问题

利用这个折纸可以和幼儿开展什么游戏？请说出2～3种。

3. 请在10分钟内完成上述任务。

☆ **评分要点：**

1. 能按照图示要求完成折纸，作品整齐美观，有吸引力。
2. 回答的问题应符合幼儿特点，有创意。

6　骑士帽

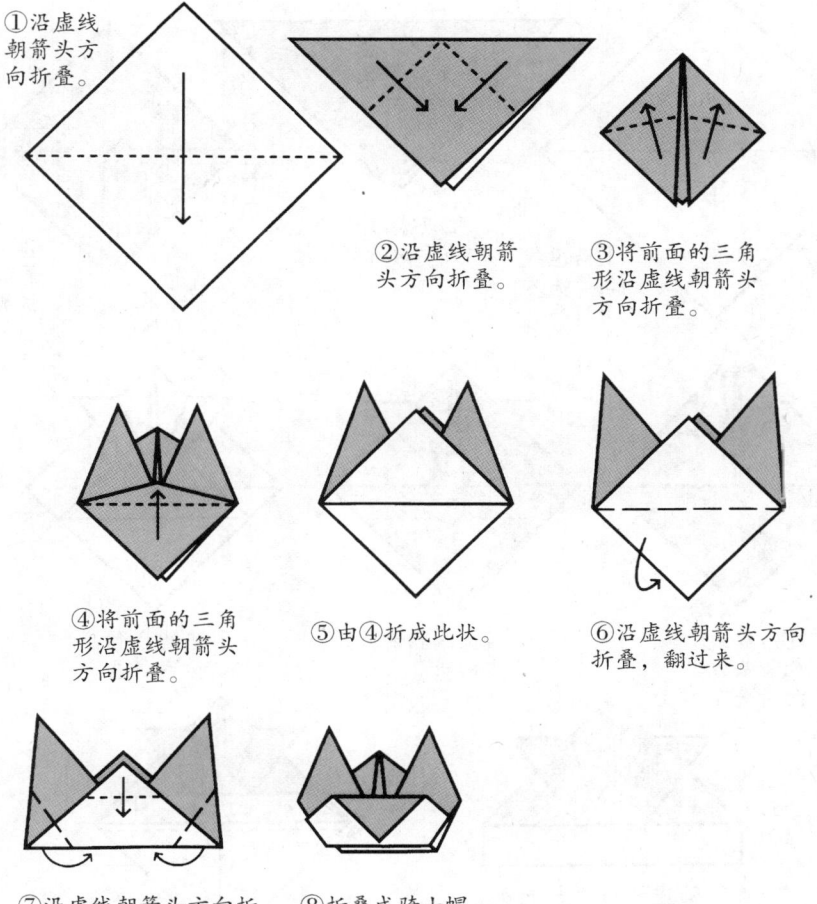

① 沿虚线朝箭头方向折叠。
② 沿虚线朝箭头方向折叠。
③ 将前面的三角形沿虚线朝箭头方向折叠。
④ 将前面的三角形沿虚线朝箭头方向折叠。
⑤ 由④折成此状。
⑥ 沿虚线朝箭头方向折叠，翻过来。
⑦ 沿虚线朝箭头方向折叠，两角向内折进。
⑧ 折叠成骑士帽。

☆ **考核要求：**

1. 现场演示折纸

根据图示折纸步骤，现场演示完成折纸。作品整齐美观，符合图示要求。

2. 回答问题

利用这个折纸可以和幼儿开展什么游戏？请说出2～3种。

3. 请在10分钟内完成上述任务。

☆ **评分要点：**

1. 能按照图示要求完成折纸，作品整齐美观，有吸引力。
2. 回答的问题应符合幼儿特点，有创意。

7 小孩帽

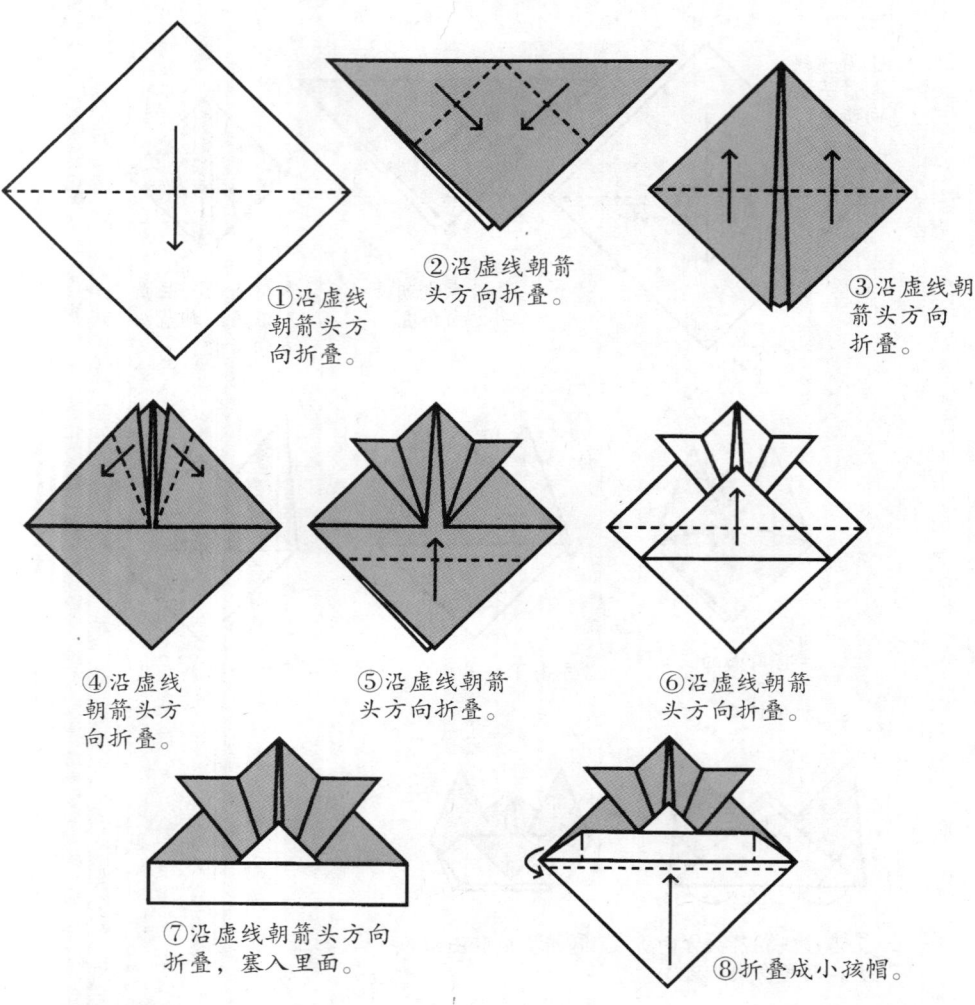

①沿虚线朝箭头方向折叠。
②沿虚线朝箭头方向折叠。
③沿虚线朝箭头方向折叠。
④沿虚线朝箭头方向折叠。
⑤沿虚线朝箭头方向折叠。
⑥沿虚线朝箭头方向折叠。
⑦沿虚线朝箭头方向折叠，塞入里面。
⑧折叠成小孩帽。

☆ **考核要求：**

1. 现场折纸

根据图示折纸步骤，现场演示完成折纸。作品整齐美观，符合图示要求。

2. 模拟演示

（1）模拟演示教4～6岁幼儿学习折纸《小孩帽》。

（2）语言表述简明扼要，动作示范准确，易于幼儿理解和模仿。

3. 请在10分钟内完成上述任务。

☆ **评分要点：**

1. 能按照图示要求完成折纸，作品整齐美观，有吸引力。

2. 模拟演示向幼儿介绍《小孩帽》折纸的步骤和方法，语言讲解清晰，动作演示到位，能吸引幼儿并易于幼儿理解和模仿。

8 方盒

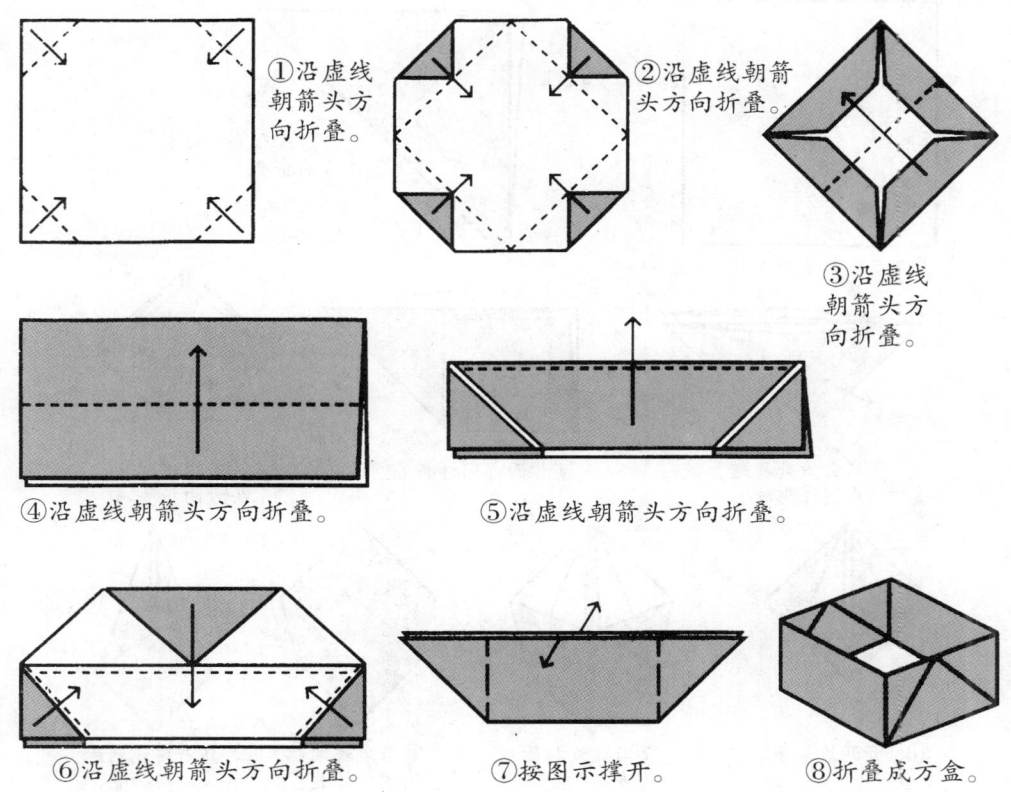

①沿虚线朝箭头方向折叠。 ②沿虚线朝箭头方向折叠。 ③沿虚线朝箭头方向折叠。 ④沿虚线朝箭头方向折叠。 ⑤沿虚线朝箭头方向折叠。 ⑥沿虚线朝箭头方向折叠。 ⑦按图示撑开。 ⑧折叠成方盒。

☆ **考核要求**：

1. 现场折纸

根据图示折纸步骤,现场演示完成折纸。作品整齐美观,符合图示要求。

2. 模拟演示

(1) 模拟演示教 4～6 岁幼儿学习折纸《方盒》。

(2) 语言表述简明扼要,动作示范准确,易于幼儿理解和模仿。

3. 请在 10 分钟内完成上述任务。

☆ **评分要点**：

1. 能按照图示要求完成折纸,作品整齐美观,有吸引力。

2. 模拟演示向幼儿介绍《方盒》折纸的步骤和方法,语言讲解清晰,动作演示到位,能吸引幼儿并易于幼儿理解和模仿。

9 点心盒

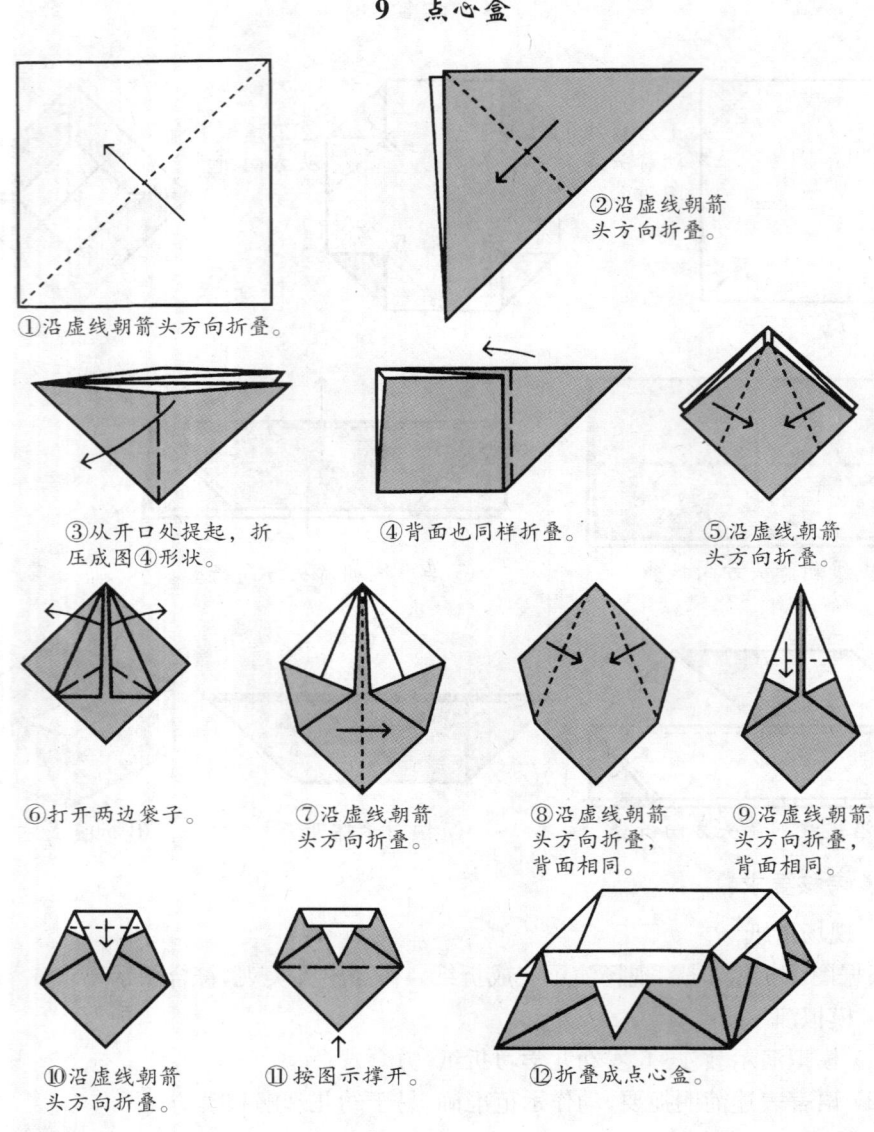

①沿虚线朝箭头方向折叠。
②沿虚线朝箭头方向折叠。
③从开口处提起，折压成图④形状。
④背面也同样折叠。
⑤沿虚线朝箭头方向折叠。
⑥打开两边袋子。
⑦沿虚线朝箭头方向折叠。
⑧沿虚线朝箭头方向折叠，背面相同。
⑨沿虚线朝箭头方向折叠，背面相同。
⑩沿虚线朝箭头方向折叠。
⑪按图示撑开。
⑫折叠成点心盒。

☆ **考核要求：**

1. 现场演示折纸

根据图示折纸步骤，现场演示完成折纸。作品整齐美观，符合图示要求。

2. 回答问题

利用这个折纸可以和幼儿开展什么游戏？请说出 2~3 种。

3. 请在 10 分钟内完成上述任务。

☆ **评分要点：**

1. 能按照图示要求完成折纸，作品整齐美观，有吸引力。
2. 回答的问题应符合幼儿特点，有创意。

10 钱包

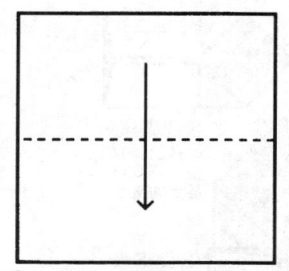
①沿虚线朝箭头方向折叠。

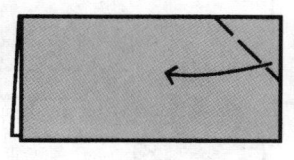
②张开袋口沿虚线朝箭头方向折叠。

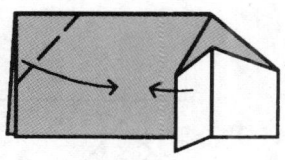
③另一端也同图②一样折叠。

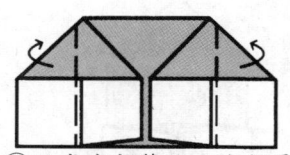
④沿虚线朝箭头方向折叠。

⑤将前面沿虚线朝箭头方向折叠，后面也同样折叠。

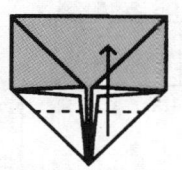
⑥将前面沿虚线朝箭头方向折叠。

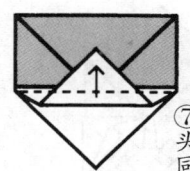
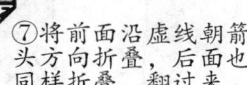
⑦将前面沿虚线朝箭头方向折叠，后面也同样折叠，翻过来。

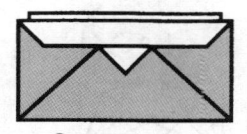
⑧折叠成钱包。

☆ 考核要求：

1. 现场折纸

根据图示折纸步骤，现场演示完成折纸。作品整齐美观，符合图示要求。

2. 模拟演示

（1）模拟演示教4～6岁幼儿学习折纸《钱包》。

（2）语言表述简明扼要，动作示范准确，易于幼儿理解和模仿。

3. 请在10分钟内完成上述任务。

☆ 评分要点：

1. 能按照图示要求完成折纸，作品整齐美观，有吸引力。

2. 模拟演示向幼儿介绍《钱包》折纸的步骤和方法，语言讲解清晰，动作演示到位，能吸引幼儿并易于幼儿理解和模仿。

11 花盆

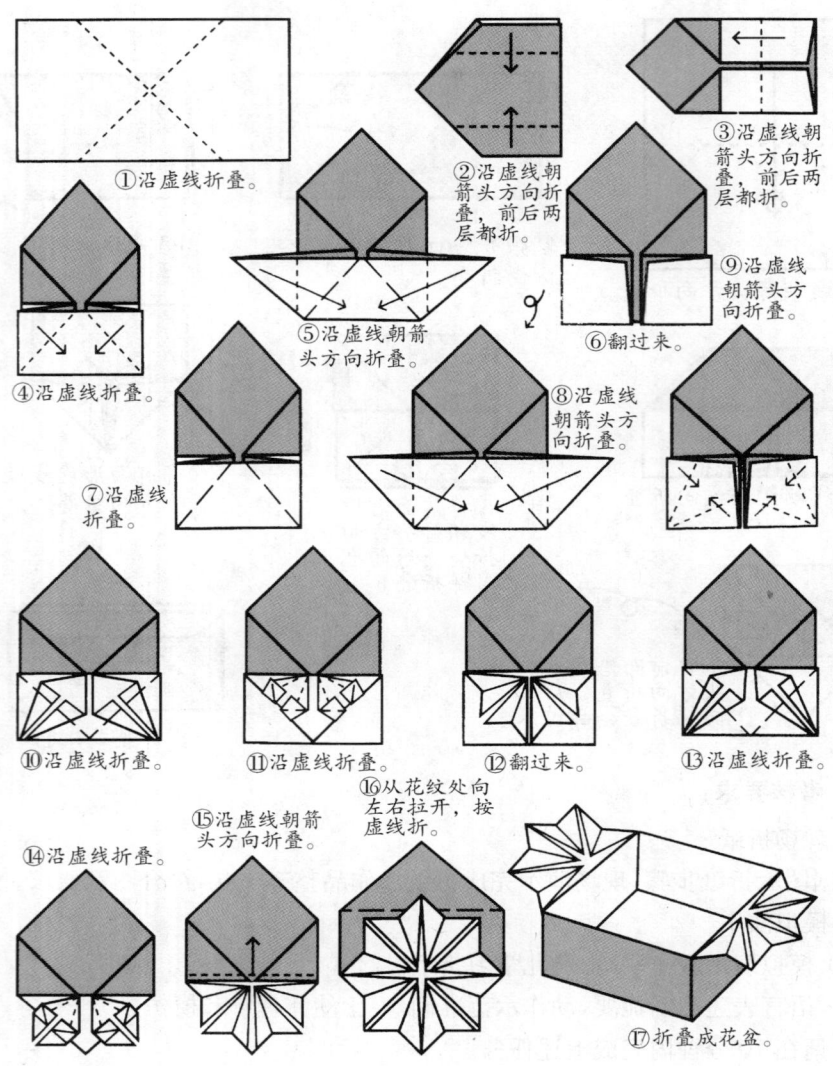

☆ **考核要求：**

1. 现场演示折纸

根据图示折纸步骤，现场演示完成折纸。作品整齐美观，符合图示要求。

2. 回答问题

利用这个折纸可以和幼儿开展什么游戏？请说出2～3种。

3. 请在10分钟内完成上述任务。

☆ **评分要点：**

1. 能按照图示要求完成折纸，作品整齐美观，有吸引力。
2. 回答的问题应符合幼儿特点，有创意。

12 飞机

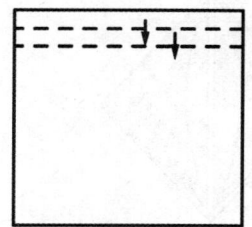 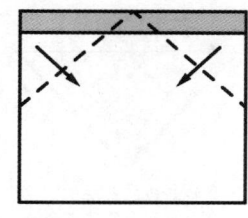 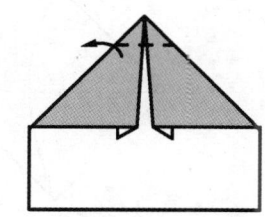

①沿虚线向箭头方向折叠。　②沿虚线向箭头方向折叠。　③先沿虚线向前折，再沿虚线由前向后折叠。

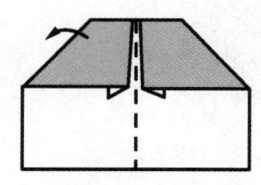 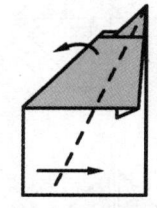 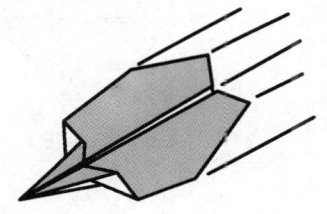

④沿虚线向箭头方向折叠。　⑤前后两层沿虚线向箭头方向折叠。　⑥完成。

☆ **考核要求：**

1. 现场折纸

根据图示折纸步骤，现场演示完成折纸。作品整齐美观，符合图示要求。

2. 模拟演示

（1）模拟演示教 4～5 岁幼儿学习折纸《飞机》。

（2）语言表述简明扼要，动作示范准确，易于幼儿理解和模仿。

3. 请在 10 分钟内完成上述任务。

☆ **评分要点：**

1. 能按照图示要求完成折纸，作品整齐美观，有吸引力。

2. 模拟演示向幼儿介绍《飞机》折纸的步骤和方法，语言讲解清晰，动作演示到位，能吸引幼儿并易于幼儿理解和模仿。

13 轮船

①对折成三角形。

②将两边的角折下来,与下面的角重合。

③向上折成三角形。

④将大三角折上去。

⑤折成这样子。

⑥把三角形折上去。

⑦从下面把手伸进去,将口袋横着拉开。

⑧将三角形上折三分之一左右。

⑨将两边的一层向左右拉开。

⑩做好了。

☆ **考核要求**：

1. 现场折纸

根据图示折纸步骤,现场演示完成折纸。作品整齐美观,符合图示要求。

2. 模拟演示

(1) 模拟演示教 5～6 岁幼儿学习折纸《轮船》。

(2) 语言表述简明扼要,动作示范准确,易于幼儿理解和模仿。

3. 请在 10 分钟内完成上述任务。

☆ **评分要点**：

1. 能按照图示要求完成折纸,作品整齐美观,有吸引力。

2. 模拟演示向幼儿介绍《轮船》折纸的步骤和方法,语言讲解清晰,动作演示到位,能吸引幼儿并易于幼儿理解和模仿。

14　炮艇

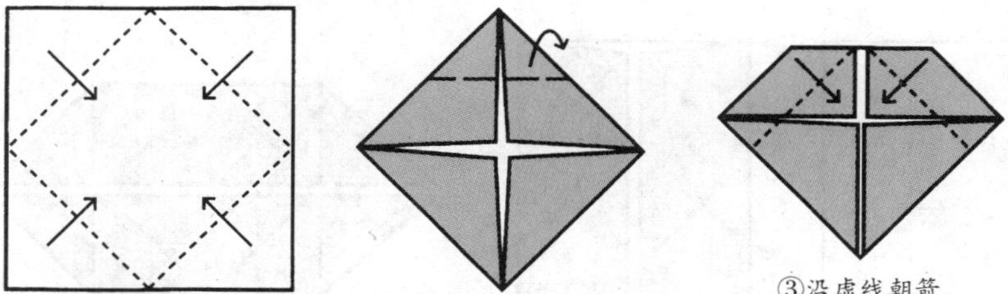

①沿虚线朝箭头方向折叠。

②沿虚线向后折。

③沿虚线朝箭头方向折叠。

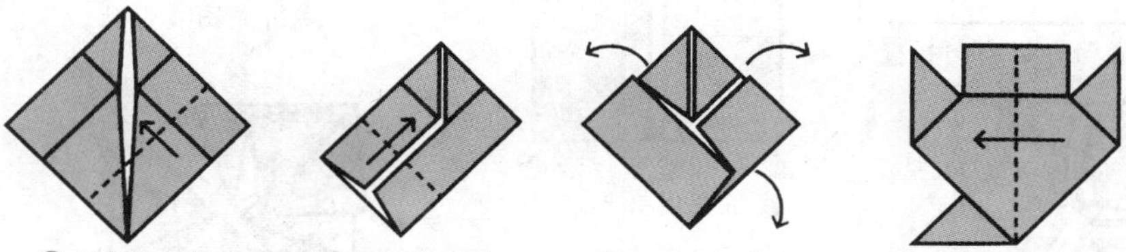

④沿虚线朝箭头方向折叠。

⑤沿虚线朝箭头方向折叠。

⑥按图示拉出折在里面的三角。

⑨沿虚线朝箭头方向折叠。

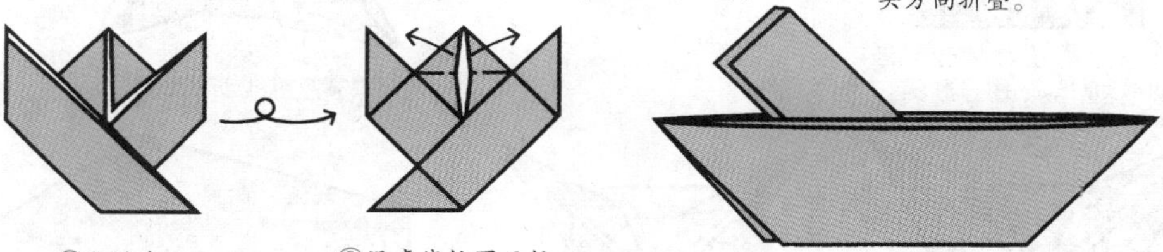

⑦翻过来。

⑧沿虚线按图示拉折成图⑨形状。

⑩折叠成炮艇。

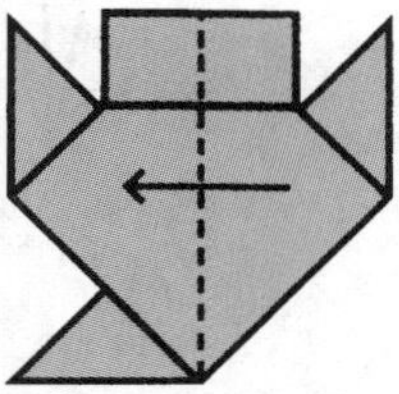

⑨沿虚线朝箭头方向折叠。

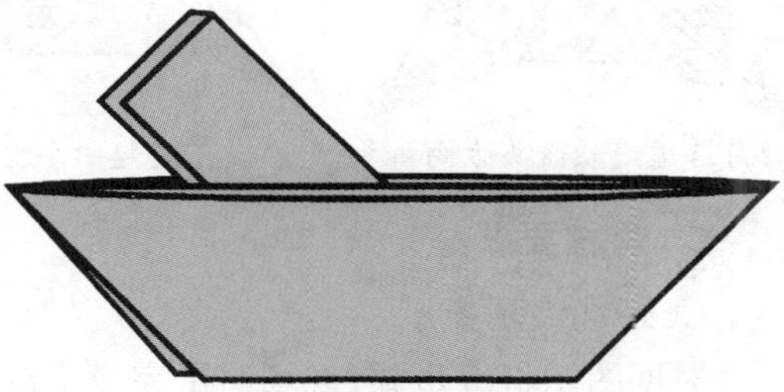

⑩折叠成炮艇。

☆ **考核要求：**

1. 现场演示折纸

根据图示折纸步骤，现场演示完成折纸。作品整齐美观，符合图示要求。

2. 回答问题

利用这个折纸可以和幼儿开展什么游戏？请说出 2～3 种。

3. 请在 10 分钟内完成上述任务。

☆ **评分要点：**

1. 能按照图示要求完成折纸，作品整齐美观，有吸引力。

2. 回答的问题应符合幼儿特点，有创意。

15　方桌

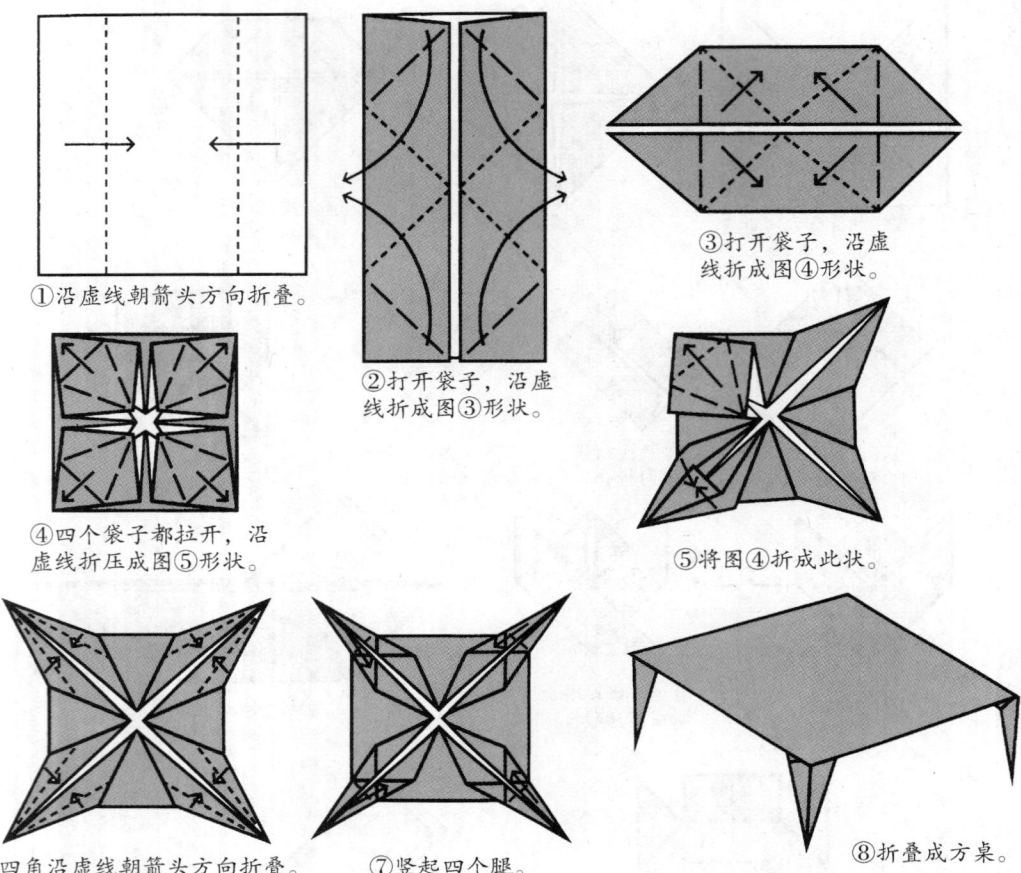

①沿虚线朝箭头方向折叠。
②打开袋子，沿虚线折成图③形状。
③打开袋子，沿虚线折成图④形状。
④四个袋子都拉开，沿虚线折压成图⑤形状。
⑤将图④折成此状。
⑥四角沿虚线朝箭头方向折叠。
⑦竖起四个腿。
⑧折叠成方桌。

☆ **考核要求：**

1. 现场演示折纸

根据图示折纸步骤，现场演示完成折纸。作品整齐美观，符合图示要求。

2. 回答问题

利用这个折纸可以和幼儿开展什么游戏？请说出 2～3 种。

3. 请在 10 分钟内完成上述任务。

☆ **评分要点：**

1. 能按照图示要求完成折纸，作品整齐美观，有吸引力。
2. 回答的问题应符合幼儿特点，有创意。

16 床

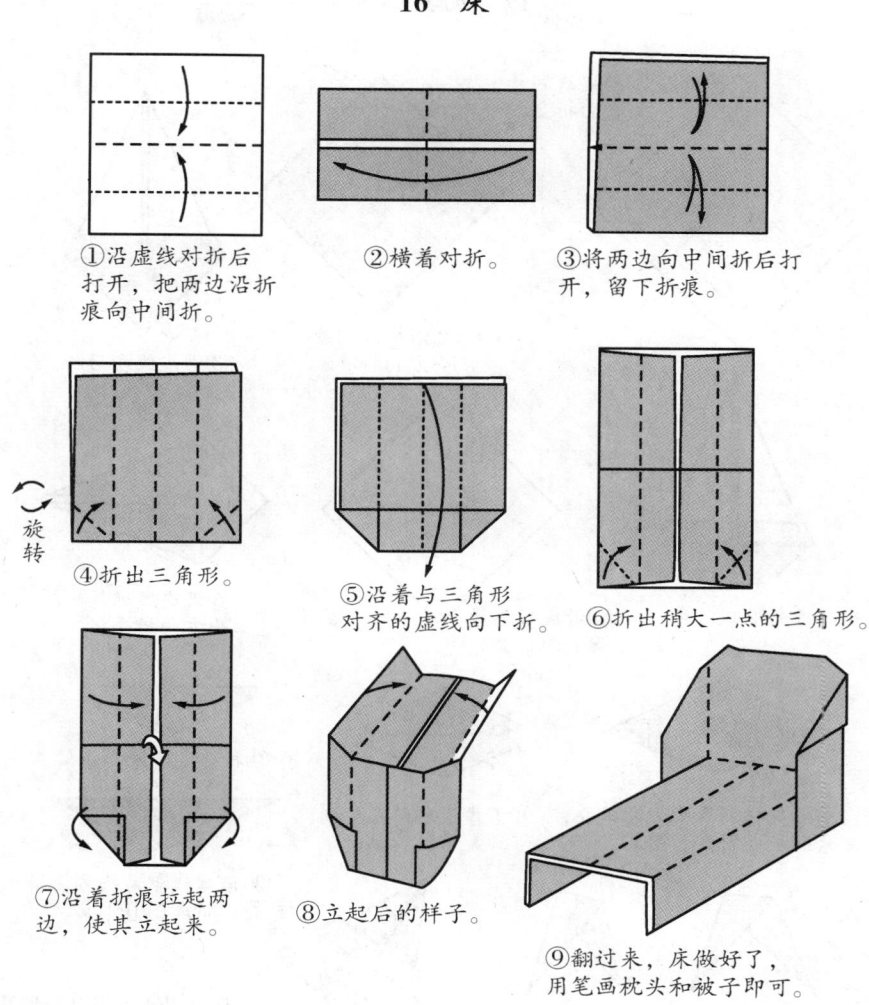

①沿虚线对折后打开,把两边沿折痕向中间折。
②横着对折。
③将两边向中间折后打开,留下折痕。
④折出三角形。
⑤沿着与三角形对齐的虚线向下折。
⑥折出稍大一点的三角形。
⑦沿着折痕拉起两边,使其立起来。
⑧立起后的样子。
⑨翻过来,床做好了,用笔画枕头和被子即可。

☆ **考核要求:**

1. 现场折纸

根据图示折纸步骤,现场演示完成折纸。作品整齐美观,符合图示要求。

2. 模拟演示

(1) 模拟演示教 5~6 岁幼儿学习折纸《床》。

(2) 语言表述简明扼要,动作示范准确,易于幼儿理解和模仿。

3. 请在 10 分钟内完成上述任务。

☆ **评分要点:**

1. 能按照图示要求完成折纸,作品整齐美观,有吸引力。

2. 模拟演示向幼儿介绍《床》折纸的步骤和方法,语言讲解清晰,动作演示到位,能吸引幼儿并易于幼儿理解和模仿。

17　玩具小人

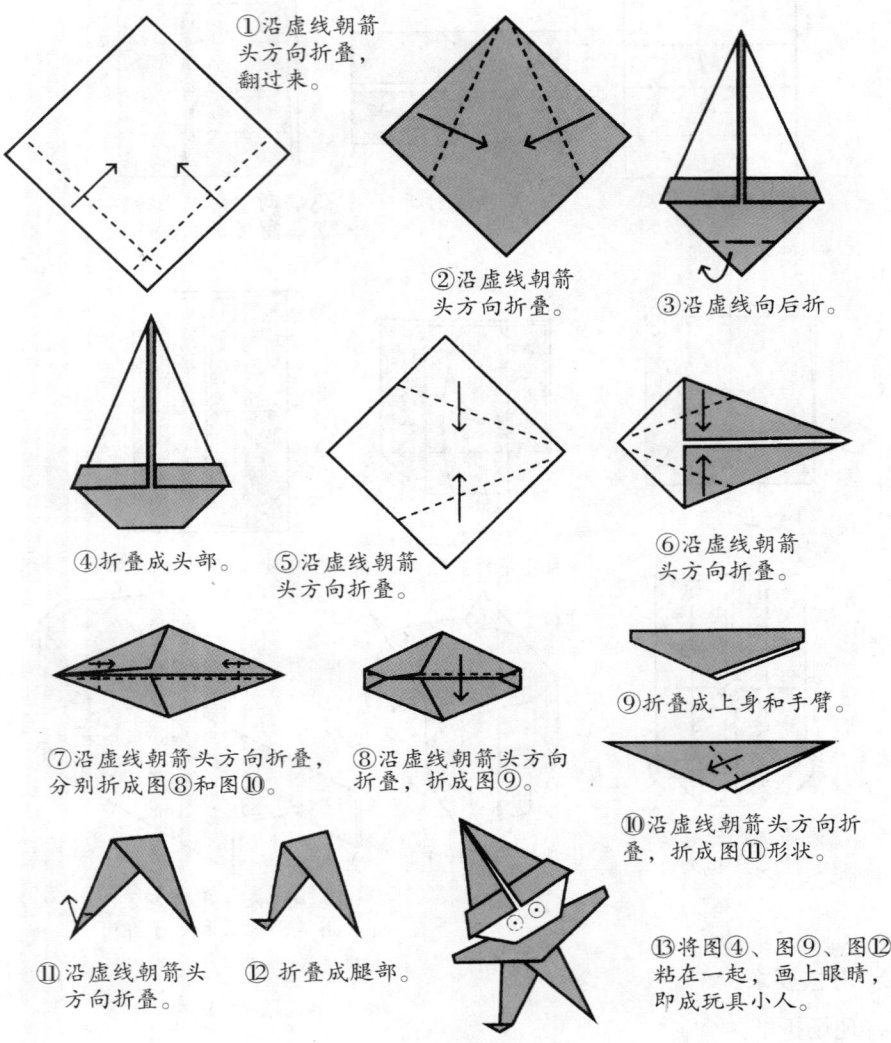

① 沿虚线朝箭头方向折叠，翻过来。
② 沿虚线朝箭头方向折叠。
③ 沿虚线向后折。
④ 折叠成头部。
⑤ 沿虚线朝箭头方向折叠。
⑥ 沿虚线朝箭头方向折叠。
⑦ 沿虚线朝箭头方向折叠，分别折成图⑧和图⑩。
⑧ 沿虚线朝箭头方向折叠，折成图⑨。
⑨ 折叠成上身和手臂。
⑩ 沿虚线朝箭头方向折叠，折成图⑪形状。
⑪ 沿虚线朝箭头方向折叠。
⑫ 折叠成腿部。
⑬ 将图④、图⑨、图⑫粘在一起，画上眼睛，即成玩具小人。

☆ 考核要求：

1. 现场演示折纸

根据图示折纸步骤，现场演示完成折纸。作品整齐美观，符合图示要求。

2. 回答问题

利用这个折纸可以和幼儿开展什么游戏？请说出 2～3 种。

3. 请在 10 分钟内完成上述任务。

☆ 评分要点：

1. 能按照图示要求完成折纸，作品整齐美观，有吸引力。
2. 回答的问题应符合幼儿特点，有创意。

18 郁金香

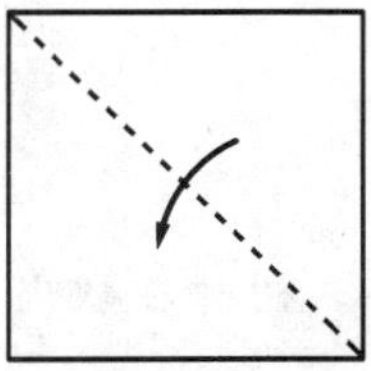

①沿虚线按照箭头所指方向折成三角形。

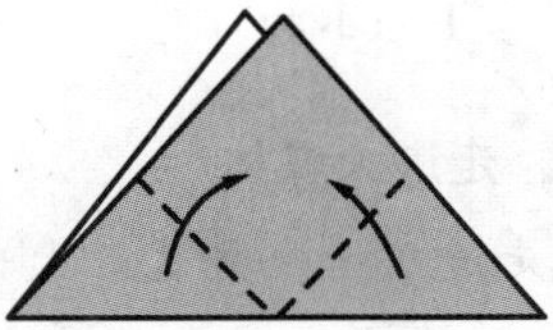

②沿虚线按箭头所指方向折叠。

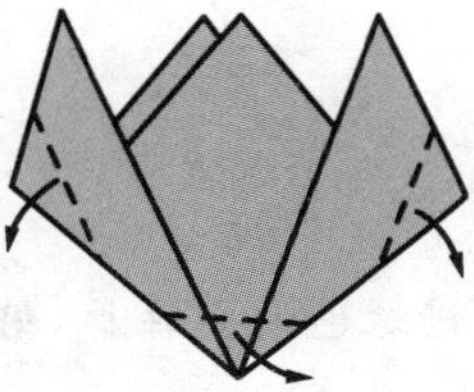

③沿虚线按箭头所指方向折叠。

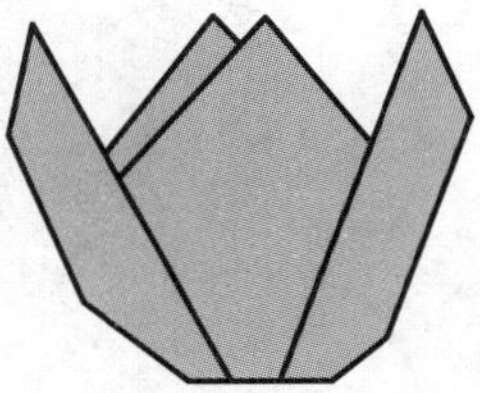

④花折叠成了。

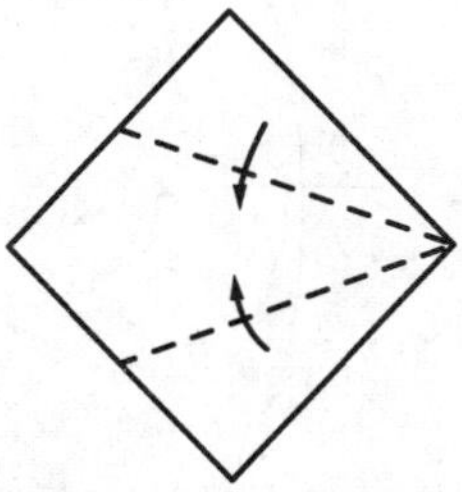

⑤另取一张纸，沿虚线按箭头所指方向折叠。

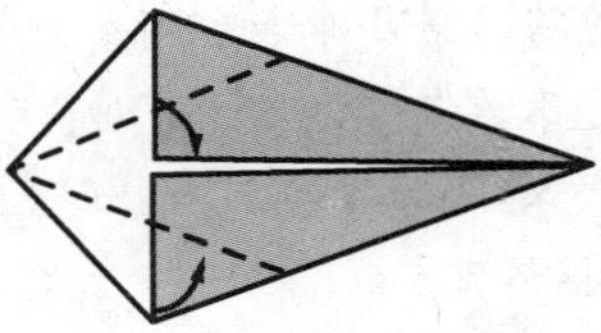

⑥沿虚线按箭头所指方向折叠。

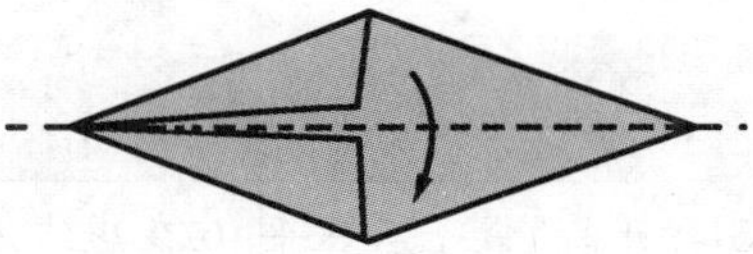

⑦沿虚线按箭头所指方向折叠。

⑧叶子折叠成了，再折一个相同的。

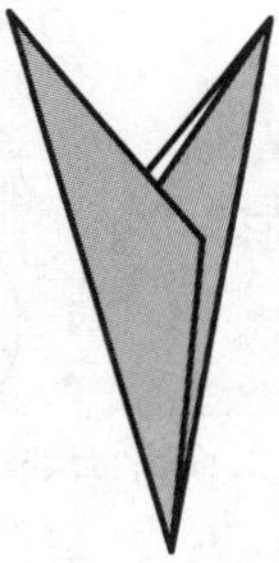

⑨如图所示，粘贴起来。

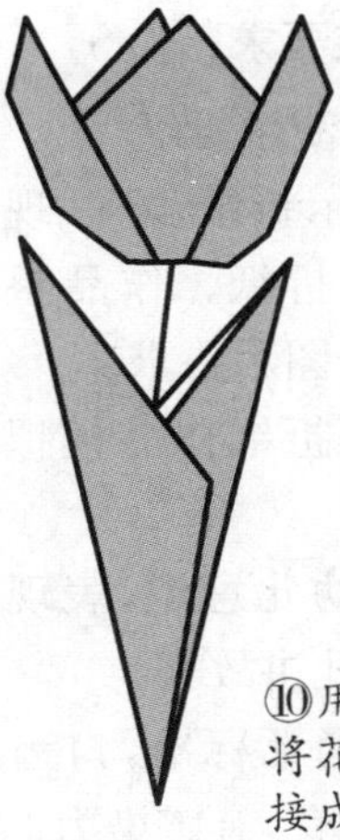

⑩用一根吸管将花、叶子连接成型。

☆ **考核要求：**

1. 现场演示折纸

根据图示折纸步骤，现场演示完成折纸。作品整齐美观，符合图示要求。

2. 回答问题

利用这个折纸可以和幼儿开展什么游戏？请说出2~3种。

3. 请在10分钟内完成上述任务。

☆ **评分要点：**

1. 能按照图示要求完成折纸，作品整齐美观，有吸引力。
2. 回答的问题应符合幼儿特点，有创意。

二、折纸讲故事

1　小狗

走进大森林

小狗走进绿色的大森林,好像走进了一个神奇的大世界。树叶在歌唱,微风送花香。

仰头看看,枝头上鸟儿唱"欢迎曲",低头看看,草丛里蘑菇撑着小伞打招呼。

是谁在"叮咚叮咚"地弹琴？又是谁在"叮铃叮铃"地摇铃？

小狗在想,如果大森林里也有一所动物幼儿园该多好！

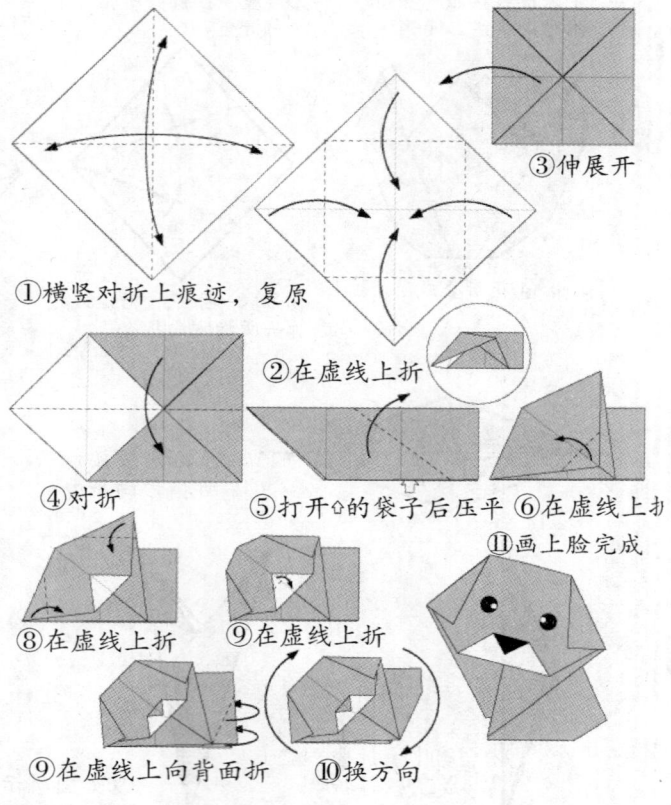

☆ **考核要求：**

1. 现场演示折纸

根据图示折纸步骤,现场演示完成折纸。作品整齐美观,符合图示要求。

2. 运用折纸作品模拟讲故事

（1）有幼儿意识,表现出正在为幼儿讲故事。

（2）普通话标准,口齿清楚,语速适宜,有感染力。

3. 请在10分钟内完成上述任务。

☆ **评分要点：**

1. 能按照图示要求完成折纸,作品整齐美观,有吸引力。

2. 普通话标准,口齿清楚,语速适宜,有感染力。有幼儿意识,讲故事的方法比较适合幼儿的特点,如模拟给幼儿看折纸,能用适度夸张的动作、表情、语气、语调等来吸引幼儿,或用适当的提问来吸引幼儿的注意力等。

2 小船

从前的船

大海边扣着一条破旧的船,它在那里好久了,没有人知道它是谁的。

一只捡贝壳的小老鼠看见了这条船,他跑回去告诉了大伙儿。大家带着工具来到沙滩上,把船翻过来,然后撬下了块船板。瞧,他们锯的锯,钉的钉,没多久就做成了一把漂亮的长椅。活儿干完了,大家就坐在长椅上休息、聊天儿。涨潮的海水渐渐漫上来,可是大家的脚一点儿也没有被弄湿。

大家静静地坐在长椅上,望着夕阳下的大海,真美啊!

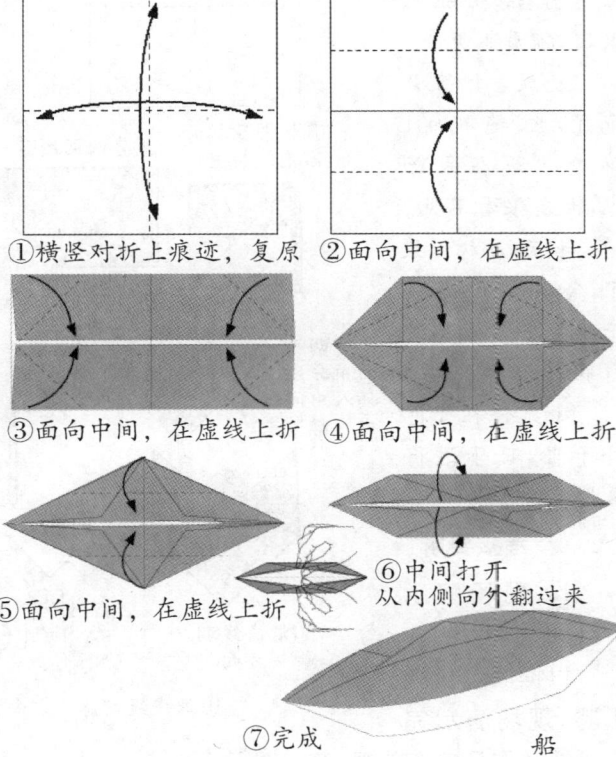

☆ 考核要求:

1. 现场演示折纸

根据图示折纸步骤,现场演示完成折纸。作品整齐美观,符合图示要求。

2. 运用折纸作品模拟讲故事

(1) 有幼儿意识,表现出正在为幼儿讲故事。

(2) 普通话标准,口齿清楚,语速适宜,有感染力。

3. 请在 10 分钟内完成上述任务。

☆ 评分要点:

1. 能按照图示要求完成折纸,作品整齐美观,有吸引力。

2. 普通话标准,口齿清楚,语速适宜,有感染力。有幼儿意识,讲故事的方法比较适合幼儿的特点,如模拟给幼儿看折纸,能用适度夸张的动作、表情、语气、语调等来吸引幼儿,或用适当的提问来吸引幼儿的注意力等。

3 兔子

变色的房子

小兔子造了一间新房子。它把小种子拌在泥浆里,刷在房子上……

春天,小种子发芽了,绿油油的。绿房子藏在绿叶里,狐狸看不见。

夏天,小苗开花了,红艳艳的。花房子藏在果子中,大灰狼看不见。

秋天,小树结果了,金灿灿的。金房子藏在果子中,老虎看不见……

小兔住在变色房子里,日子过得真快乐。

☆ **考核要求:**

1. 现场演示折纸

根据图示折纸步骤,现场演示完成折纸。作品整齐美观,符合图示要求。

2. 运用折纸作品模拟讲故事

(1) 有幼儿意识,表现出正在为幼儿讲故事。

(2) 普通话标准,口齿清楚,语速适宜,有感染力。

3. 请在10分钟内完成上述任务。

☆ **评分要点:**

1. 能按照图示要求完成折纸,作品整齐美观,有吸引力。

2. 普通话标准,口齿清楚,语速适宜,有感染力。有幼儿意识,讲故事的方法比较适合幼儿的特点,如模拟给幼儿看折纸,能用适度夸张的动作、表情、语气、语调等来吸引幼儿,或用适当的提问来吸引幼儿的注意力等。

4 青蛙

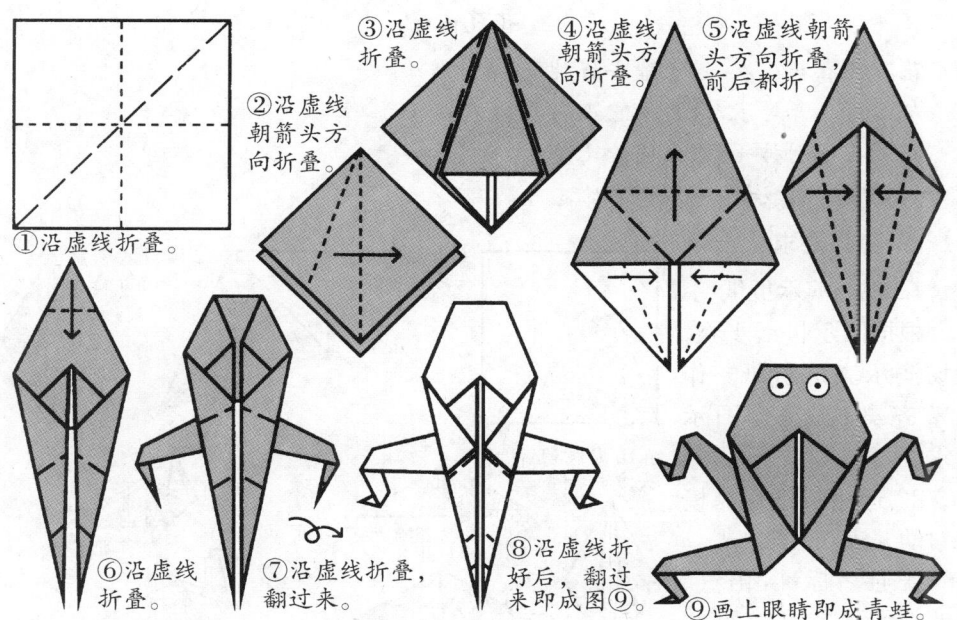

青蛙拉车

一辆小车子,想去看看山,想去看看河,想"吱扭、吱扭"唱起旅行的歌。

小猪噘着嘴巴走了,它说车上没有好吃的,拉着没有劲。

青蛙蹦蹦跳跳地来了,嘿,车子,你很重,可是我有劲!

车子"吱扭、吱扭"唱起了歌,向日葵们也疯狂了,用绿色的大手,为青蛙鼓掌、加油。

青蛙洒下的汗珠,被小草收藏,被花朵收藏,它们说,那是闪光的珍珠。

☆ 考核要求:

1. 现场演示折纸

根据图示折纸步骤,现场演示完成折纸。作品整齐美观,符合图示要求。

2. 运用折纸作品模拟讲故事

(1) 有幼儿意识,表现出正在为幼儿讲故事。

(2) 普通话标准,口齿清楚,语速适宜,有感染力。

3. 请在10分钟内完成上述任务。

☆ 评分要点:

1. 能按照图示要求完成折纸,作品整齐美观,有吸引力。

2. 普通话标准,口齿清楚,语速适宜,有感染力。有幼儿意识,讲故事的方法比较适合幼儿的特点,如模拟给幼儿看折纸,能用适度夸张的动作、表情、语气、语调等来吸引幼儿,或用适当的提问来吸引幼儿的注意力等。

5 孔雀

花孔雀

花花孔雀花花衣,踱来踱去好神气。
忽然对我开屏了,让我看它五彩衣。
孔雀孔雀别神气,谁来同你比美丽。
妈妈常常对我讲,不比新衣比志气。

☆ **考核要求:**

1. 现场演示折纸

根据图示折纸步骤,现场演示完成折纸。作品整齐美观,符合图示要求。

2. 运用折纸作品模拟对幼儿表演儿歌

普通话标准,语气、语调、动作、表情符合儿歌内容,有感染力。

3. 请在10分钟内完成上述任务。

☆ **评分要点:**

1. 能按照图示要求完成折纸,作品整齐美观,有吸引力。

2. 普通话标准,口齿清楚,语速适宜,有感染力。有幼儿意识,儿歌表演的方法比较适合幼儿的特点,如模拟给幼儿看折纸,能用适度夸张的动作、表情、语气、语调等来吸引幼儿,或用适当的提问来吸引幼儿的注意力等。

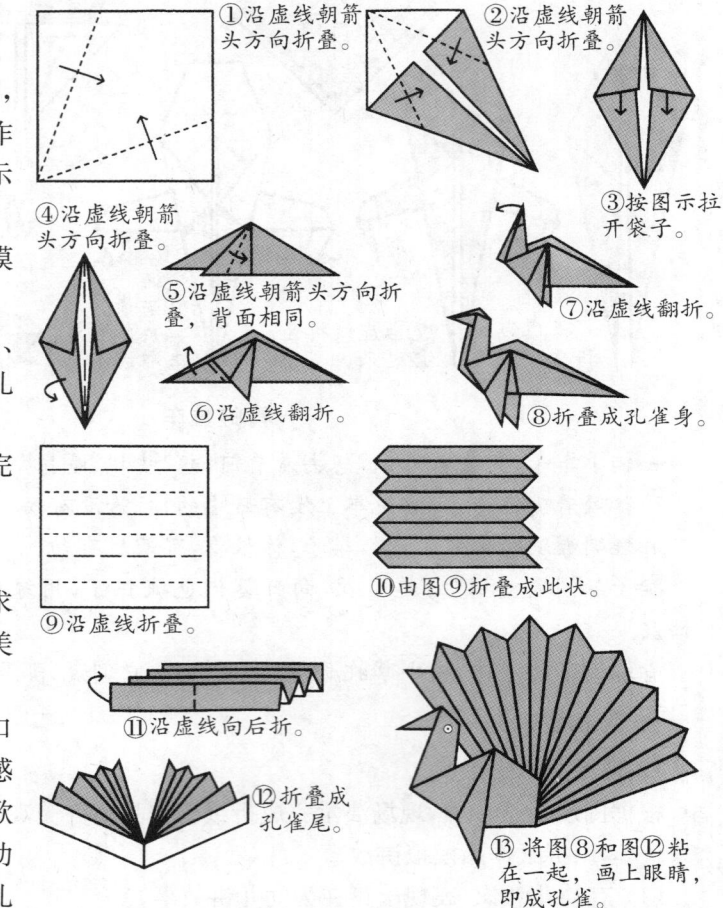

6 乌龟

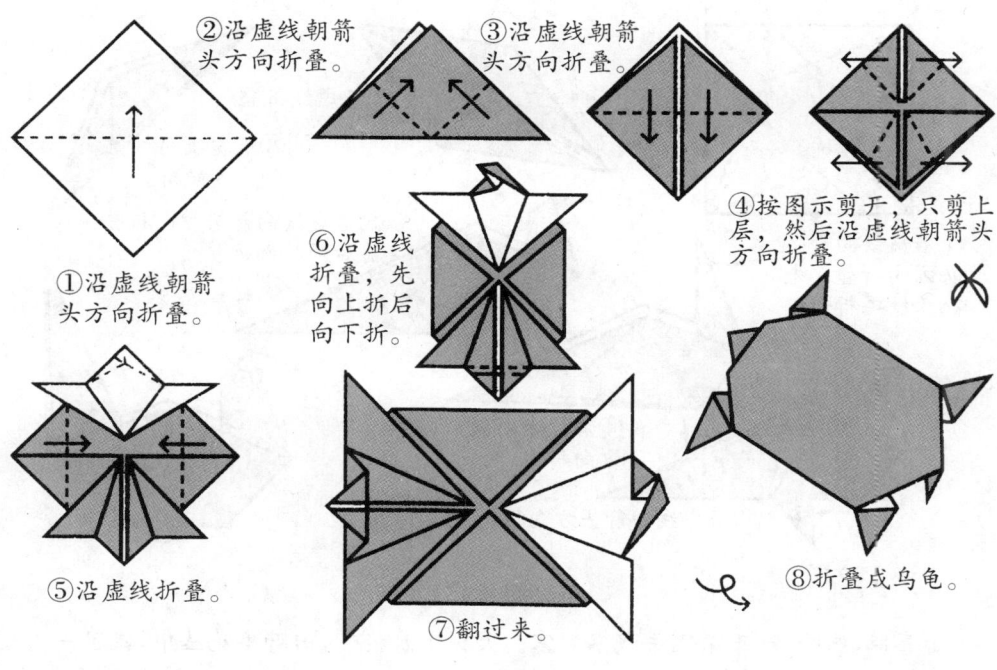

小乌龟看爷爷

小乌龟想爷爷了,他说:"我要去看爷爷,顺便给他送一棵苹果树去。"
小乌龟把苹果树绑在背上,出发了。
走啊,走啊,苹果树开花了。蜜蜂来了,蝴蝶也来了。
走啊,走啊,苹果树结出了小苹果。小鸟来了,大鸟也来了。
走啊,走啊,苹果成熟了,爷爷的家到啦!
小乌龟和爷爷吃着红红的苹果真开心!

☆ **考核要求:**

1. 现场演示折纸

根据图示折纸步骤,现场演示完成折纸。作品整齐美观,符合图示要求。

2. 运用折纸作品模拟讲故事

(1) 有幼儿意识,表现出正在为幼儿讲故事。

(2) 普通话标准,口齿清楚,语速适宜,有感染力。

3. 请在 10 分钟内完成上述任务。

☆ **评分要点:**

1. 能按照图示要求完成折纸,作品整齐美观,有吸引力。

2. 普通话标准,口齿清楚,语速适宜,有感染力。有幼儿意识,讲故事的方法比较适合幼儿的特点,如模拟给幼儿看折纸,能用适度夸张的动作、表情、语气、语调等来吸引幼儿,或用适当的提问来吸引幼儿的注意力等。

7 喜鹊

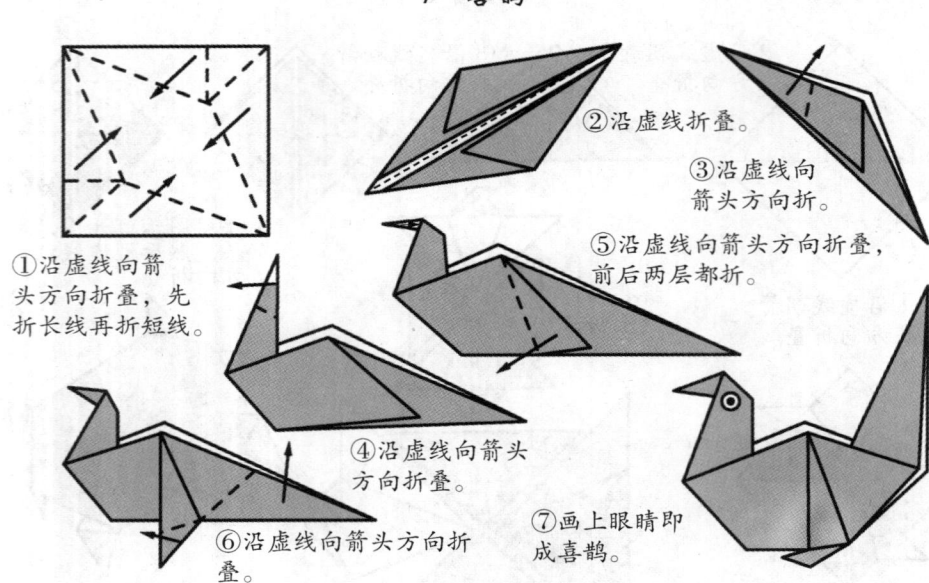

①沿虚线向箭头方向折叠,先折长线再折短线。
②沿虚线折叠。
③沿虚线向箭头方向折。
④沿虚线向箭头方向折叠。
⑤沿虚线向箭头方向折叠,前后两层都折。
⑥沿虚线向箭头方向折叠。
⑦画上眼睛即成喜鹊。

小喜鹊找妈妈

小喜鹊,叫喳喳,飞来飞去找不到家。大树上房檐下,田野里花丛中,找了一遍又一遍,还是找不到家,急得自己哭起来。

小喜鹊,叫喳喳,飞来飞去找妈妈。山坡上桥墩下,池塘边小河旁,找了一遍又一遍,还是找不到她,急得自己乱喳喳。

小喜鹊,忙个啥?捡来一条虫,捡来一粒米,又舍不得吃下它,只想留着给妈妈。

小喜鹊,找妈妈,找到妈妈告诉她,妈妈,妈妈,我已经长大了,学了一身本领,自己能照顾自己了。

☆ **考核要求:**

1. 现场演示折纸

根据图示折纸步骤,现场演示完成折纸。作品整齐美观,符合图示要求。

2. 运用折纸作品模拟讲故事

(1) 有幼儿意识,表现出正在为幼儿讲故事。

(2) 普通话标准,口齿清楚,语速适宜,有感染力。

3. 请在10分钟内完成上述任务。

☆ **评分要点:**

1. 能按照图示要求完成折纸,作品整齐美观,有吸引力。

2. 普通话标准,口齿清楚,语速适宜,有感染力。有幼儿意识,讲故事的方法比较适合幼儿的特点,如模拟给幼儿看折纸,能用适度夸张的动作、表情、语气、语调等来吸引幼儿,或用适当的提问来吸引幼儿的注意力等。

8 小马

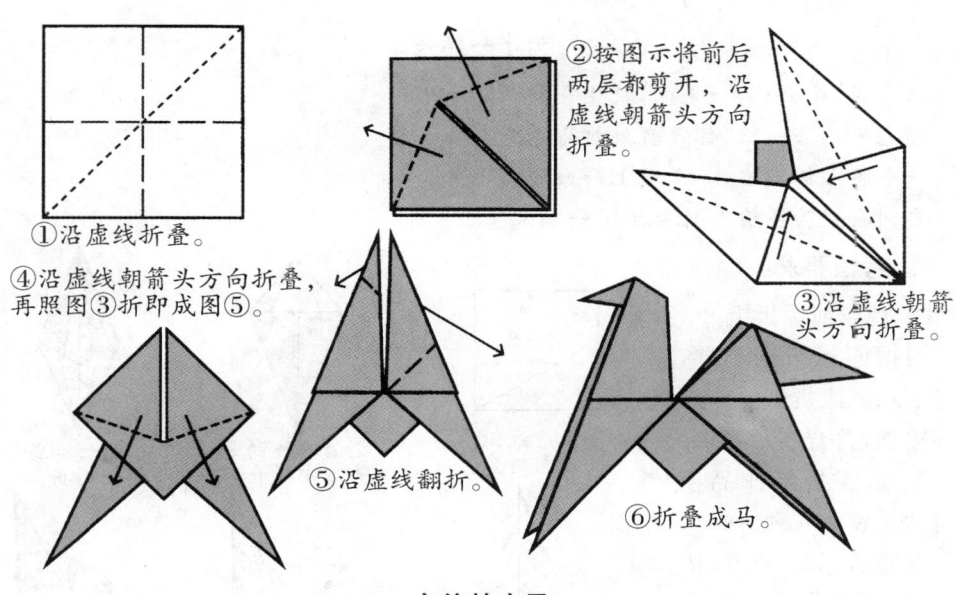

自信的小马

有一匹小马,胆小怕事,在动物世界中没有它不害怕的,从狮子老虎到小狗小猫。于是,他成了受气包,谁都敢欺负它。

一天,小马独自在野外啃着青草,突然间,一只老虎向它扑过来。小马虽然吓得浑身发抖,出于本能,它还是用蹄子踢了这个庞然大物。也许老虎太饿了,它在不小心的情况下被踢倒后,竟然倒地不起。小马惊呆了,它怎么也没想到会是这个结局。

消息一下子在动物世界传开了。大家都来到小马身边,用敬佩的眼神看着它:"能打败大老虎,真是个英雄。"小马环顾周围的动物们,又壮起胆子看着躺倒在地上的老虎,这才相信自己真的不简单!

☆ **考核要求**:

1. 现场演示折纸

根据图示折纸步骤,现场演示完成折纸。作品整齐美观,符合图示要求。

2. 运用折纸作品模拟讲故事

(1) 有幼儿意识,表现出正在为幼儿讲故事。

(2) 普通话标准,口齿清楚,语速适宜,有感染力。

3. 请在10分钟内完成上述任务。

☆ **评分要点**:

1. 能按照图示要求完成折纸,作品整齐美观,有吸引力。

2. 普通话标准,口齿清楚,语速适宜,有感染力。有幼儿意识,讲故事的方法比较适合幼儿的特点,如模拟给幼儿看折纸,能用适度夸张的动作、表情、语气、语调等来吸引幼儿,或用适当的提问来吸引幼儿的注意力等。

9 公鸡

为了一颗米

红公鸡,花公鸡,一见面,就生气。
颈毛一抖头一低,你飞我跳打得急。
一个脸上抓破皮,一个冠上鲜血滴。
要问打架为了啥?只是为了一颗米。

☆ 考核要求:

1. 现场演示折纸

根据图示折纸步骤,现场演示完成折纸。作品整齐美观,符合图示要求。

2. 运用折纸作品模拟对幼儿表演儿歌

普通话标准,语气、语调、动作、表情符合儿歌内容,有感染力。

3. 请在 10 分钟内完成上述任务。

☆ 评分要点:

1. 能按照图示要求完成折纸,作品整齐美观,有吸引力。

2. 普通话标准,口齿清楚,语速适宜,有感染力。有幼儿意识,儿歌表演的方法比较适合幼儿的特点,如模拟给幼儿看折纸,能用适度夸张的动作、表情、语气、语调等来吸引幼儿,或用适当的提问来吸引幼儿的注意力等。

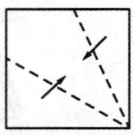
①沿虚线向箭头方向折叠。

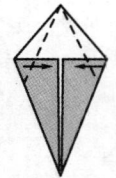
②沿虚线向箭头方向折叠。

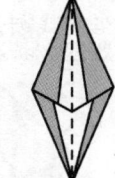
③沿虚线向箭头方向对折。

④沿虚线向箭头方向翻折。

⑤沿虚线向箭头方向翻折。

⑥沿虚线向箭头方向翻折。

⑦沿虚线向箭头方向折叠,只折前面一层。

⑧沿虚线前后折叠。

⑨沿虚线向箭头方向折叠。

⑩沿虚线向箭头方向翻折。

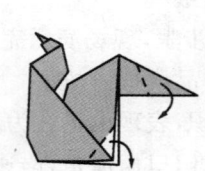
⑪沿虚线向箭头方向折叠。

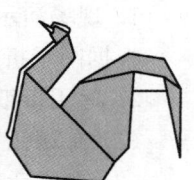
⑫即成公鸡。

10 鸽子

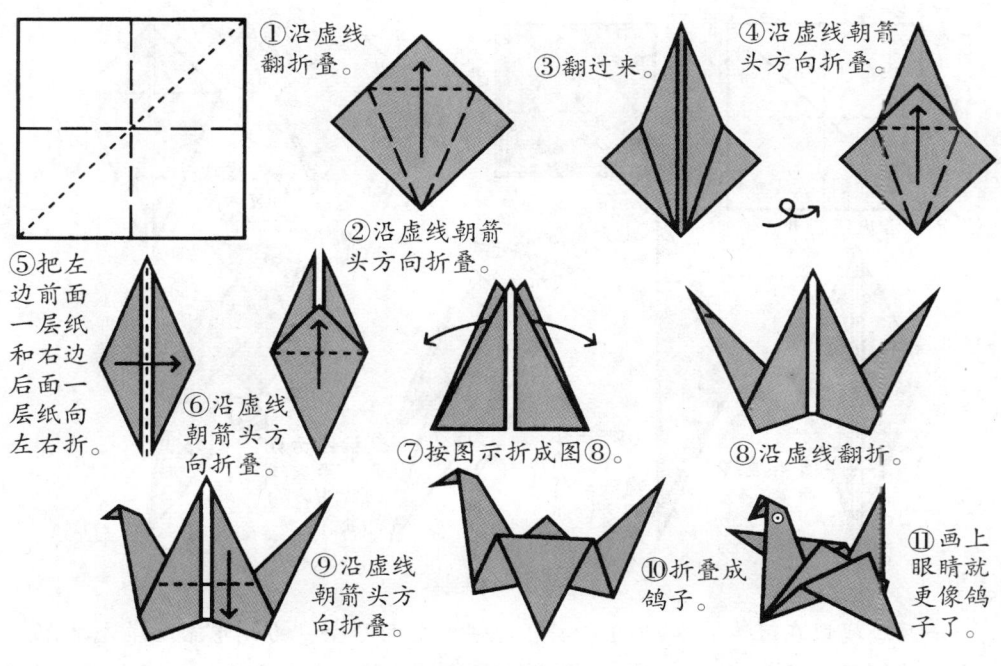

老爷爷的帽子

冬天到了,北风呼呼地吹,天气很冷。有一只小鸟真可怜,它在树枝上冷得直发抖。

一位老爷爷走来,看见了小鸟,心想:"这只小鸟多可怜呀,这么冷的天,它一定会冻死的。"小鸟对老爷爷说:"风把我们的窝给走了,我们没有家了。"老爷爷说:"别着急,我来帮你们想办法。"老爷爷就用自己的帽子给小鸟做鸟窝,帽子真暖和。

小鸟想到树林里还有许多怕冷的小鸟,就把它们都叫来,一起飞进了老爷爷的帽子。它们非常感谢老爷爷。以后老爷爷也天天来看小鸟,小鸟们每次都唱歌给老爷爷听。

☆ **考核要求**:

1. 现场演示折纸

根据图示折纸步骤,现场演示完成折纸。作品整齐美观,符合图示要求。

2. 运用折纸作品模拟讲故事

(1) 有幼儿意识,表现出正在为幼儿讲故事。

(2) 普通话标准,口齿清楚,语速适宜,有感染力。

3. 请在 10 分钟内完成上述任务。

☆ **评分要点**:

1. 能按照图示要求完成折纸,作品整齐美观,有吸引力。

2. 普通话标准,口齿清楚,语速适宜,有感染力。有幼儿意识,讲故事的方法比较适合幼儿的特点,如模拟给幼儿看折纸,能用适度夸张的动作、表情、语气、语调等来吸引幼儿,或用适当的提问来吸引幼儿的注意力等。

11　鹦鹉

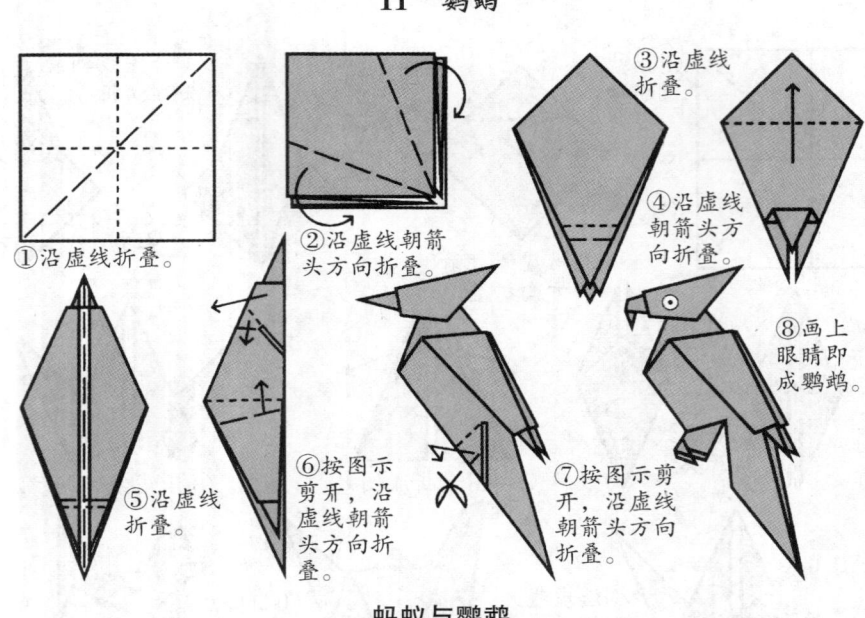

① 沿虚线折叠。
② 沿虚线朝箭头方向折叠。
③ 沿虚线折叠。
④ 沿虚线朝箭头方向折叠。
⑤ 沿虚线折叠。
⑥ 按图示剪开，沿虚线朝箭头方向折叠。
⑦ 按图示剪开，沿虚线朝箭头方向折叠。
⑧ 画上眼睛即成鹦鹉。

蚂蚁与鹦鹉

一只小蚂蚁在河边喝水，不小心掉了下去。它用尽全身力气想靠近岸边，但没过一会儿就游不动了，在原地打转，小蚂蚁近乎绝望地挣扎着。这时，在河边觅食的一只鹦鹉看见了，就衔起一根小树枝扔到小蚂蚁旁边，小蚂蚁挣扎着爬上了树枝，终于脱险，回到岸上。

一个人走了过来，端起手里的枪，准备射杀鹦鹉。小蚂蚁看见了，迅速地爬上猎人的脚趾，钻进他的裤管，就在猎人扣动扳机的瞬间，小蚂蚁狠狠地咬了他一口。只听"哎呀"一声，猎人的子弹打偏了。枪声把鹦鹉惊起，它急忙振翅飞远了。

☆ **考核要求：**

1. 现场演示折纸

根据图示折纸步骤，现场演示完成折纸。作品整齐美观，符合图示要求。

2. 运用折纸作品模拟讲故事

（1）有幼儿意识，表现出正在为幼儿讲故事。

（2）普通话标准，口齿清楚，语速适宜，有感染力。

3. 请在 10 分钟内完成上述任务。

☆ **评分要点：**

1. 能按照图示要求完成折纸，作品整齐美观，有吸引力。

2. 普通话标准，口齿清楚，语速适宜，有感染力。有幼儿意识，讲故事的方法比较适合幼儿的特点，如模拟给幼儿看折纸，能用适度夸张的动作、表情、语气、语调等来吸引幼儿，或用适当的提问来吸引幼儿的注意力等。

12 企鹅

小企鹅和爸爸

在冰天雪地的南极,企鹅爸爸站立着。小企鹅娃娃的小脑袋从爸爸的白色的摺皮下钻了出来,朝四周转了一圈。啊,多美的世界!

"哦,这天,这天空多么好看!"小企鹅惊奇地赞叹着。"这是蓝色的天!"爸爸告诉他。

"哦,这地,这地的颜色真美丽!"小企鹅惊奇地摇晃着。"这是白色的冰和雪!"爸爸告诉他。

"这世界就是由蓝色的天和白色的地组成的吗?"小企鹅惊奇地望着爸爸。

爸爸说:"等你长大了,就能看到世界是很大很大的,世界是非常美丽的……"。

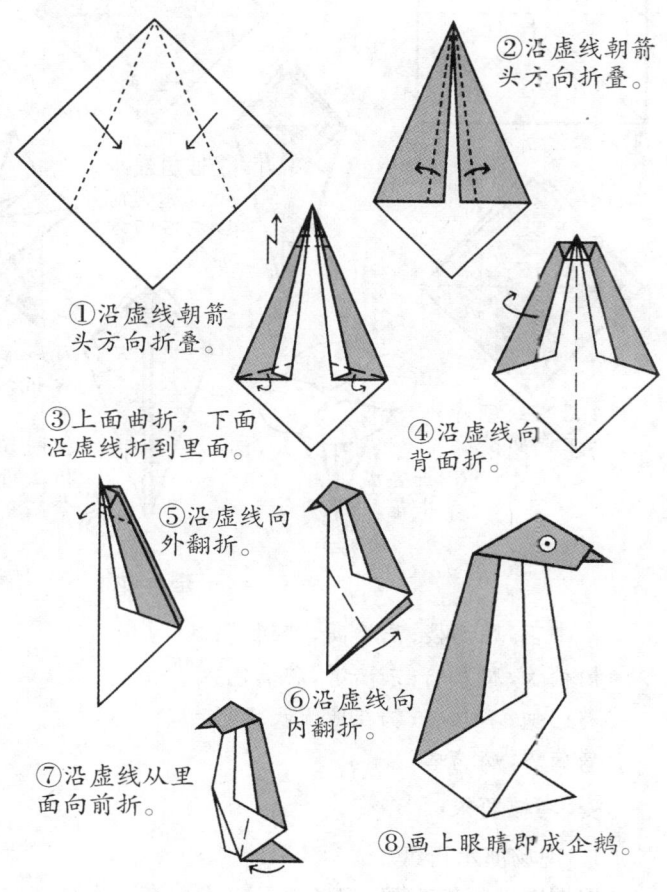

① 沿虚线朝箭头方向折叠。
② 沿虚线朝箭头方向折叠。
③ 上面曲折,下面沿虚线折到里面。
④ 沿虚线向背面折。
⑤ 沿虚线向外翻折。
⑥ 沿虚线向内翻折。
⑦ 沿虚线从里面向前折。
⑧ 画上眼睛即成企鹅。

☆ **考核要求**:

1. 现场演示折纸

根据图示折纸步骤,现场演示完成折纸。作品整齐美观,符合图示要求。

2. 运用折纸作品模拟讲故事

(1) 有幼儿意识,表现出正在为幼儿讲故事。

(2) 普通话标准,口齿清楚,语速适宜,有感染力。

3. 请在10分钟内完成上述任务。

☆ **评分要点**:

1. 能按照图示要求完成折纸,作品整齐美观,有吸引力。

2. 普通话标准,口齿清楚,语速适宜,有感染力。有幼儿意识,讲故事的方法比较适合幼儿的特点,如模拟给幼儿看折纸,能用适度夸张的动作、表情、语气、语调等来吸引幼儿,或用适当的提问来吸引幼儿的注意力等。

13 牵牛花

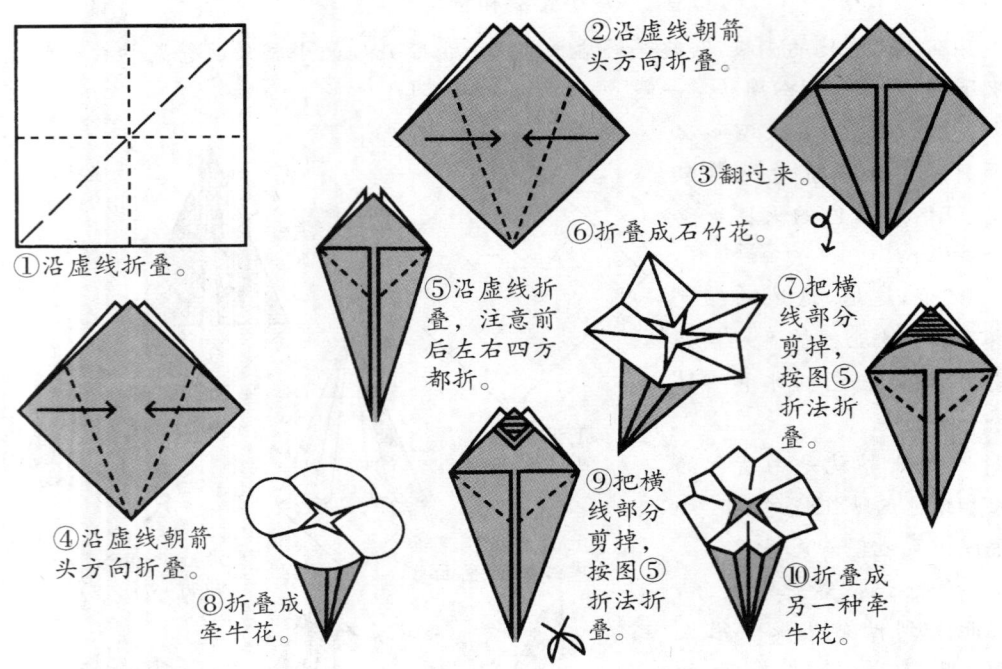

牵牛花

牵牛花,爬高楼;高楼高,爬树梢;
树梢长,爬东墙;东墙滑,爬篱笆;
篱笆细,不敢爬;躺在地上吹喇叭。
嘀嘀嗒,嘀嘀嗒。

☆ **考核要求:**

1. 现场演示折纸
根据图示折纸步骤,现场演示完成折纸。作品整齐美观,符合图示要求。
2. 运用折纸作品模拟对幼儿表演儿歌
普通话标准,语气、语调、动作、表情符合儿歌内容,有感染力。
3. 请在 10 分钟内完成上述任务。

☆ **评分要点:**

1. 能按照图示要求完成折纸,作品整齐美观,有吸引力。
2. 普通话标准,口齿清楚,语速适宜,有感染力。有幼儿意识,儿歌表演的方法比较适合幼儿的特点,如模拟给幼儿看折纸,能用适度夸张的动作、表情、语气、语调等来吸引幼儿,或用适当的提问来吸引幼儿的注意力等。

14 啄木鸟

啄木鸟捉虫

老槐树生了虫在痛苦地哭泣。一只啄木鸟飞来过来问道:"槐树爷爷,您怎么了?"老槐树说:"哎呀,疼死我了!都是被那些该死的虫子咬的!"

啄木鸟说:"爷爷别急,我来帮您捉虫子!"说罢,啄木鸟就开始了,他用自己的嘴,一下、一下地敲击起树干来。虽然他敲击树干的声音像美妙的音乐,而且他也尽力小心,但老槐树还是发出轻微的呻吟声。

终于,在啄木鸟啄开的树洞里,赫然躺着一只毛茸茸的大虫子。啄木鸟毫不犹豫地,一下把它啄了出来。老槐树爷爷很感激地说:"谢谢你,孩子,你帮了我的大忙!"

☆ **考核要求**:

1. 现场演示折纸

根据图示折纸步骤,现场演示完成折纸。作品整齐美观,符合图示要求。

① 沿虚线按箭头方向折成三角形,留下折痕,把两边对齐向中间折。
② 两边向中间折。
③ 把下面的两边也向中间折。
④ 把压住的角拉出来。
⑤ 沿虚线把上面的角向下折。
⑥ 再把折下来的角留一点折上去。
⑦ 再折一次。
⑧ 向后对折。
⑨ 把嘴拉出来。
⑩ 把两边的脚折下来。
⑪ 画上眼睛、翅膀,即成啄木鸟。

2. 运用折纸作品模拟讲故事

(1) 有幼儿意识,表现出正在为幼儿讲故事。
(2) 普通话标准,口齿清楚,语速适宜,有感染力。

3. 请在10分钟内完成上述任务。

☆ **评分要点**:

1. 能按照图示要求完成折纸,作品整齐美观,有吸引力。
2. 普通话标准,口齿清楚,语速适宜,有感染力。有幼儿意识,讲故事的方法比较适合幼儿的特点,如模拟给幼儿看折纸,能用适度夸张的动作、表情、语气、语调等来吸引幼儿,或用适当的提问来吸引幼儿的注意力等。

15　百合花

爱笑的小花

公园里有朵花,真好看,看见小天天,总是笑眯眯的。

天天问花儿:"你叫什么名字?"花儿只是笑,不说话。天天伸出小手,要采这朵花。

外公摆摆手说:"天天别采!你不采她,花儿总是对你笑,你一采下来,花儿就哭了。"天天不想看到小花对他哭,天天没有采。

这时,小花笑得更可爱了。她成了天天的好朋友。

天天回家以后,告诉外婆:"公园里有一朵花,很乖很乖,对我一直笑,一直笑。"

外婆说:"天天也很乖,你也是一朵爱笑的小花。"

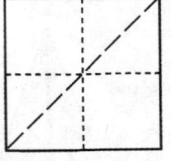
①沿虚线折叠。

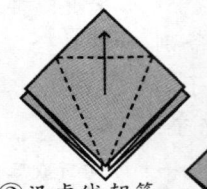
②沿虚线朝箭头方向折叠,前后两层都折。

③折叠成图④。

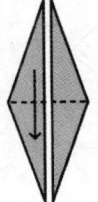
④沿虚线朝箭头方向折叠,前后两层都折。

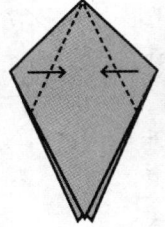
⑤沿虚线朝箭头方向折叠,前后两层都折。

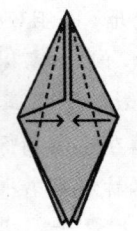
⑥沿虚线朝箭头方向折叠。

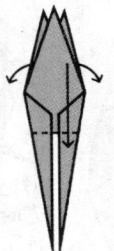
⑦沿虚线朝箭头方向折叠,向前后、左右四个方向折。

⑧折叠成百合花。

☆ **考核要求**:

1. 现场演示折纸

根据图示折纸步骤,现场演示完成折纸。作品整齐美观,符合图示要求。

2. 运用折纸作品模拟讲故事

(1) 有幼儿意识,表现出正在为幼儿讲故事。

(2) 普通话标准,口齿清楚,语速适宜,有感染力。

3. 请在 10 分钟内完成上述任务。

☆ **评分要点**:

1. 能按照图示要求完成折纸,作品整齐美观,有吸引力。

2. 普通话标准,口齿清楚,语速适宜,有感染力。有幼儿意识,讲故事的方法比较适合幼儿的特点,如模拟给幼儿看折纸,能用适度夸张的动作、表情、语气、语调等来吸引幼儿,或用适当的提问来吸引幼儿的注意力等。

第五单元

幼儿美工·彩泥技能

第一部分　　考核指南

彩泥是幼儿园教育教学重要的辅助材料,由于它颜色鲜艳、质地柔软、可塑性强,幼儿可按自己的意愿捏塑,风干后会定型,因此,彩泥活动能引起幼儿动手的欲望,给幼儿提供广阔想象的空间,深受幼儿的青睐。彩泥活动通过具体的实物来激发出幼儿的想象力、发展幼儿的思维、情感、认知和活动能力,使幼儿在玩耍的同时学习色彩、形状和结构,在学习中体会创造美的乐趣,不仅可以提高幼儿的动手能力,也是发展幼儿想象力和创造力的有效手段。幼儿运用搓、捏、压等技巧进行图案、实例造型,将彩泥变化为孩子们常见的立体实物,使幼儿美术技能由平面向立体表现发展。因此,彩泥制作是幼儿园美工教学中不可缺少的一种形式。

彩泥制作是学前教育专业学生必须掌握的一项教育技能。要求学生必须熟练掌握彩泥造型的基本技能和造型技巧,能熟练地运用各种彩泥塑造出常见的果蔬、花卉、动物、器物、人物等造型,并能完成一些主题创意造型作品。同时,还要能将彩泥技能应用到幼儿教育活动中,与讲故事、唱儿歌、做游戏有机结合起来。

为了培养幼儿园教师的动手能力和扎实的教学基本功,提升专业素质水平,在幼儿园教师培养环节,应加强对学前教育专业学生彩泥制作及其应用技能的训练,并通过技能考核和竞赛提高技艺水平。

一、训练内容与要求

(一)彩泥制作的技能

1. 基本塑形手法:熟练掌握搓、揉、压、捏、拉、卷、接、刻、划、刺、剪、切等基本手法。
2. 基本造型能力和色彩调配技巧:熟练掌握常见的果蔬、花卉、动物、器物、人物造型,色彩选用、搭配准确表现事物的特征。
3. 较复杂的彩泥作品:单一造型能力、组合造型能力。
4. 艺术表现力:把握整体与部分的关系、比例、均衡与美感以及细节刻画。

(二)彩泥制作应用与教学的技能

1. 能根据幼儿的特点,将彩泥作品应用到幼儿游戏活动中。
2. 能熟练应用彩泥制作及作品,为幼儿讲故事、表演儿歌。
3. 会教幼儿用彩泥制作,能组织幼儿开展彩泥制作的美术活动。

二、训练方式

结合美术、手工、幼儿美术活动设计等课程教学,通过教师传授方法、学生自主练习等措施加强彩泥基本功训练及彩泥制作应用能力训练,展示学生优秀彩泥作品,组织开展彩泥技能考核与竞赛。

三、考核方案与评分标准

彩泥技能考核试题包括命题彩泥造型和彩泥讲故事两类试题。命题彩泥造型试题由现场彩泥制作和回答问题两部分组成;彩泥讲故事试题由现场彩泥制作和模拟应用两部分组成,主要考核学生彩泥制作的技能技巧,以及了解幼儿、语言沟通、语言表达等方面的能力。

考核采用随机抽题考核方式,要求学生抽题后准备10分钟即进行考核,在10分钟内在完成试题指定的内容。

本项目考核总分为10分。得分9分以上为优秀,8~9分为良好,6~8分为合格,6分以下者为不合格。

四、彩泥技能考核的高分要点

(一)做出生动的彩泥作品

1. 揉泥。首先取适当的彩泥用手反复搓捏,要揉开揉透。如需要两种颜色混合成的中间色彩泥,就要取两种颜色的彩泥放在一起揉到颜色完全融合为止。

2. 分块。整体把握要做的作品,根据形象各部分的比例,按部件把彩泥分成大小合适的若干块。

3. 捏制基本形。分析所塑物体是由哪几种基本形组成的。常用的基本形有泥球、泥条、泥片、泥钉等。捏好基本形是完成一件优秀作品的关键。

4. 大体造型,局部刻画。对整体感强的形象,大体造型完成之后,再进行局部和细节的刻画。橡皮泥体积小,用手指捏塑不够时,可以借助小刀、镊子、铅笔等各种工具。

5. 分部塑造,再做组装。较复杂的作品采用分部塑造,最后组装的方法,能使作品更加精细。细心做好每一个部件,认真组装。

6. 色彩搭配很重要,要做到统一之中有变化。

(二)提高彩泥技能应用水平

1. 激发幼儿的兴趣。在幼儿接触彩泥之初,可以让幼儿自由、随意地玩,激发幼儿的玩泥兴趣,保持积极的情绪和内心自由的定势。在彩泥活动中,教师多采用猜谜语、念儿歌、讲故事等方式引发幼儿的兴趣,以便幼儿的注意力能更好地集中。让幼儿听着故事或儿歌,感受到彩泥造型的神奇,从而萌发兴趣,产生学习的动力。

2. 教幼儿掌握彩泥造型的基本技巧。首先,彩泥捏塑的基本方法有揉、捏、搓、压、按、切、卷、刻、剪、扭、绕等。可以通过分类来加以练习,依据事物的外形特征来选择基本的制作方法。如揉的方法可以制作西瓜、足球等;压的方法可以制作饼干、相框等;搓的方法可以制作蛇、游泳圈等。通过教师清晰的动作示范指导,帮助幼儿正确操作。其次,要及时引入一些辅助性材料,给幼儿一些想象启迪,如羽毛、火柴、花生、米粒、塑料板等,让幼儿借助辅助材料形状展开创作。

3. 教师运用游戏的语言提示,引导幼儿学会彩泥造型的举一反三。如圆形变变变,用圆形可变出花儿、葡萄、糖葫芦、头等。搓根长条变一变,卷出蜗牛、蛇;弯压成水草、云朵、海浪;扭一扭变出麻花、辫子等。搓个萝卜变一变,变出鸭子、白鹅、长颈鹿等。幼儿在彩泥活动中懂得巧妙变化,越变越多,越变越有趣,就能积累经验,塑造出更丰富的物体形象。

4. 用彩泥来玩游戏,将制作内容变为一种好玩的游戏,让幼儿更积极、主动、快乐地参与其中。如"小吃店"的小厨师,用彩泥来和面、包馅,最后捏成深受顾客喜爱的"饺子"、"包子"等;"蛋糕店"的师傅做生日蛋糕,先在纸盘上铺一个圆圆的蛋糕底,再用各色彩泥当奶油在上面装饰花、水果、蜡烛等。通过游戏的方式培养幼儿对彩泥的兴趣,在游戏中掌握简单的技能,也体验了彩泥活动的快乐。

第二部分 训练与考核题库

一、命题造型

扫描二维码
查看彩泥造型

1 青椒

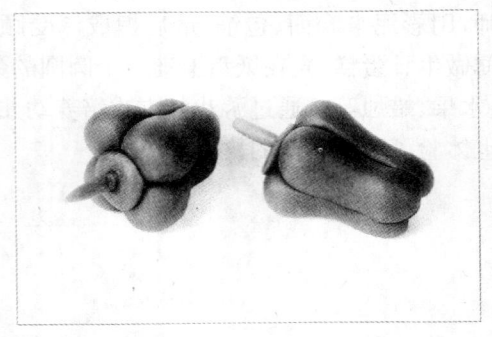

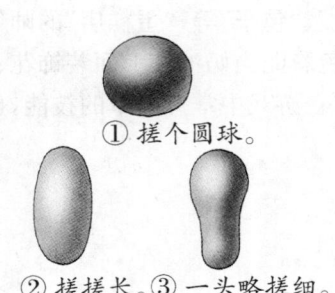

① 搓个圆球。

② 搓搓长。③ 一头略搓细。

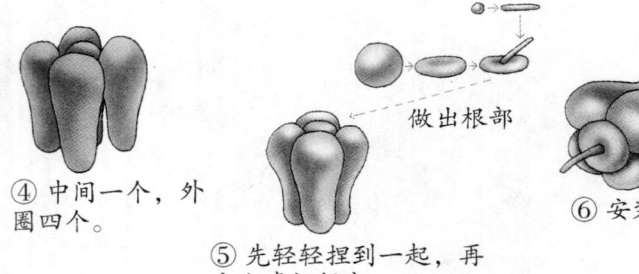

④ 中间一个，外圈四个。

⑤ 先轻轻捏到一起，再安上青椒根部。

做出根部

⑥ 安装完成。

☆ **考核要求：**

1. 现场演示彩泥造型

用彩泥完成"青椒"造型。作品造型生动，能表现青椒的主要特征。

2. 回答问题

利用这个彩泥造型可以和幼儿开展什么游戏？请说出2~3种。

3. 请在10分钟内完成上述任务。

☆ **评分要点：**

1. 能按照命题要求完成造型，作品造型生动，有吸引力。
2. 回答的问题应符合幼儿特点，有创意。

2 玉米

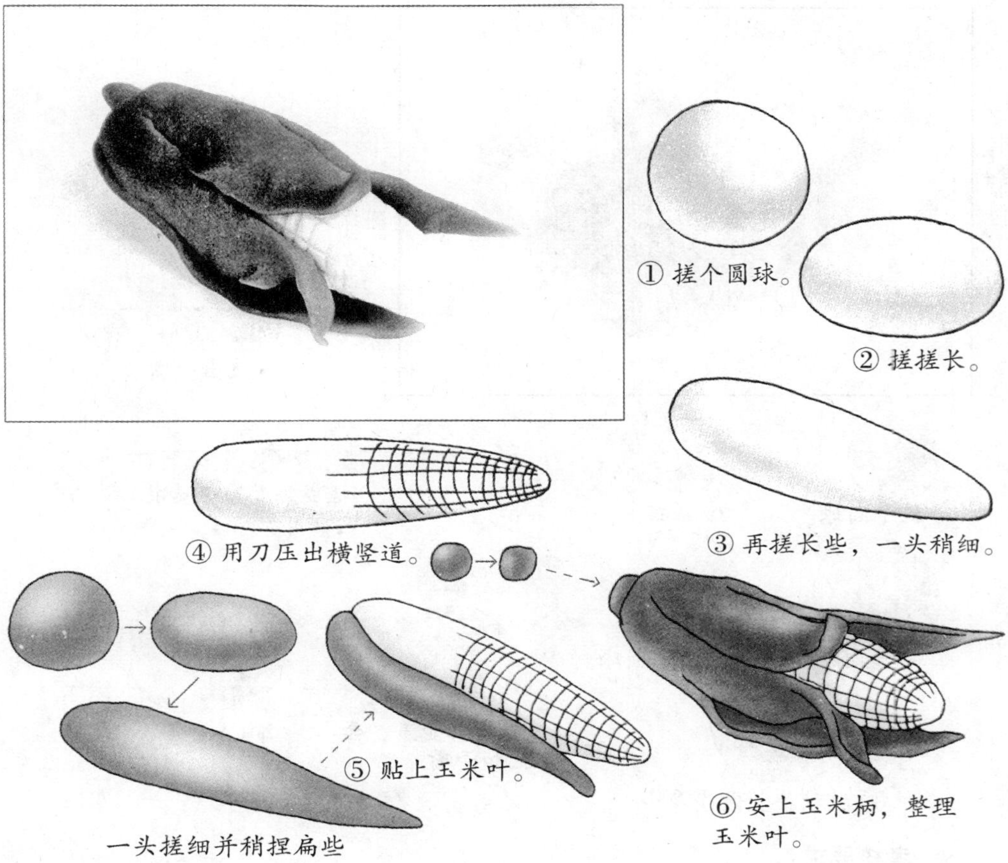

① 搓个圆球。

② 搓搓长。

③ 再搓长些，一头稍细。

④ 用刀压出横竖道。

⑤ 贴上玉米叶。

一头搓细并稍捏扁些

⑥ 安上玉米柄，整理玉米叶。

☆ **考核要求：**

1. 现场演示彩泥造型

用彩泥完成"玉米"造型。作品造型生动，能表现玉米的主要特征。

2. 回答问题

利用这个彩泥造型可以和幼儿开展什么游戏？请说出 2～3 种。

3. 请在 10 分钟内完成上述任务。

☆ **评分要点：**

1. 能按照命题要求完成造型，作品造型生动，有吸引力。
2. 回答的问题应符合幼儿特点，有创意。

3 茶壶

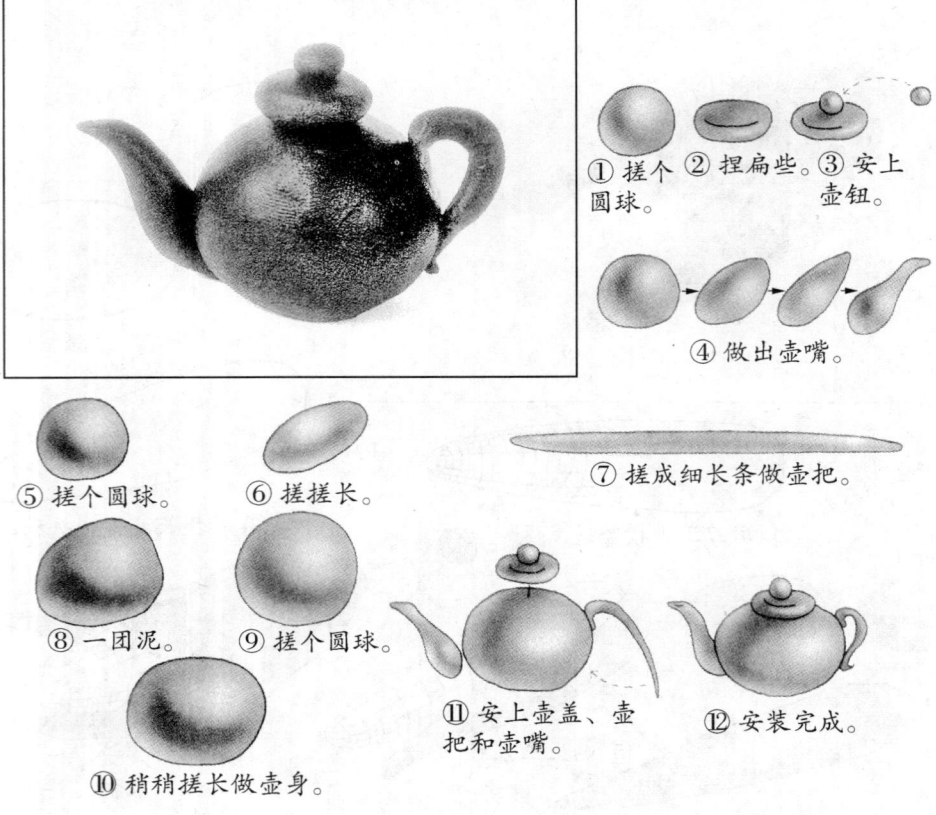

☆ 考核要求：

1. 现场演示彩泥造型

用彩泥完成"茶壶"造型。作品造型生动，能表现茶壶的主要特征。

2. 回答问题

利用这个彩泥造型可以和幼儿开展什么游戏？请说出 2~3 种。

3. 请在 10 分钟内完成上述任务。

☆ 评分要点：

1. 能按照命题要求完成造型，作品造型生动，有吸引力。
2. 回答的问题应符合幼儿特点，有创意。

4　电话

① 搓个圆球。　② 搓长些。

搓两个圆球，稍稍捏扁。

③ 装到一起。

④ 搓个圆球。　⑤ 捏成这样，用尺压出长方形。　⑥ 搓个圆球。　⑦ 搓搓长。　⑧ 搓成细长条。　⑨ 安装完成。

☆ **考核要求：**

1. 现场演示彩泥造型

用彩泥完成"电话"造型。作品造型生动，能表现电话的主要特征。

2. 回答问题

利用这个彩泥造型可以和幼儿开展什么游戏？请说出 2～3 种。

3. 请在 10 分钟内完成上述任务。

☆ **评分要点：**

1. 能按照命题要求完成造型，作品造型生动，有吸引力。

2. 回答的问题应符合幼儿特点，有创意。

5 小轿车

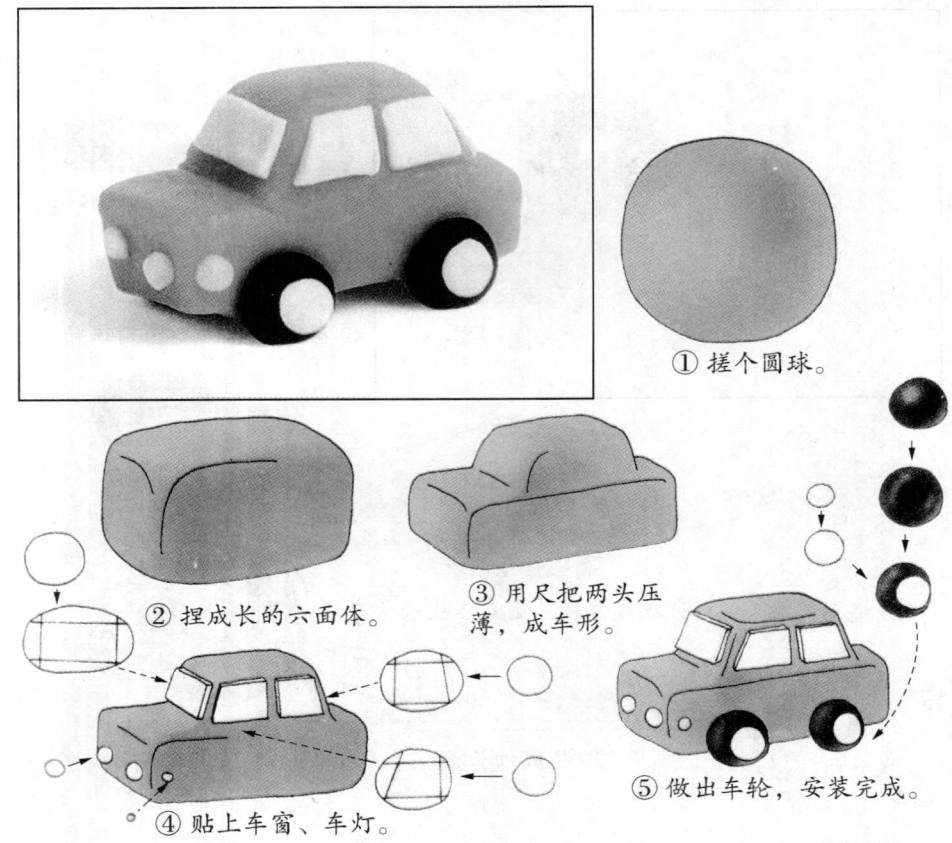

① 搓个圆球。
② 捏成长的六面体。
③ 用尺把两头压薄,成车形。
④ 贴上车窗、车灯。
⑤ 做出车轮,安装完成。

☆ 考核要求:

1. 现场演示彩泥造型

用彩泥完成"小轿车"造型。作品造型生动,能表现小轿车的主要特征。

2. 回答问题

利用这个彩泥造型可以和幼儿开展什么游戏?请说出 2~3 种。

3. 请在 10 分钟内完成上述任务。

☆ 评分要点:

1. 能按照命题要求完成造型,作品造型生动,有吸引力。
2. 回答的问题应符合幼儿特点,有创意。

6　飞碟

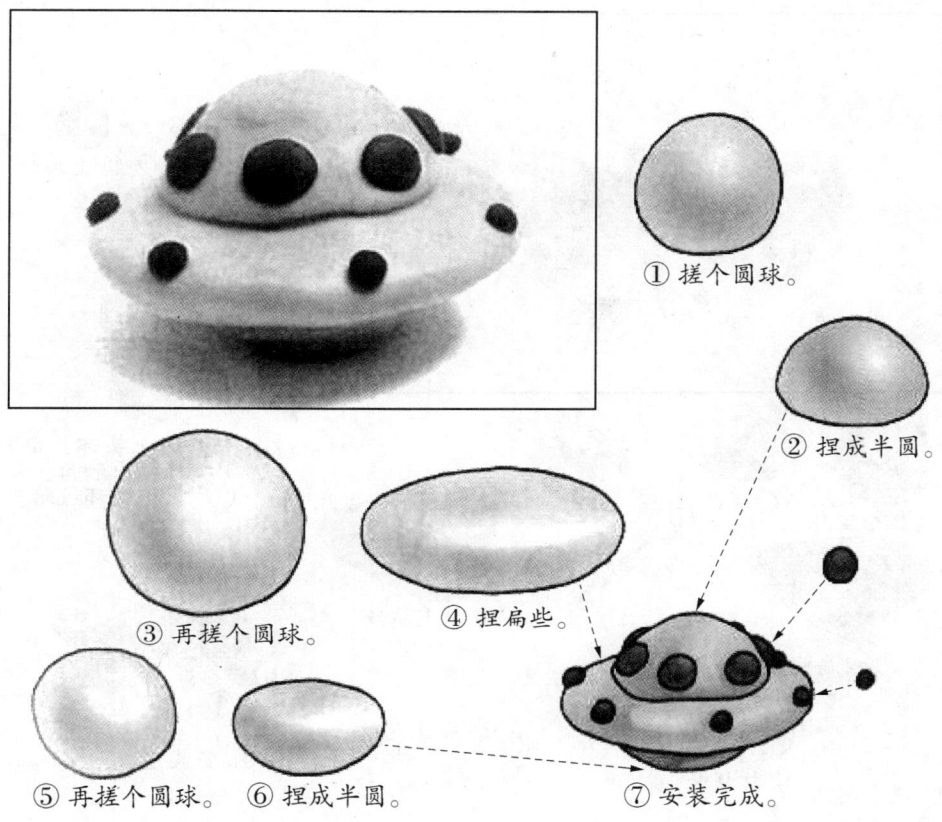

☆ **考核要求:**

1. 现场演示彩泥造型

用彩泥完成"飞碟"造型。作品造型生动,能表现飞碟的主要特征。

2. 回答问题

利用这个彩泥造型可以和幼儿开展什么游戏?请说出2～3种。

3. 请在10分钟内完成上述任务。

☆ **评分要点:**

1. 能按照命题要求完成造型,作品造型生动,有吸引力。
2. 回答的问题应符合幼儿特点,有创意。

7　蝴蝶

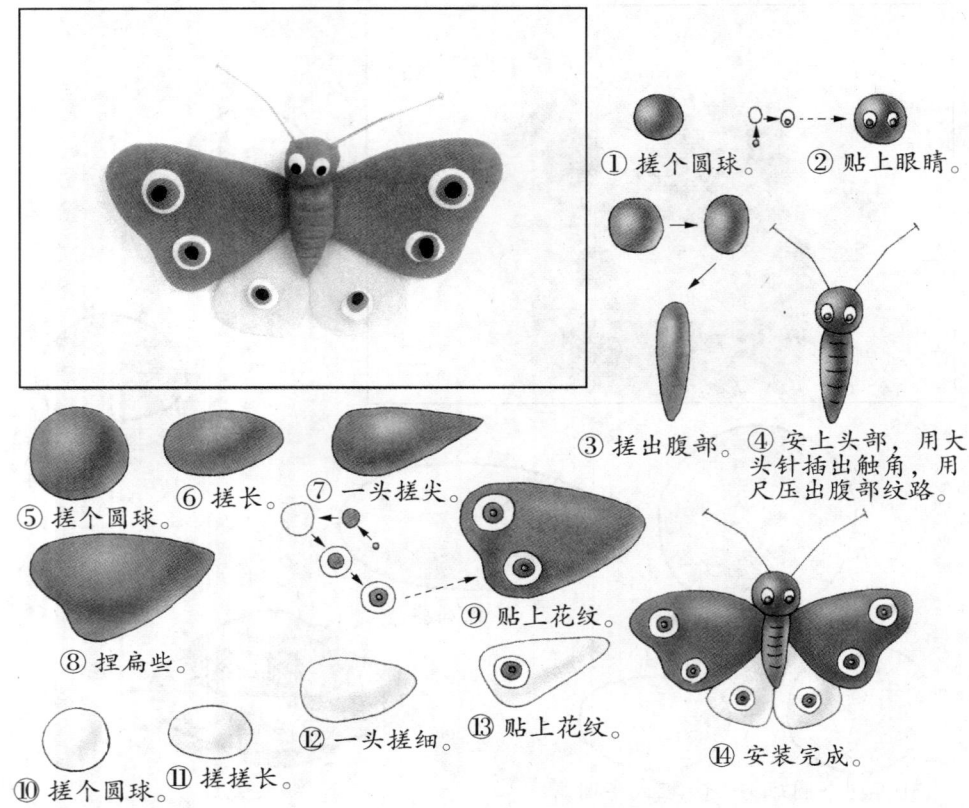

☆ 考核要求：

1. 现场演示彩泥造型

用彩泥完成"蝴蝶"造型。作品造型生动,能表现蝴蝶的主要特征。

2. 回答问题

利用这个彩泥造型可以和幼儿开展什么游戏？请说出 2~3 种。

3. 请在 10 分钟内完成上述任务。

☆ 评分要点：

1. 能按照命题要求完成造型,作品造型生动,有吸引力。
2. 回答的问题应符合幼儿特点,有创意。

8 花

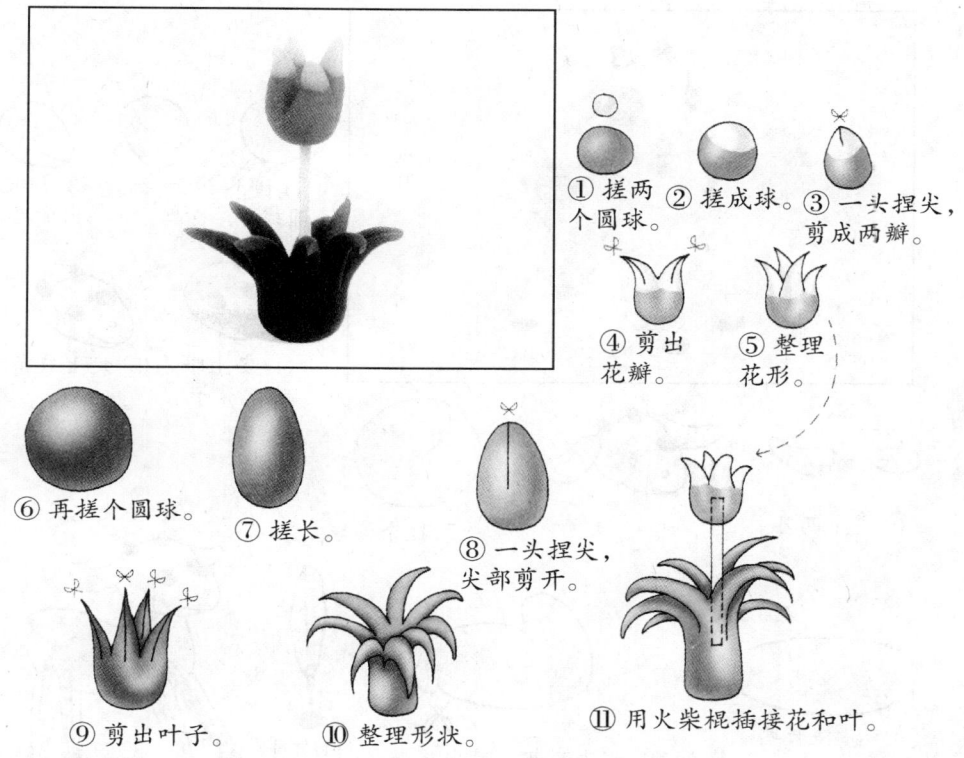

☆ **考核要求**：

1. 现场演示彩泥造型

用彩泥完成"花"造型。作品造型生动，能表现花的主要特征。

2. 回答问题

利用这个彩泥造型可以和幼儿开展什么游戏？请说出2~3种。

3. 请在10分钟内完成上述任务。

☆ **评分要点**：

1. 能按照命题要求完成造型，作品造型生动，有吸引力。
2. 回答的问题应符合幼儿特点，有创意。

9　小羊

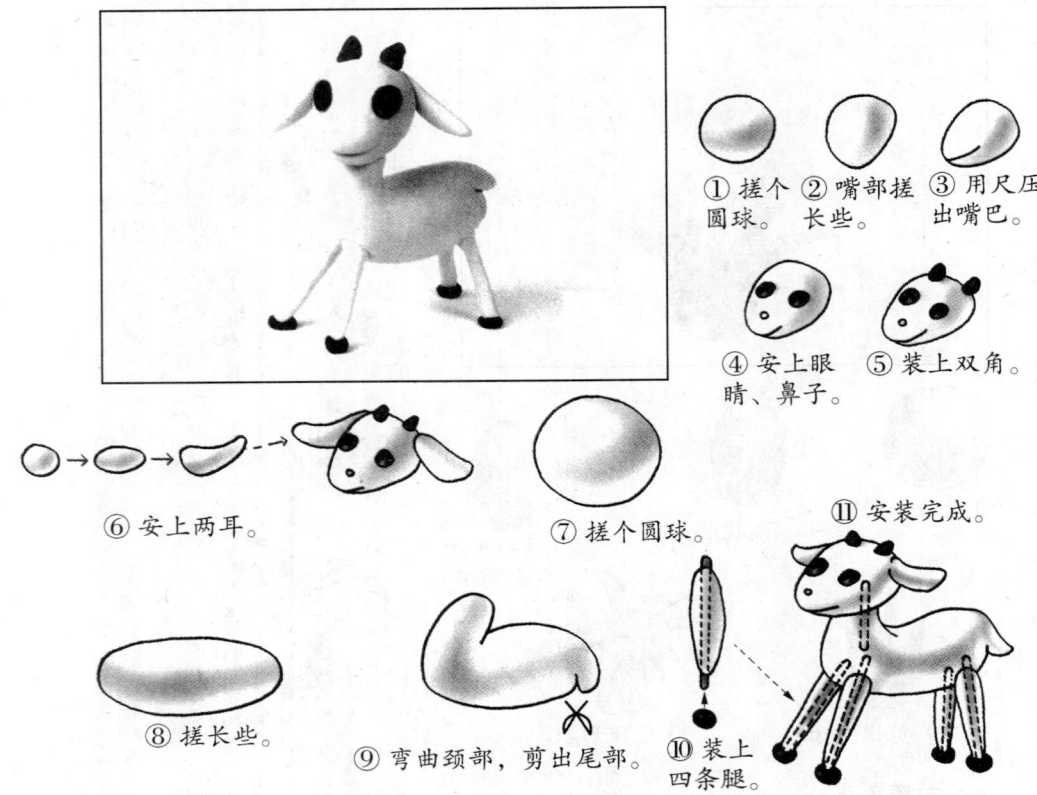

☆ **考核要求：**

1. 现场演示彩泥造型

用彩泥完成"小羊"造型。作品造型生动，能表现小羊的主要特征。

2. 回答问题

利用这个彩泥造型可以和幼儿开展什么游戏？请说出2~3种。

3. 请在10分钟内完成上述任务。

☆ **评分要点：**

1. 能按照命题要求完成造型，作品造型生动，有吸引力。
2. 回答的问题应符合幼儿特点，有创意。

10 鳄鱼

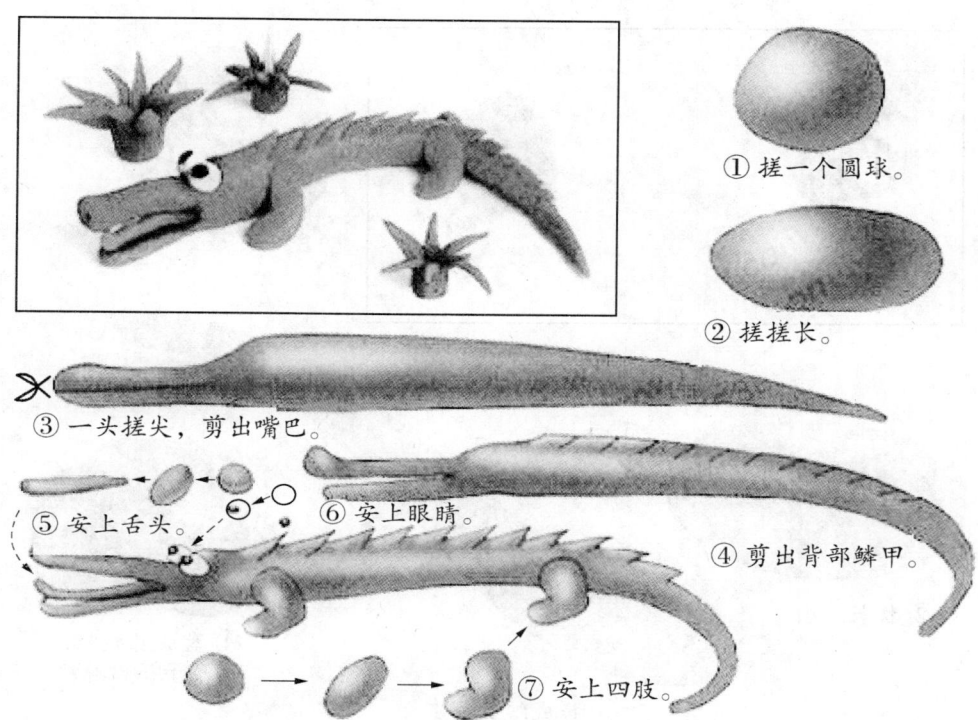

① 搓一个圆球。
② 搓搓长。
③ 一头搓尖,剪出嘴巴。
④ 剪出背部鳞甲。
⑤ 安上舌头。
⑥ 安上眼睛。
⑦ 安上四肢。

☆ **考核要求**:

1. 现场演示彩泥造型

用彩泥完成"鳄鱼"造型。作品造型生动,能表现鳄鱼的主要特征。

2. 回答问题

利用这个彩泥造型可以和幼儿开展什么游戏?请说出 2~3 种。

3. 请在 10 分钟内完成上述任务。

☆ **评分要点**:

1. 能按照命题要求完成造型,作品造型生动,有吸引力。
2. 回答的问题应符合幼儿特点,有创意。

11　海螺

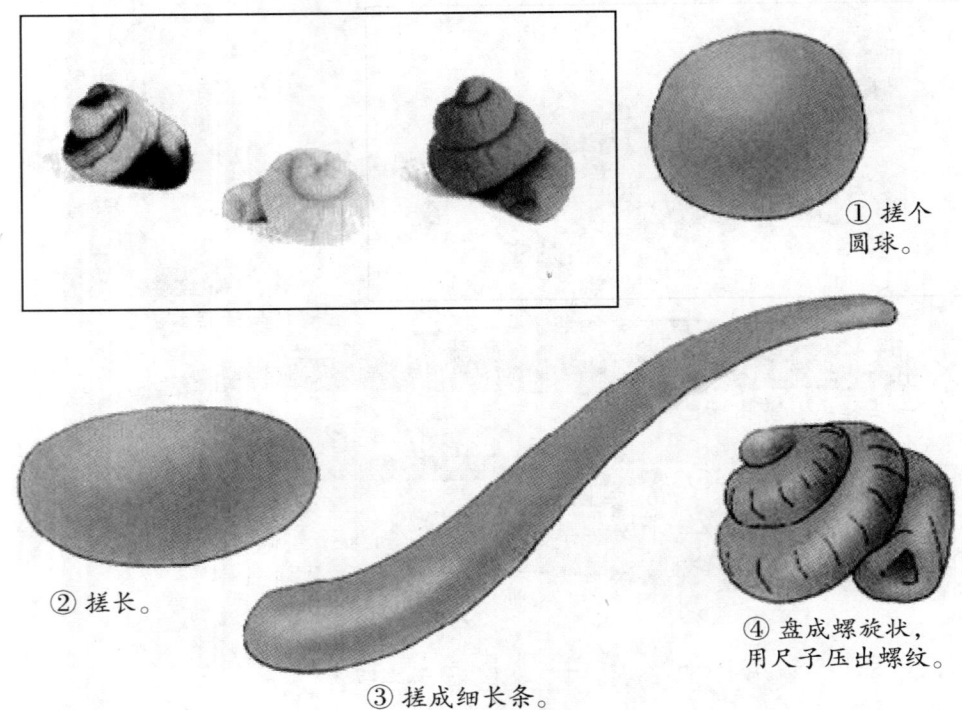

① 搓个圆球。

② 搓长。

③ 搓成细长条。

④ 盘成螺旋状,用尺子压出螺纹。

☆ **考核要求**:

1. 现场演示彩泥造型

用彩泥完成"海螺"造型。作品造型生动,能表现海螺的主要特征。

2. 回答问题

利用这个彩泥造型可以和幼儿开展什么游戏?请说出 2~3 种。

3. 请在 10 分钟内完成上述任务。

☆ **评分要点**:

1. 能按照命题要求完成造型,作品造型生动,有吸引力。
2. 回答的问题应符合幼儿特点,有创意。

12　热带鱼

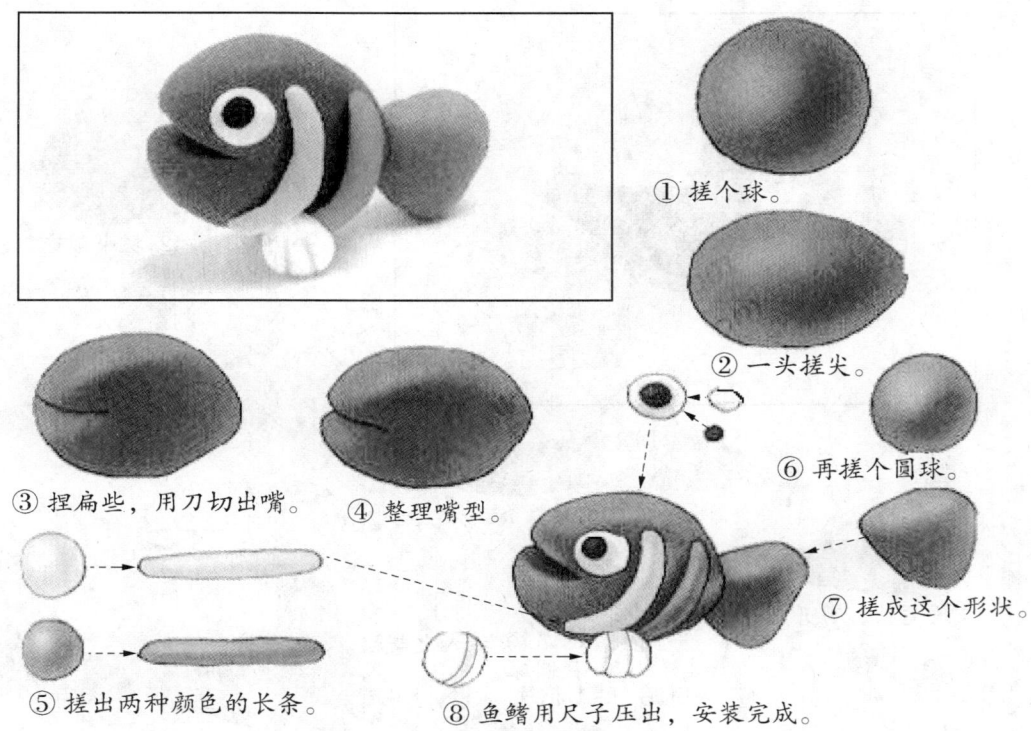

☆ 考核要求：

1. 现场演示彩泥造型

用彩泥完成"热带鱼"造型。作品造型生动,能表现热带鱼的主要特征。

2. 回答问题

利用这个彩泥造型可以和幼儿开展什么游戏？请说出 2～3 种。

3. 请在 10 分钟内完成上述任务。

☆ 评分要点：

1. 能按照命题要求完成造型,作品造型生动,有吸引力。
2. 回答的问题应符合幼儿特点,有创意。

13　海豹顶球

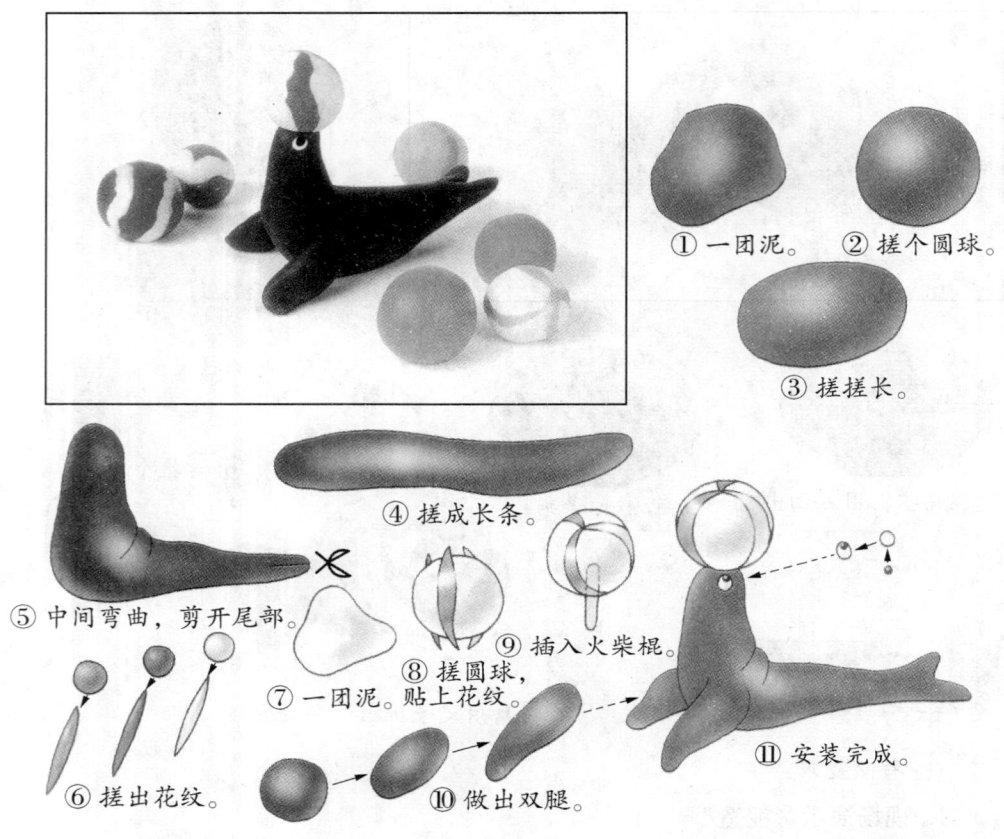

① 一团泥。　② 搓个圆球。
③ 搓搓长。
④ 搓成长条。
⑤ 中间弯曲，剪开尾部。
⑥ 搓出花纹。
⑦ 一团泥，贴上花纹。
⑧ 搓圆球。
⑨ 插入火柴棍。
⑩ 做出双腿。
⑪ 安装完成。

☆ **考核要求**：

1. 现场演示彩泥造型

用彩泥完成"海豹顶球"造型。作品造型生动，能表现海豹顶球的主要特征。

2. 回答问题

利用这个彩泥造型可以和幼儿开展什么游戏？请说出2～3种。

3. 请在10分钟内完成上述任务。

☆ **评分要点**：

1. 能按照命题要求完成造型，作品造型生动，有吸引力。
2. 回答的问题应符合幼儿特点，有创意。

14 青蛙和蝌蚪

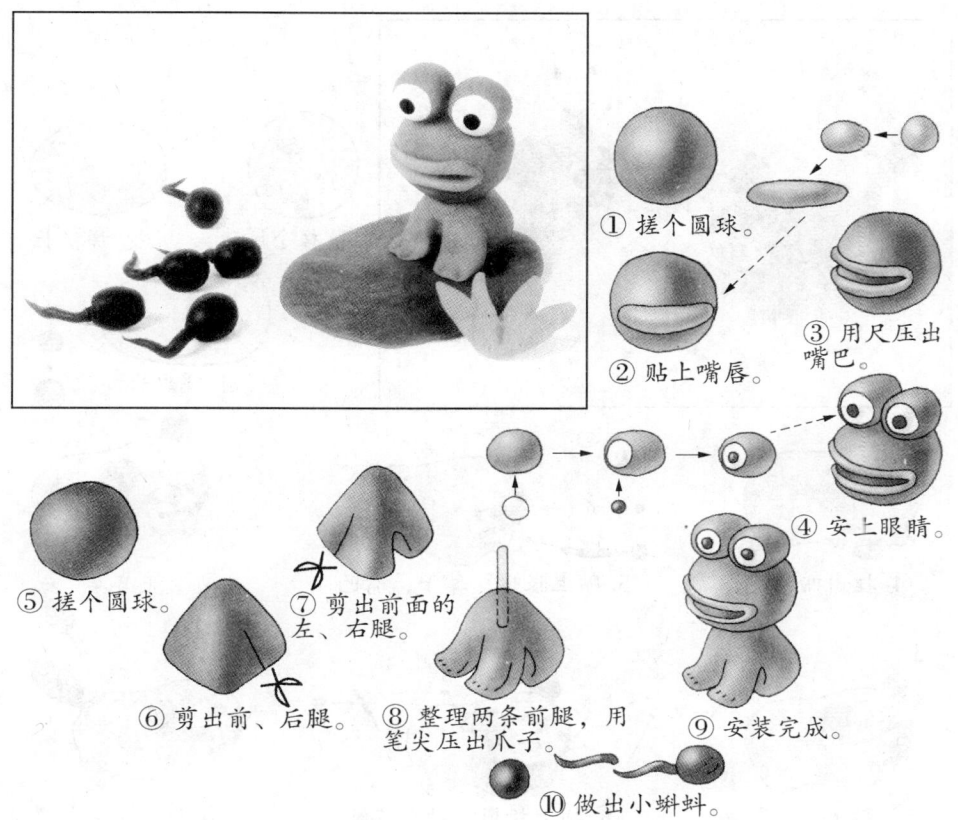

☆ **考核要求：**

1. 现场演示彩泥造型

用彩泥完成"青蛙和蝌蚪"造型。作品造型生动，能表现青蛙和蝌蚪的主要特征。

2. 回答问题

利用这个彩泥造型可以和幼儿开展什么游戏？请说出 2~3 种。

3. 请在 10 分钟内完成上述任务。

☆ **评分要点：**

1. 能按照命题要求完成造型，作品造型生动，有吸引力。
2. 回答的问题应符合幼儿特点，有创意。

15 布老虎

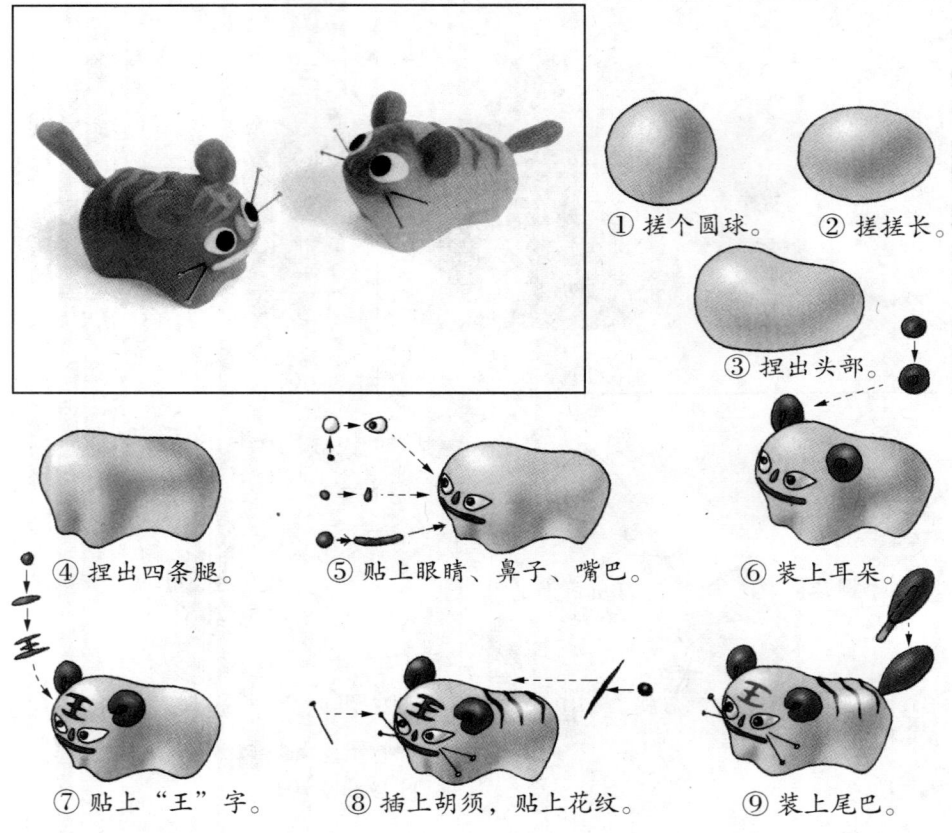

① 搓个圆球。 ② 搓搓长。
③ 捏出头部。
④ 捏出四条腿。 ⑤ 贴上眼睛、鼻子、嘴巴。 ⑥ 装上耳朵。
⑦ 贴上"王"字。 ⑧ 插上胡须,贴上花纹。 ⑨ 装上尾巴。

☆ **考核要求**:

1. 现场演示彩泥造型

用彩泥完成"布老虎"造型。作品造型生动,能表现布老虎的主要特征。

2. 回答问题

利用这个彩泥造型可以和幼儿开展什么游戏?请说出 2~3 种。

3. 请在 10 分钟内完成上述任务。

☆ **评分要点**:

1. 能按照命题要求完成造型,作品造型生动,有吸引力。
2. 回答的问题应符合幼儿特点,有创意。

16 猪八戒

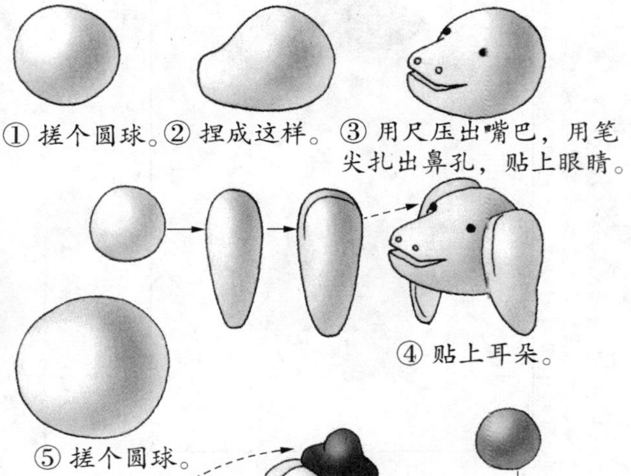

① 搓个圆球。② 捏成这样。③ 用尺压出嘴巴，用笔尖扎出鼻孔，贴上眼睛。

④ 贴上耳朵。

⑤ 搓个圆球。

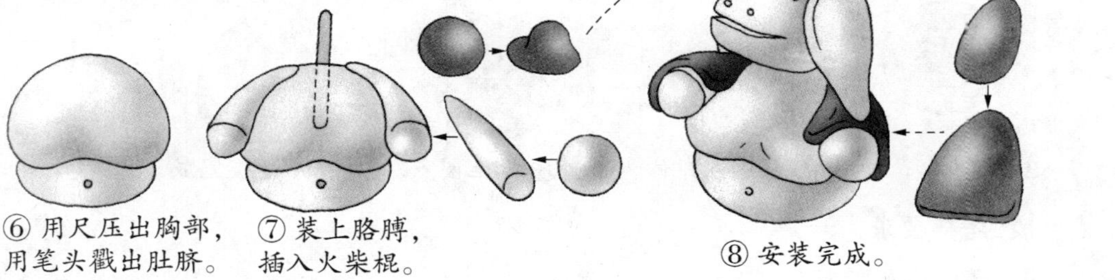

⑥ 用尺压出胸部，用笔头戳出肚脐。⑦ 装上胳膊，插入火柴棍。⑧ 安装完成。

☆ **考核要求：**

1. 现场演示彩泥造型

用彩泥完成"猪八戒"造型。作品造型生动，能表现猪八戒的主要特征。

2. 回答问题

利用这个彩泥造型可以和幼儿开展什么游戏？请说出 2～3 种。

3. 请在 10 分钟内完成上述任务。

☆ **评分要点：**

1. 能按照命题要求完成造型，作品造型生动，有吸引力。
2. 回答的问题应符合幼儿特点，有创意。

17　玩偶

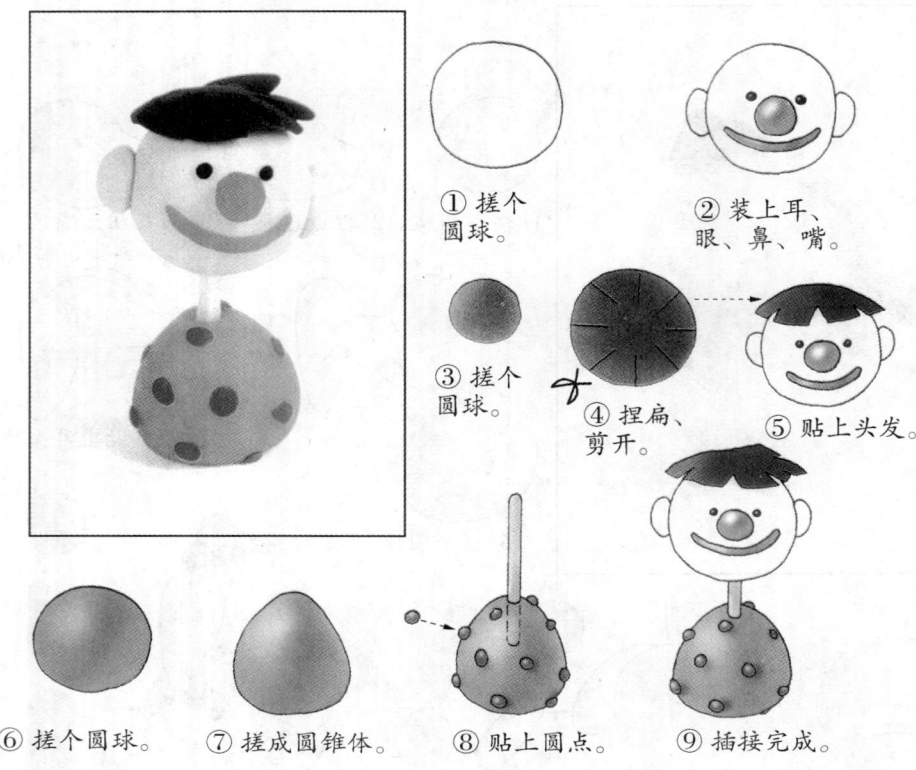

☆ **考核要求：**

1. 现场演示彩泥造型

用彩泥完成"玩偶"造型。作品造型生动，能表现玩偶的主要特征。

2. 回答问题

利用这个彩泥造型可以和幼儿开展什么游戏？请说出 2~3 种。

3. 请在 10 分钟内完成上述任务。

☆ **评分要点：**

1. 能按照命题要求完成造型，作品造型生动，有吸引力。
2. 回答的问题应符合幼儿特点，有创意。

18　三个和尚

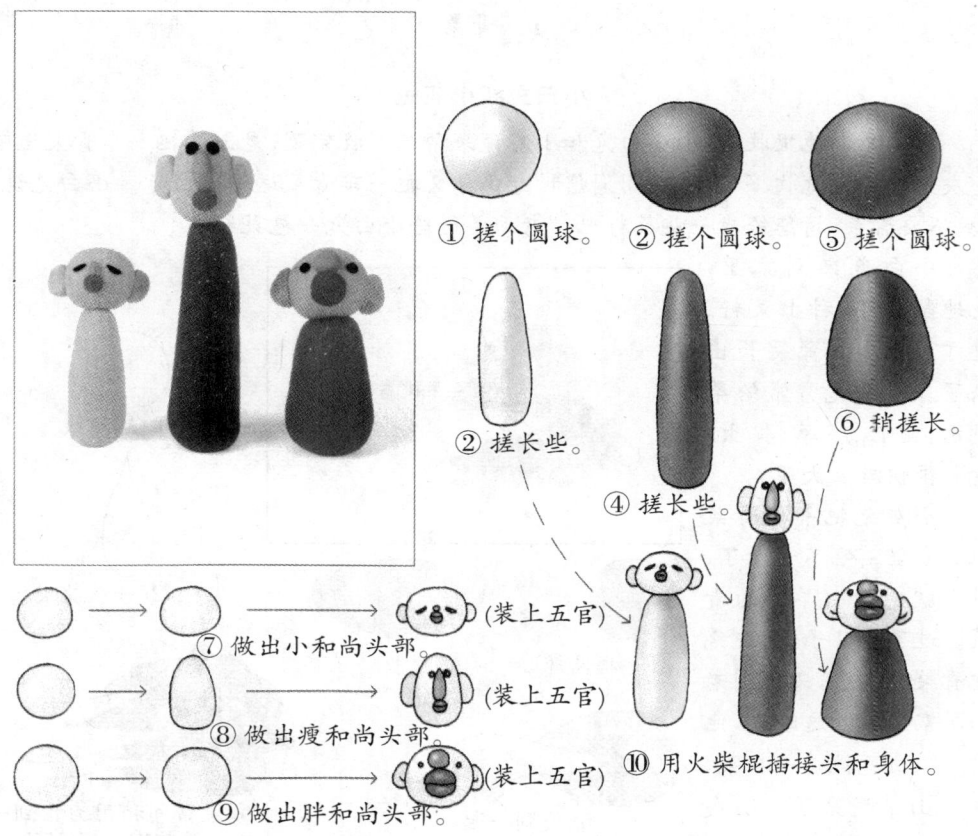

☆ **考核要求：**

1. 现场演示彩泥造型

用彩泥完成"三个和尚"造型。作品造型生动，能表现三个和尚的主要特征。

2. 回答问题

利用这个彩泥造型可以和幼儿开展什么游戏？请说出 2～3 种。

3. 请在 10 分钟内完成上述任务。

☆ **评分要点：**

1. 能按照命题要求完成造型，作品造型生动，有吸引力。
2. 回答的问题应符合幼儿特点，有创意。

二、彩泥讲故事

1　青菜

小白兔和小灰兔

老山羊在地里收青菜,小白兔和小灰兔来帮忙。收完菜,老山羊把一车青菜送给小灰兔。小灰兔收下了,说:"谢谢您!"老山羊又把一车青菜送给小白兔。小白兔说:"我不要青菜,请您给我一些菜籽吧。"老山羊送给小白兔一包菜籽。

小白兔回到家里,把地翻松了,种上菜籽。过了几天,小青菜长出来了。小白兔常常给菜浇水、施肥、拔草、捉虫。青菜很快就长大了。

小灰兔把一车青菜拉回家里。他不干活了,饿了就吃老山羊送的青菜。过了些日子,小灰兔把青菜吃完了,又想到老山羊家里去。这时候,他看见小白兔挑着一担菜,给老山羊送来了。小灰

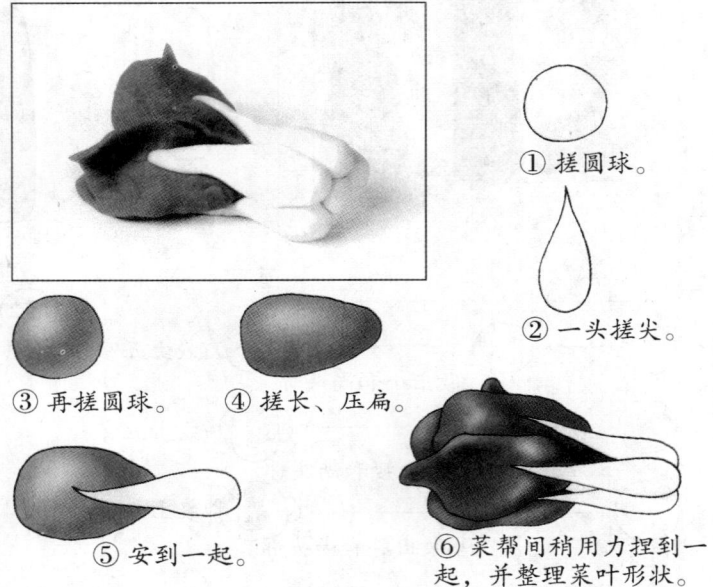

① 搓圆球。
② 一头搓尖。
③ 再搓圆球。
④ 搓长、压扁。
⑤ 安到一起。
⑥ 菜帮间稍用力捏到一起,并整理菜叶形状。

兔很奇怪,问道:"小白兔,你的菜是哪儿来的?"小白兔说:"是我自己种的。只有自己种,才有吃不完的菜。"

☆ 考核要求:

1. 现场演示彩泥造型
用彩泥完成"青菜"造型。作品造型生动,能表现出故事中青菜的主要特征。
2. 运用彩泥作品模拟讲故事
普通话标准,口齿清楚,语速适宜,有感染力。有幼儿意识,表现出正在为幼儿讲故事。
3. 请在10分钟内完成上述任务。

☆ 评分要点:

1. 能按照故事中的角色特征完成造型,作品造型生动,有吸引力。
2. 普通话比较标准,吐字清晰,语速恰当,有感染力。有幼儿意识,讲故事的方法比较适合幼儿的特点,如模拟给幼儿看彩泥造型,能用适度夸张的动作、表情、语气、语调等来吸引幼儿,或用适当的提问来吸引幼儿的注意力等。

2 萝卜

小兔拔萝卜

兔妈妈有三只兔宝宝,老大是小白兔,老二是小黑兔,老三是小花兔。

一天,兔妈妈对三只小兔说:"孩子们,你们谁去菜园子里帮妈妈拔一个大萝卜回来呀?"小花兔抢着说:"我去,我去!"

小花兔来到菜园里,挑了一个最大的萝卜就开始拔。可是,拔了好半天,这个大萝卜纹丝不动。于是,小花兔叫来了两个哥哥。老大拉着萝卜樱子,老二拉着老大,老三拉着老二。三只小兔齐心协力开始拔萝卜。

终于,大萝卜拔出来了。三只小兔抬着这个大萝卜高高兴兴地回家去了。

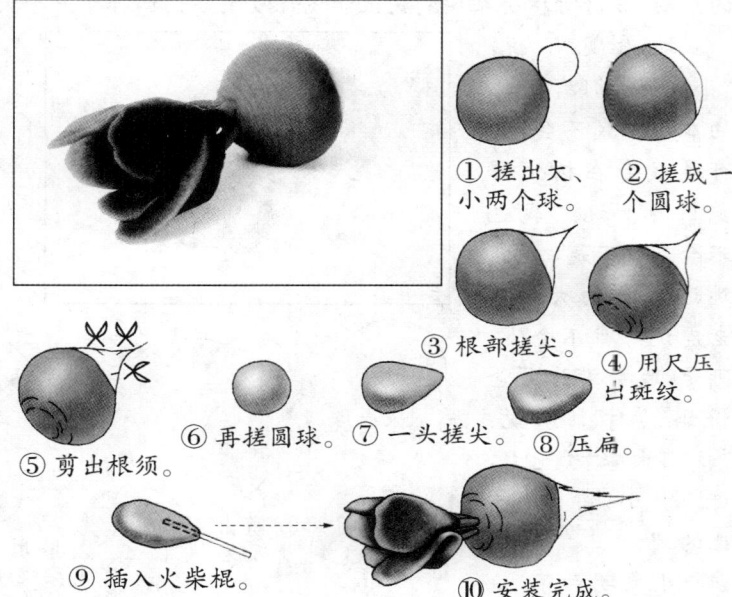

① 搓出大、小两个球。　② 搓成一个圆球。　③ 根部搓尖。　④ 用尺压出斑纹。　⑤ 剪出根须。　⑥ 再搓圆球。　⑦ 一头搓尖。　⑧ 压扁。　⑨ 插入火柴棍。　⑩ 安装完成。

☆ **考核要求**:

1. 现场演示彩泥造型

用彩泥完成"萝卜"造型。作品造型生动,能表现出故事中大萝卜的主要特征。

2. 运用彩泥作品模拟讲故事

普通话标准,口齿清楚,语速适宜,有感染力。有幼儿意识,表现出正在为幼儿讲故事。

3. 请在10分钟内完成上述任务。

☆ **评分要点**:

1. 能按照故事中的角色特征完成造型,作品造型生动,有吸引力。

2. 普通话比较标准,吐字清晰,语速恰当,有感染力。有幼儿意识,讲故事的方法比较适合幼儿的特点,如模拟给幼儿看彩泥造型,能用适度夸张的动作、表情、语气、语调等来吸引幼儿,或用适当的提问来吸引幼儿的注意力等。

3　小象

想飞的小象

　　有一只小象,刚刚生下来。第一天,他看到了许多小动物。到了第二天,他认识了许多花儿、草儿。第三天呢,妈妈带他到河边,他看见了河水和高山。小象说:"世界真大呀!"这时,一只小鸟在天空中飞来飞去。小象想:"要是我也会飞,可以看更多的东西,多好呀!"小象爬到树上学飞,"哎哟"一声,摔了一个大跟头。

　　蛇看见了说:"小象,我们有自己的本事。我不会飞,可是我会在树上睡觉。"狮子说:"我也不会飞,可是,我能跳过宽宽的大河。"老虎说:"我不会飞,可是,我会游泳。"爸爸妈妈对小象说:"我们大象力气大,这是小鸟不能比的。"

　　小象明白了,他跟着爸爸妈妈运木头。他用长鼻子一钩,大木头就搬走了。大家都喜欢他。小象说:"我是小象真幸福。"

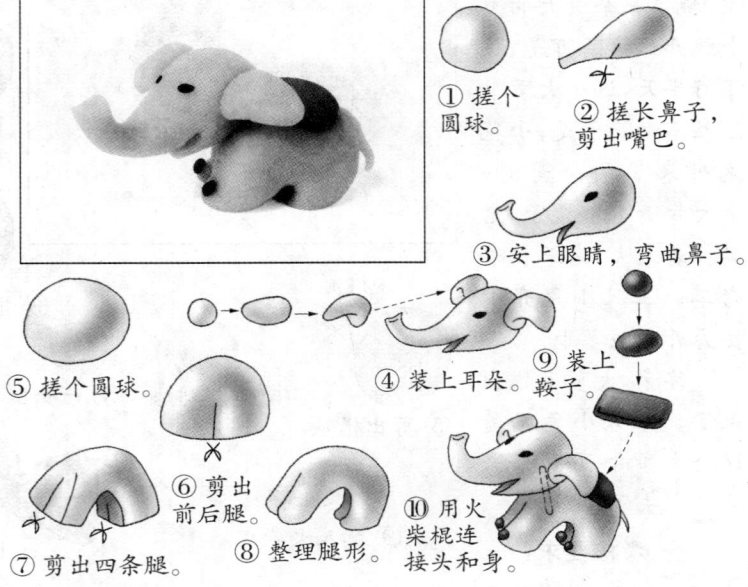

☆ **考核要求:**

1. 现场演示彩泥造型

用彩泥完成"小象"造型。作品造型生动,能表现出故事中小象的主要特征。

2. 运用彩泥作品模拟讲故事

普通话标准,口齿清楚,语速适宜,有感染力。有幼儿意识,表现出正在为幼儿讲故事。

3. 请在10分钟内完成上述任务。

☆ **评分要点:**

1. 能按照故事中的角色特征完成造型,作品造型生动,有吸引力。

2. 普通话比较标准,吐字清晰,语速恰当,有感染力。有幼儿意识,讲故事的方法比较适合幼儿的特点,如模拟给幼儿看彩泥造型,能用适度夸张的动作、表情、语气、语调等来吸引幼儿,或用适当的提问来吸引幼儿的注意力等。

4 乌龟

小乌龟上幼儿园

在很远的河边有一只小乌龟,特别想去上幼儿园。天刚刚亮,小乌龟就背着书包出发了。走了不知道有多久,小乌龟好不容易走到了车站,挤上了公共汽车。"笛,笛!"汽车到站了,为了节省时间,小乌龟把自己缩起来,骨碌、骨碌从车上滚了下来。可是,等小乌龟到了幼儿园的时候,幼儿园已经放学了。小乌龟好难过。

第二天,小乌龟起得更早了,"今天一定不迟到!"小乌龟信心十足地出发了。在路上,小乌龟遇到了小兔子:"小乌龟,你走得太慢了,我带你一起走吧!"小乌龟高兴极了:"谢谢小兔子!""老师好!"大象老师笑着说:"小朋友们好!今天小兔第一名,哇!还有小乌龟。"小乌龟听了高兴极了。

第三天,大象老师在路口等着小朋友,"老师好!"原来是老鹰和小乌龟今天也是并列第一。生来慢腾腾的小乌龟能天天得第一了,大家都为它高兴,小乌龟就更高兴了。

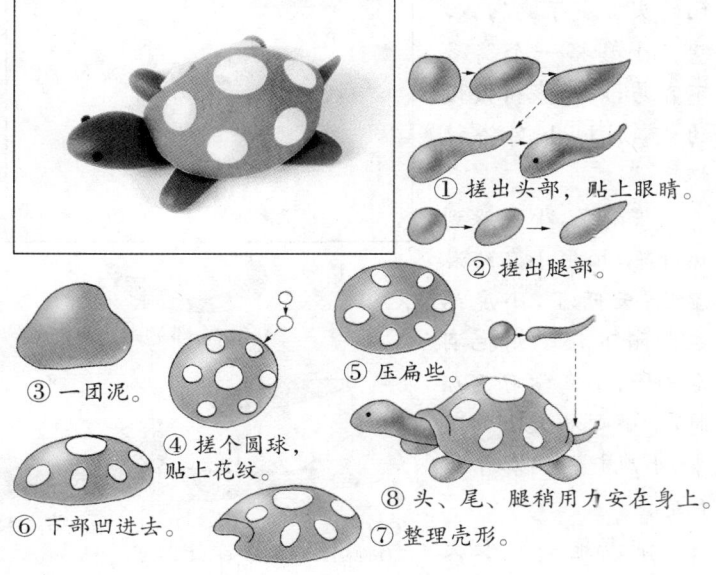

① 搓出头部,贴上眼睛。
② 搓出腿部。
③ 一团泥。
④ 搓个圆球,贴上花纹。
⑤ 压扁些。
⑥ 下部凹进去。
⑦ 整理壳形。
⑧ 头、尾、腿稍用力安在身上。

☆ **考核要求:**

1. 现场演示彩泥造型

用彩泥完成"乌龟"造型。作品造型生动,能表现出故事中乌龟的主要特征。

2. 运用彩泥作品模拟讲故事

普通话标准,口齿清楚,语速适宜,有感染力。有幼儿意识,表现出正在为幼儿讲故事。

3. 请在10分钟内完成上述任务。

☆ **评分要点:**

1. 能按照故事中的角色特征完成造型,作品造型生动,有吸引力。

2. 普通话比较标准,吐字清晰,语速恰当,有感染力。有幼儿意识,讲故事的方法比较适合幼儿的特点,如模拟给幼儿看彩泥造型,能用适度夸张的动作、表情、语气、语调等来吸引幼儿,或用适当的提问来吸引幼儿的注意力等。

5 小鸟

灰角鹿

一只小鹿因为生病,头上的角变成了灰色,它伤心极了!一天,它正在树丛中睡觉,一只小鸟飞到了它的头上,小鸟看了看四周想:"这要是搭个鸟窝该多好啊!"于是,小鸟衔来许多干草和树枝放在小鹿的头上。不一会儿,一个漂亮的鸟窝就搭好了,小鹿睡醒后发现自己的头上成了鸟窝,心想:"小鸟搭一个窝多不容易,以后我得慢慢的走,别把小鸟给摔坏了。"

下雨了,小鹿躲到树叶下,怕把小鸟给淋湿了;天晴了,小鹿站在太阳下让小鸟把羽毛晒干;小鸟学习飞翔时,不小心从天上掉下来,小鹿赶紧用鼻子接住它。

渐渐地小鸟长大了,它和它的孩子一起衔来许多漂亮的牵牛花放在小鹿头上,小鹿的灰角变成了美丽的"花角"。

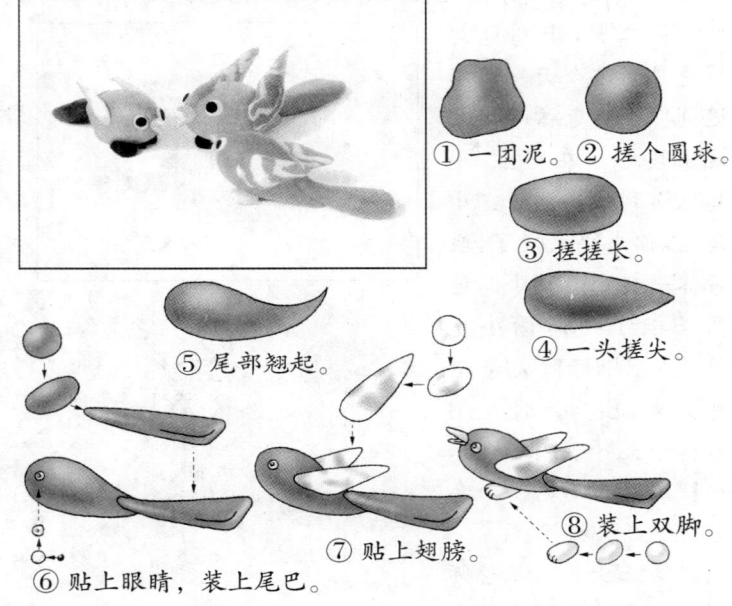

① 一团泥。② 搓个圆球。
③ 搓搓长。
④ 一头搓尖。
⑤ 尾部翘起。
⑥ 贴上眼睛,装上尾巴。
⑦ 贴上翅膀。
⑧ 装上双脚。

☆ **考核要求**:

1. 现场演示彩泥造型

现场用彩泥完成"小鸟"造型。作品造型生动,能表现出故事中小鸟的主要特征。

2. 运用彩泥作品模拟讲故事

普通话标准,口齿清楚,语速适宜,有感染力。有幼儿意识,表现出正在为幼儿讲故事。

3. 请在10分钟内完成上述任务。

☆ **评分要点**:

1. 能按照故事中的角色特征完成造型,作品造型生动,有吸引力。

2. 普通话比较标准,吐字清晰,语速恰当,有感染力。有幼儿意识,讲故事的方法比较适合幼儿的特点,如模拟给幼儿看彩泥造型,能用适度夸张的动作、表情、语气、语调等来吸引幼儿,或用适当的提问来吸引幼儿的注意力等。

6 蜗牛

蓝蜗牛

蓝蜗牛一生下来就是蓝色的。大家都像看怪物似的看着他,有的嘲笑他,有的躲得远远的。蓝蜗牛没有一个朋友,这让他很苦恼。为什么自己与众不同呢?谁都不能给它一个满意的说法。

一天,蓝蜗牛在花架下遇到了一只绿蜗牛,才高兴起来:"原来世界上还有绿色的蜗牛呀!"没错,绿蜗牛和蓝蜗牛一样,不愿再忍受同伴们的嘲弄,也在流浪呢。

于是,蓝蜗牛和绿锅牛做了好朋友,一起玩捉迷藏的游戏。藏到绿藤里的绿蜗牛在咯咯笑,蓝蜗牛费了半天劲,才把他找出来。而蓝蜗牛钻进紫罗兰花瓣下时,绿蜗牛也常常找不到他。

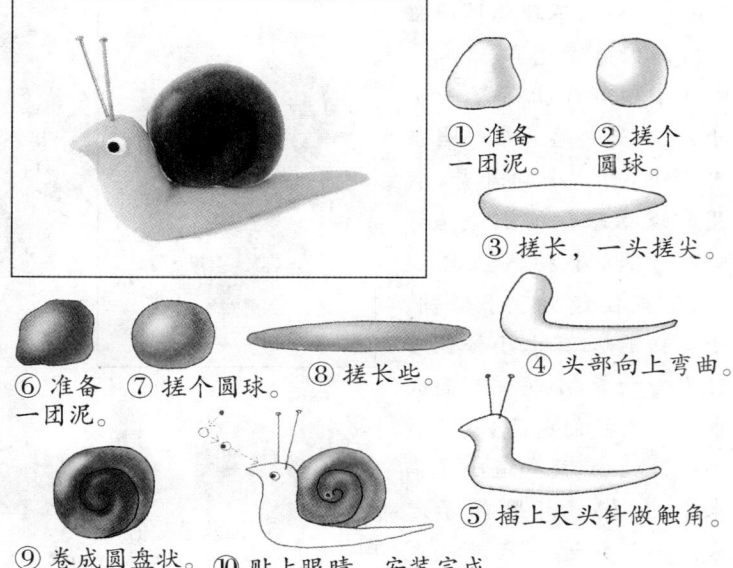

①准备一团泥。 ②搓个圆球。 ③搓长,一头搓尖。 ④头部向上弯曲。 ⑤插上大头针做触角。 ⑥准备一团泥。 ⑦搓个圆球。 ⑧搓长些。 ⑨卷成圆盘状。 ⑩贴上眼睛,安装完成。

这里,再没有谁会嘲笑他们,他们生活得非常快乐。

☆ **考核要求**:

1. 现场演示彩泥造型

用彩泥完成"蜗牛"造型。作品造型生动,能表现出故事中蜗牛的主要特征。

2. 运用彩泥作品模拟讲故事

普通话标准,口齿清楚,语速适宜,有感染力。有幼儿意识,表现出正在为幼儿讲故事。

3. 请在10分钟内完成上述任务。

☆ **评分要点**:

1. 能按照故事中的角色特征完成造型,作品造型生动,有吸引力。

2. 普通话比较标准,吐字清晰,语速恰当,有感染力。有幼儿意识,讲故事的方法比较适合幼儿的特点,如模拟给幼儿看彩泥造型,能用适度夸张的动作、表情、语气、语调等来吸引幼儿,或用适当的提问来吸引幼儿的注意力等。

7　小猫

小花猫戴铃铛

小花猫戴着一个蓝色的蝴蝶结,可漂亮啦!小公鸡唱着歌,头上戴着红冠子,好像一朵大红花。"小公鸡哥哥,我用蝴蝶结换你的红冠子好吗?""花猫妹妹,红冠子长在我的头上,不能和你换。""小气,小气,不理你!"小猫生气地撅着嘴走了。

小狗脖子上带了一个小铃铛,走起路来叮叮当当可好听啦!"小狗哥哥,我用蝴蝶结跟你换小铃铛好吗?"于是,小狗戴上蝴蝶结,小花猫戴上了小铃铛。小花猫走起路来,小铃铛叮叮当当响着,小花猫可高兴啦!小老鼠们也高兴啦,听到小铃铛响,就知道小花猫来了,他们就赶紧躲了起来。小花猫连一只老鼠也捉不到了。

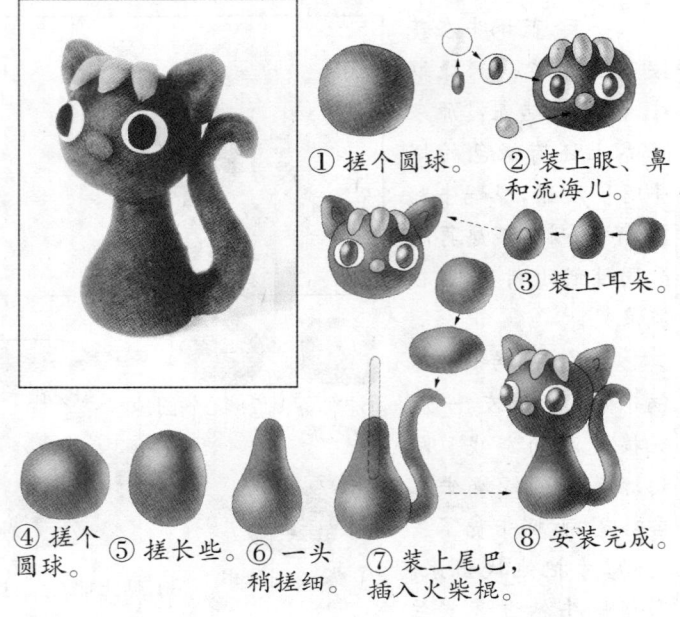

① 搓个圆球。　② 装上眼、鼻和流海儿。　③ 装上耳朵。　④ 搓个圆球。　⑤ 搓长些。　⑥ 一头稍搓细。　⑦ 装上尾巴,插入火柴棍。　⑧ 安装完成。

☆ 考核要求:

1. 现场演示彩泥造型

现场用彩泥完成"小猫"造型。作品造型生动,能表现出故事中小猫的主要特征。

2. 运用彩泥作品模拟讲故事

普通话标准,口齿清楚,语速适宜,有感染力。有幼儿意识,表现出正在为幼儿讲故事。

3. 请在 10 分钟内完成上述任务。

☆ 评分要点:

1. 能按照故事中的角色特征完成造型,作品造型生动,有吸引力。

2. 普通话比较标准,吐字清晰,语速恰当,有感染力。有幼儿意识,讲故事的方法比较适合幼儿的特点,如模拟给幼儿看彩泥造型,能用适度夸张的动作、表情、语气、语调等来吸引幼儿,或用适当的提问来吸引幼儿的注意力等。

8 小鸭

可爱的小鸭子

蛋里出来一只小鸭子,长着一双大脚丫。小鸭子,大脚丫,啪答啪答向前走。绊着一块小石头,"扑通"摔一跤。小鸭子,不怕痛,低头看着路,啪答啪答向前走。

看见一只小蚂蚁,小鸭子不去踩。看见一只小甲虫,小鸭子不去踩。啪答,啪答,小鸭子,不小心踩到了自己的脚。"扑通",小鸭子又摔了一跤。"哎哟,好痛啊!"这回,小鸭子哭了。

勇敢的小鸭子,哭了一会儿就不哭了。还是啪答啪答向前走。走到一个大湖边,"扑通",小鸭子跳进了大湖里。

小鸭子在水里游。原来,小鸭子的大脚丫,不但会走路,还会游水呢!

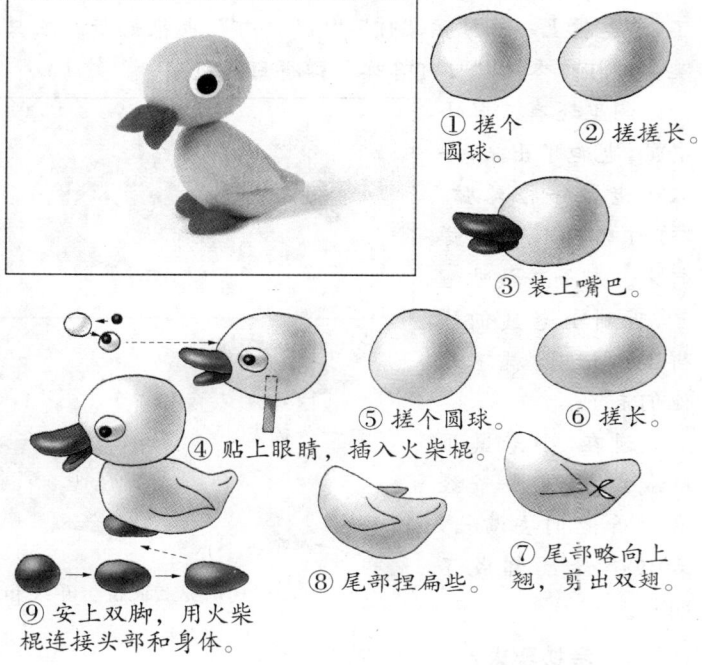

① 搓个圆球。
② 搓搓长。
③ 装上嘴巴。
④ 贴上眼睛,插入火柴棍。
⑤ 搓个圆球。
⑥ 搓长。
⑦ 尾部略向上翘,剪出双翅。
⑧ 尾部捏扁些。
⑨ 安上双脚,用火柴棍连接头部和身体。

☆ **考核要求:**

1. 现场演示彩泥造型
现场用彩泥完成"小鸭"造型。作品造型生动,能表现出故事中小鸭的主要特征。
2. 运用彩泥作品模拟讲故事
普通话标准,口齿清楚,语速适宜,有感染力。有幼儿意识,表现出正在为幼儿讲故事。
3. 请在10分钟内完成上述任务。

☆ **评分要点:**

1. 能按照故事中的角色特征完成造型,作品造型生动,有吸引力。
2. 普通话比较标准,吐字清晰,语速恰当,有感染力。有幼儿意识,讲故事的方法比较适合幼儿的特点,如模拟给幼儿看彩泥造型,能用适度夸张的动作、表情、语气、语调等来吸引幼儿,或用适当的提问来吸引幼儿的注意力等。

9 小老鼠

会弹琴的小老鼠

老爷爷有一把六弦琴,天天晚上弹。小老鼠们都会从洞里探出头来听。等老爷爷睡着了,一只小老鼠偷偷跑了出来,它跳上一根琴弦,"叮",很好听。

第二只小老鼠来了,它跳上另一根琴弦,"叮","叮",也很好听。第三只小老鼠来了,它也跳上一根琴弦,"叮","叮","叮",也很好听。三只小老鼠在三根琴弦上跳来跳去,"叮叮咚咚""叮叮咚咚",弹得好听极了。

洞里还有三只小老鼠,也跑了出来,一只小老鼠一根琴弦,"叮叮咚咚",一起弹起来。老爷爷被吵醒了,听到小老鼠们弹得这么好听,就不赶他们走了。

现在,小老鼠乐队成立了,老爷爷经常带着他们去演出,六只小老鼠都成了明星。

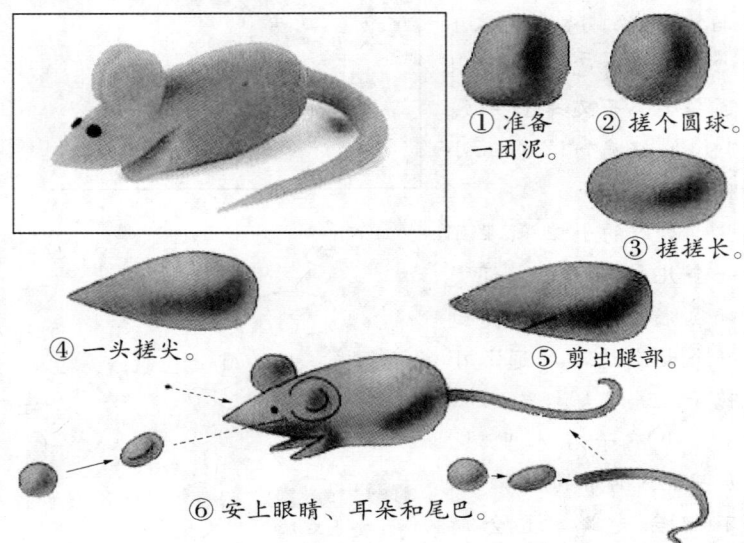

① 准备一团泥。
② 搓个圆球。
③ 搓搓长。
④ 一头搓尖。
⑤ 剪出腿部。
⑥ 安上眼睛、耳朵和尾巴。

☆ **考核要求**:

1. 现场演示彩泥造型

现场用彩泥完成"小老鼠"造型。作品造型生动,能表现出故事中小老鼠的主要特征。

2. 运用彩泥作品模拟讲故事

普通话标准,口齿清楚,语速适宜,有感染力。有幼儿意识,表现出正在为幼儿讲故事。

3. 请在 10 分钟内完成上述任务。

☆ **评分要点**:

1. 能按照故事中的角色特征完成造型,作品造型生动,有吸引力。
2. 普通话比较标准,吐字清晰,语速恰当,有感染力。有幼儿意识,讲故事的方法比较适合幼儿的特点,如模拟给幼儿看彩泥造型,能用适度夸张的动作、表情、语气、语调等来吸引幼儿,或用适当的提问来吸引幼儿的注意力等。

10 企鹅

小企鹅的礼物

小企鹅住在最冷的地方——南极。他收到了一份漂亮的礼物,是好朋友小熊从遥远的北方寄来的。小企鹅很感动,他想要给小熊准备一份礼物,送什么呢?最好是小熊家乡没有的东西。小企鹅看见海里大块大块的冰,想到小熊那里还是夏天,小熊肯定热得很,就有了主意。

于是,小企鹅挑了一块最好的冰,用包裹装了起来。小企鹅带着这份礼物去看小熊了。他坐在船上过了一天又一天,天气越来越热,礼物包裹越来越轻。走了很长很长的路,好不容易来到了小熊的家。

小熊打开这个礼物一看,哎呀,礼物不见了——原来里面的冰都化光了。

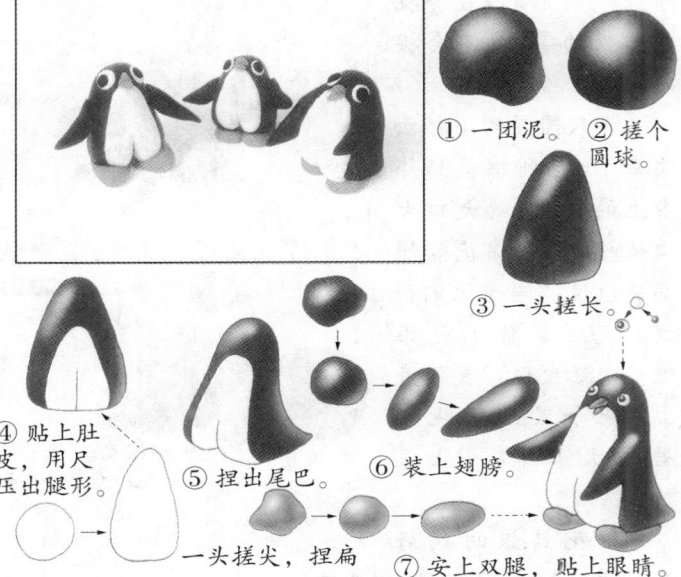

☆ **考核要求:**

1. 现场演示彩泥造型

现场用彩泥完成"企鹅"造型。作品造型生动,能表现出故事中小企鹅的主要特征。

2. 运用彩泥作品模拟讲故事

普通话标准,口齿清楚,语速适宜,有感染力。有幼儿意识,表现出正在为幼儿讲故事。

3. 请在10分钟内完成上述任务。

☆ **评分要点:**

1. 能按照故事中的角色特征完成造型,作品造型生动,有吸引力。
2. 普通话比较标准,吐字清晰,语速恰当,有感染力。有幼儿意识,讲故事的方法比较适合幼儿的特点,如模拟给幼儿看彩泥造型,能用适度夸张的动作、表情、语气、语调等来吸引幼儿,或用适当的提问来吸引幼儿的注意力等。

11 瓢虫

棉花姑娘

棉花姑娘生病了,叶子上长满了蚜虫。啄木鸟飞来了。棉花姑娘说:"啄木鸟伯伯,请您帮我捉虫吧!"啄木鸟摇摇头说:"对不起,我会捉树干上的害虫,不会捉蚜虫。"

青蛙蹦蹦跳跳地来了。棉花姑娘说:"青蛙叔叔,请您帮我捉害虫吧!"青蛙摆摆手说:"对不起,我会捉稻田里的害虫,不会捉蚜虫。"

几只圆圆的小瓢虫飞来了,见到棉花姑娘身上的蚜虫,就大口大口地吃起来,棉花姑娘高兴地说:"谢谢你们帮我捉害虫。你们是谁呀?"小瓢虫说:"我们身上有七个黑点,像七颗星星,大家叫我们七星瓢虫。"

① 搓个圆球。
② 捏成这样的薄片,再用刀从中间切开。
③ 整理形状。
④ 搓长条。
⑤ 再搓个圆球。
⑥ 底部捏扁。
⑦ 做出眼睛。
⑧ 安装完成。

棉花姑娘的病好了。秋后,结满了棉桃,咧开嘴笑啦。

☆ **考核要求:**

1. 现场演示彩泥造型

现场用彩泥完成"瓢虫"造型。作品造型生动,能表现出故事中小瓢虫的主要特征。

2. 运用彩泥作品模拟讲故事

普通话标准,口齿清楚,语速适宜,有感染力。有幼儿意识,表现出正在为幼儿讲故事。

3. 请在10分钟内完成上述任务。

☆ **评分要点:**

1. 能按照故事中的角色特征完成造型,作品造型生动,有吸引力。

2. 普通话比较标准,吐字清晰,语速恰当,有感染力。有幼儿意识,讲故事的方法比较适合幼儿的特点,如模拟给幼儿看彩泥造型,能用适度夸张的动作、表情、语气、语调等来吸引幼儿,或用适当的提问来吸引幼儿的注意力等。

12　看星星

看星星

在城市里看星星,星星好像和我们捉迷藏,一个个都躲不见了。在高山上看星星,星星好像田野上的油菜花,数也数不清了。

而且,夜空黑得那么干净,像妈妈长长的黑头发。而且,星星离我们那么近,好像伸手就可以摘下来。

哦,我看见银河了,月亮是河里的小船吗?

哦,我看见牛郎星和织女星了,他们在等待喜鹊为他们搭桥相会吗?

妈妈,我也要飞上天,给他们去搭桥。然后,摘一篮小星星,送给外婆,好吗?

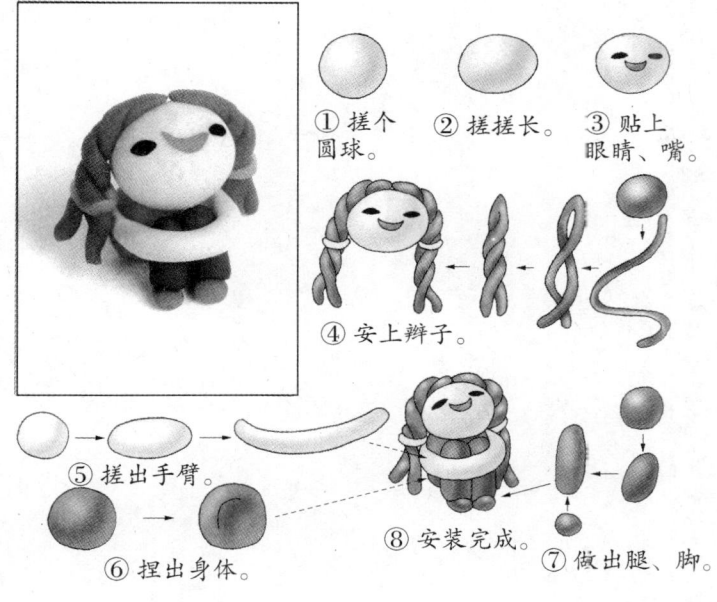

☆ **考核要求**:

1. 现场演示彩泥造型

现场用彩泥完成"看星星"造型。作品造型生动,能表现出故事中女孩的主要特征。

2. 运用彩泥作品模拟讲故事

普通话标准,口齿清楚,语速适宜,有感染力。有幼儿意识,表现出正在为幼儿讲故事。

3. 请在10分钟内完成上述任务。

☆ **评分要点**:

1. 能按照故事中的角色特征完成造型,作品造型生动,有吸引力。

2. 普通话比较标准,吐字清晰,语速恰当,有感染力。有幼儿意识,讲故事的方法比较适合幼儿的特点,如模拟给幼儿看彩泥造型,能用适度夸张的动作、表情、语气、语调等来吸引幼儿,或用适当的提问来吸引幼儿的注意力等。

第六单元

幼儿歌曲弹唱技能

第一部分　考核指南

幼儿歌曲弹唱是幼儿教师不可或缺的基本专业技能。它是集乐理、视唱练耳、声乐和钢琴等一系列基础音乐知识和技能于一体的综合技能，要求学前教育专业学生在掌握正确的钢琴弹奏技术的基础上，为幼儿歌曲自编伴奏、自配和弦，并边弹边唱。我们从训练钢琴弹奏基本功入手，结合发声训练、儿童歌曲训练，将声乐和钢琴两项技能合二为一，对学生运用简易、精炼的编配手法自配、自弹、自唱幼儿园歌曲有很强的指导作用。

为了培养幼儿教师扎实的教学基本功，提升专业素质水平，在幼儿园教师培养环节，应加强对学前教育专业学生进行幼儿歌曲弹唱技能的训练，同时，还要能将弹唱技能应用到幼儿教育活动中，与唱儿歌、做游戏有机结合起来。并通过技能考核和竞赛提高技艺水平，从而达到胜任幼儿园的教学和课外活动辅导工作的要求。

一、训练内容与要求

（一）幼儿歌曲弹唱技能

要求学生熟练掌握幼儿园常见的幼儿歌曲弹唱，并从易到难逐步提高要求。能做到唱歌声音圆润洪亮，音高节奏准确，吐字清楚；钢琴伴奏中和弦运用正确，伴奏音型选用恰当；弹奏手型规范，指法科学合理；弹、唱配合熟练默契，能正确生动地表情达意。

（二）幼儿歌曲弹唱应用与教学的技能

1. 能根据幼儿的特点，教幼儿学习唱歌。
2. 能熟练弹唱幼儿歌曲，组织幼儿开展音乐教育活动。

二、训练方式

结合钢琴、声乐等音乐课程和幼儿音乐活动设计课程教学，通过教师传授方法、学生自主练习等措施加强钢琴弹唱基本功训练，组织开展幼儿歌曲弹唱技能考核与竞赛。

三、考核方案与评分标准

幼儿歌曲弹唱试题由命题弹唱和回答问题两部分组成，主要考核学生弹唱幼儿歌曲的技能技巧，组织音乐教育活动的能力和了解幼儿、语言沟通、语言表达等方面的能力。

考核采用随机抽题考核方式,要求学生抽题后准备10分钟即进行考核,在10分钟内完成试题指定的内容。

本项目考核总分为10分。得分9分以上为优秀,8~9分为良好,6~8分为合格,6分以下者为不合格。

四、幼儿歌曲弹唱技能考核的高分要点

(一)扎实自如地弹奏

1. 分析歌曲。一首歌曲拿来,要先看是大调还是小调,或五声调式。一般大调的曲子是以1、3、5的某一音开始的,结束在1上,而小调的儿歌以3、6开始,6作结束音,五声调式结束音各自落在调式的主音上。和弦统配有一定的规律,但也不是一成不变的,要视具体的歌曲而定。

2. 给歌曲配置和弦。要明白每个调式的主、下属、属这三个和弦。比如说,节奏舒缓的歌曲,要看一看一小节内包含的旋律音是什么再定用一级和弦,包含4、6、1的左手就用四级和弦,包含5、7、2的左手就用五级和弦,也就是视旋律中包含的和弦音的多少而定,但是一般的和弦连接方式是一级到四级到五级到一级(半终止),或者一级到四级再到一级,结尾处一般是五级到一级。

3. 选择伴奏音型。根据歌曲的主题内容、风格、速度、旋律线条等为歌曲配置伴奏类型:柱式和弦伴奏、半分解和弦伴奏、全分解和弦伴奏、琶音伴奏、无旋律伴奏等。选择时还要注意不能太复杂,要清晰,节奏感强,以便幼儿掌握歌曲的旋律。

4. 处理好前奏、间奏、尾声。歌曲的前奏,又称引子,它能够预示乐曲的性质和风格特征,能够揭示乐曲的调式、调性、结构、速度、情绪感受,帮助歌唱者酝酿情绪,引导主题出现,在幼儿歌曲弹奏中,可以选用歌曲中有代表性的一句,可以多用主旋律的材料。间奏也可与前奏相同,或有的乐曲已给出固定的曲调当作间奏,幼儿歌曲中的间奏教师应开发想象力,配以动作性的律动,则会达到更好的效果。尾奏也叫尾声或后奏,在歌声结束时由钢琴演奏的一段音乐,它的主要任务是对乐曲进行补充和总结,常见的尾奏有两种类型,一种是速度基本不变,力度较强或渐强,称之为强结束;另一种是速度减慢,力度较弱或有减弱的趋势,称之为弱结束。

(二)圆润准确地歌唱

1. 注意使用正确的发声方法。歌唱的基本要素包括呼吸、发声、共鸣和语言四个部分,在歌唱中必须将几个部分有机地结合在一起,唱出清澈干净而不浑浊的声音、柔美而没有负担的声音、通畅而轻快的声音。

2. 注意清晰准确地咬字吐字。对于不识字的幼儿来说,对歌曲歌词的掌握主要来源于对教师范唱的聆听,所以弹唱时咬字从到字头到字腹到字尾都要准确、规范,这也要求幼儿教师的普通话一定要过关,演唱时更要注意平、翘舌的区分。咬字吐字要准确和亲切,口形自然美观,大脑意识要明确、清晰,把字放在声音里,融合幼儿讲话时的语气,生动、深刻地表达幼儿歌曲的艺术魅力。

3. 音准节奏准确。在歌唱中，音准节奏问题是一个基础性问题，是其他技术和表现力继续发展的重要前提，没有良好的音准和准确的节奏，其他一切都谈不上。

4. 表情答意。演唱者所做的一切都是为了更好地表现作品，根据歌曲的不同风格、不同情景采用不同的演唱情绪和音色才能使歌曲更生动更活泼，演唱者必须做到声情并茂，才能将歌曲表现得真切动人并富有感染力。特别是幼儿歌曲，在面部表情、眼神方面更是要表现得夸张和富有"精、气、神"，要做到表情随着歌曲内容进行变化，眼睛里要有神、有物、有情、有戏。

第二部分 训练与考核题库

1 两只小鸟

$1=F$ $\frac{2}{4}$

美国童谣

```
1  2 | 3 · 4 | 3 3  2 2 | 1  - | 3 4 | 5 · 6 | 5 5  4 3 | - |
两  只   小    鸟   坐 在   小 树   上,       它 叫   叮 叮, 它 叫  咚 咚

5 5  5 6 | 5   0 | 5 5  5 6 | 5   0 | 5 5   3 | 5 5   3 |
叮 叮  飞 走  了,       咚 咚  飞 走  了,       回 来   吧,  回 来   吧,

4 4  2 | 4 4  2 | 5 · 4 | 3  2 | 1  - ‖
回 来   吧, 回 来   吧, 快  快   回    来   吧。
```

☆ **考核要求**：

1. 弹唱歌曲

(1) 完整流畅地弹奏,节奏准确。

(2) 有表情地歌唱,吐字清晰,把握准确的音高。

2. 模拟组织幼儿学唱歌曲

教学的方法基本适合幼儿的特点,能激发幼儿的兴趣,适合幼儿的能力水平。

3. 回答问题

(1) 这首歌曲适合哪个年龄段的孩子学唱?

(2) 歌唱教学的组织环节可以有哪些?

4. 请在 10 分钟内完成上述任务。

☆ **评分要点**：

1. 能在指定的调内,有表情地边弹边唱,把握旋律的音高,做到吐字清晰,节奏准确。

2. 能教态亲和自然地示范教唱,通过表情、语言、动作、图片等让幼儿理解歌曲内容,在难点处能重复教唱、分句示范等。

3. 歌曲适合 3~5 岁幼儿学唱。歌唱教学的组织环节有:(1) 聆听;(2) 哼唱旋律;(3) 念歌词;(4) 学唱;(5) 边唱边打节奏;(6) 音乐游戏活动;(7) 音乐表演。

2 小兔乖乖

民间歌谣

1=C 4/4

```
5  1̇ 6 5 5 | 3̂5 6 1̇ 5 5 | 6 5̂3 2 2 | 3 5̂3 2 3 1 |
小 兔子乖乖  把  门儿开开,快点儿开开,我 要  进  来。
小 兔子乖乖  把  门儿开开,快点儿开开,我 要  进  来。

6 5 6 5 | 3 6 5 - | 5 5 3 2 1 - | 1 1 2 3 1 - ‖
不 开 不 开 我 不 开, 妈 妈 没回来, 谁 来 也 不 开。
就 开 就 开 我 就 开, 妈 妈 回来了, 这 就 把 门 开。
```

☆ **考核要求**：

1. 弹唱歌曲

(1) 完整流畅地弹奏,节奏准确。

(2) 有表情地歌唱,吐字清晰,把握准确的音高。

2. 模拟面对幼儿教唱歌曲

教唱的方法基本适合5～6岁幼儿的特点,能激发幼儿的兴趣,适合幼儿的能力水平。

3. 回答问题

(1) 这首歌曲表达的内容是什么?

(2) 歌唱教学的组织环节可以有哪些?

4. 请在10分钟内完成上述任务。

☆ **评分要点**：

1. 能在指定的调内,有表情地边弹边唱,把握旋律的音高,做到吐字清晰,节奏准确。

2. 能教态亲和自然地示范教唱,通过表情、语言、动作、图片等让幼儿理解歌曲内容,在难点处能重复教唱、分句示范等。

3. 歌唱教学的组织环节有:(1) 聆听;(2) 哼唱旋律;(3) 念歌词;(4) 学唱;(5) 边唱边打节奏;(6) 音乐游戏活动;(7) 音乐表演。

3 小 手

$1=C$ $\frac{2}{4}$

佚名 词曲

```
1 2  3 4 | 5 6  5 | 5 6 6 5 6 | 5  5 | 5 6 5 6 | 5 5  5 |
我 有 一 双 小 小 手， 可 爱 的 小 小 手 呀，

1 2  3 4 | 5   5 | 5 6 5 6 | 5 5 | 5 6 5 6 | 5 5  5 |
从 左 向 右 数  呀， 十 个 小 手 指  呀，

1 2  3 4 | 5   5 | 5 6 5 | 5 6 5 | 5 4 3 2 | 1   1 ||
我 会 自 己 做  事， 洗 洗 脸 穿 衣 裳 手 儿 真 灵 巧  呀。
```

☆ 考核要求：

1. 弹唱歌曲

（1）完整流畅地弹奏，节奏准确。

（2）有表情地歌唱，吐字清晰，把握准确的音高。

2. 模拟组织幼儿学唱歌曲

教学的方法基本适合幼儿的特点，能激发幼儿的兴趣，适合幼儿的能力水平。

3. 回答问题

（1）这首歌曲适合哪个年龄段的孩子学唱？

（2）在歌唱教学中要注意的教学难点是什么？

4. 请在 10 分钟内完成上述任务。

☆ 评分要点：

1. 在指定的调内，有表情地边弹边唱，把握旋律的音高，做到吐字清晰，节奏准确。

2. 能教态亲和自然地示范教唱，通过表情、语言、动作、图片等让幼儿理解歌曲内容，在难点处能重复教唱、分句示范等。

3. 这首歌曲适合 3～5 岁幼儿学唱。在歌唱教学中要注意的教学难点有：(1) 学会聆听音乐；(2) 把握音准和音高；(3) 把握音乐的速度与节奏。

4 走 路

陈镒康 词
苏勇 王平 曲

1=C 2/4

```
1  3  5  3 | 6  6  6  5 - | 1  3  5  3 | 4  4  4  3  2 - |
小 兔 走 路 蹦 呀 蹦 蹦 跳, 小 鸭 走 路 摇 呀 摇 呀 摇,
小 松鼠 走 路 蹦 呀 蹦 蹦 跳, 小 鹅 走 路 摇 呀 摇 呀 摇,

3  4  5 | 3  4  5 | 6  6  5 - | 5  6  5 | 4  3  2 | 3  2  1 - |
小 乌龟 走  路  慢 悠 悠, 小 花猫 走  路  静 悄 悄,
小  象  走  路  慢 悠 悠, 小 狗  走  路  静 悄 悄。

3  4  5 | 3  4  5 | 6  6  5 - | 5  6  5  4 | 3  2  1 | 2  2  1 - ‖
```

☆ **考核要求：**

1. 弹唱歌曲

（1）完整流畅地弹奏，节奏准确。

（2）有表情地歌唱，吐字清晰，把握准确的音高。

2. 模拟教学

请用这首歌展示一个音乐教学的片段，请在下列活动中选择：

（1）听音乐拍打节奏；

（2）音乐游戏活动。

3. 请在 10 分钟内完成上述任务。

☆ **评分要点：**

1. 能在指定的调内，流畅地弹奏歌曲，有表情地歌唱，把握音高的准确度，做到吐字清晰，节奏准确。

2. 教学展示能正确把握音乐节奏和音律感，音乐形象鲜明，游戏活动有一定的创意。

5 新年到

1=F 2/4　　　　　　　　　　　　　　　　　　　　佚名词曲

```
2 2 | 1. 2 3 3 | 2 - | 1 1̣6̣ 5̣ | 5̣6̣ 1 1̣6̣ | 5̣ - |
新年到，    新年到，   敲锣打鼓    真热闹，

2 2 | 1. 2 5 3 | 2 - | 1 1̣6̣ 5̣ | 5̣6̣ 1 1̣6̣ | 5̣ - |
小朋友们哈哈笑，   恭喜大家    新年好，

2 1̣2̣ | 3 - | 2 3̣2̣ | 1 - | 1 1̣6̣ 5̣ | 5̣6̣ 1 1 | 0 ||
哎嗨哟，   哎嗨哟，   恭喜大家    新年好。
```

☆ 考核要求：

1. 弹唱歌曲

(1) 完整流畅地弹奏，节奏准确。

(2) 有表情地歌唱，吐字清晰，把握准确的音高。

2. 模拟面对幼儿教唱歌曲

教唱的方法基本适合 3~4 岁幼儿的特点，能激发幼儿的兴趣，适合幼儿的能力水平。

3. 回答问题

(1) 这首歌曲表达的内容是什么？

(2) 歌唱教学的组织环节可以有哪些？

4. 请在 10 分钟内完成上述任务。

☆ 评分要点：

1. 在指定的调内，有表情地边弹边唱，把握旋律的音高，做到吐字清晰，节奏准确。

2. 能教态亲和自然地示范教唱，通过表情、语言、动作、图片等让幼儿理解歌曲内容，在难点(如第 1~4 小节)处能重复教唱、分句示范等。

3. 歌唱教学的组织环节有：(1) 聆听；(2) 哼唱旋律；(3) 念歌词；(4) 学唱；(5) 边唱边打节奏；(6) 音乐游戏活动；(7) 音乐表演。

6　欢乐的幼儿园

$1=C \quad \frac{2}{4}$　　　　　　　　　　　　　　　　　　　　　　　和平　词曲

```
1· 5 | 5  5  43 5  5 | 5 6 5 6  5 3 | 5 4 3  5 - |
小    朋 友 们  快 快 来        呀,

1· 5 | 5  5  43 2  2 | 2 3 2 3  2 2 | 2 4 3 2  2 0 |
拉    起 手 儿  围 成 圈        呀,

2· 3 | 4  4  43 2  3 5 | 3· 3 | 5 1 2 2  1 - |
唱    着 歌 儿  跳 起 舞   呀,  幼 儿 园 里 欢乐多。

3 4 3 4 | 5 1 2 2  1 0 ‖
```

☆ **考核要求：**

1. 弹唱歌曲

（1）完整流畅地弹奏，节奏准确。

（2）有表情地歌唱，吐字清晰，把握准确的音高。

2. 模拟面对幼儿教唱歌曲

教唱的方法基本适合幼儿的特点，能激发幼儿的兴趣，适合幼儿的能力水平。

3. 回答问题

（1）歌唱教学中，你可以选择哪些方法激发幼儿的情绪与情感？

（2）在歌唱教学中要注意的教学难点是什么？

4. 请在 10 分钟内完成上述任务。

☆ **评分要点：**

1. 能在指定的调内，有表情地边弹边唱，把握旋律的音高，做到吐字清晰，节奏准确。

2. 能教态亲和自然地示范教唱，通过表情、语言、动作、图片等让幼儿理解歌曲内容，在难点处能重复教唱、分句示范等。

3. 歌唱教学中，可以通过讲故事、看图片、做游戏等方式激发幼儿的情绪情感。在歌唱教学中要注意的教学难点有：(1) 学会聆听音乐；(2) 把握音准和音高；(3) 把握音乐的速度与节奏。

7 好娃娃

1=F 2/4　中速　快乐地　　　　　　　　　和平　词曲

```
2 2 3 1 | 2  2 | 2 2 3 1 | 6 · 6 | 6 1 2 2 | 3 1 2 | 2 1 2 3 | 2  2
爷爷走路  慢呀， 一步迈一   步  呀，我陪爷爷  慢慢走，慢慢向前  走呀，

2 3 2 3 | 2 1 2 | 2 3  2 1 | 2  2 | 6 1 2 2 | 3 1 2 | 2 1 2 1 | 6 · 6 |
                             我陪爷爷  说说话，话儿说不  完呀。

6 1 2 2 | 3 1 2 | 2 1 2 1 | 6 · 6 ‖
爷爷夸我  好娃  娃 我是好娃  娃  呀。
```

☆ 考核要求：

1. 弹唱歌曲

(1) 完整流畅地弹奏，节奏准确。

(2) 有表情地歌唱，吐字清晰，把握准确的音高。

2. 模拟面对幼儿教唱歌曲

教唱的方法基本适合幼儿的特点，能激发幼儿的兴趣，适合幼儿的能力水平。

3. 回答问题

(1) 这首歌曲适合哪个年龄段的孩子学唱？

(2) 歌唱教学中，你可以选择哪些方法激发幼儿的情感与心情？

4. 请在10分钟内完成上述任务。

☆ 评分要点：

1. 能在指定的调内，有表情地边弹边唱，把握旋律的音高，做到吐字清晰，节奏准确。

2. 能教态亲和自然地示范教唱，通过表情、语言、动作、图片等让幼儿理解歌曲内容，在难点处能重复教唱、分句示范等。

3. 这首歌曲适合4～5岁的幼儿学唱。歌唱教学中，可以通过讲故事、看图片、做游戏、提问等方式激发幼儿的情绪情感。

8 彩 虹

佚名 词曲

$1=F$ $\frac{3}{4}$

```
5̣ 1  3  3 | 2  1  2  - | 5̣ 1  3  3 | 5  3  2  - |
雨  后  天  晴   挂  彩  虹,       赤  橙  黄  绿   青  蓝  紫,

3  1  3  3 | 2  1  6̣  - | 5̣ 1  2  2 | 3  2  1  - |
拿  起  我  的   小  画  笔,       画  出  美  丽   的  彩  虹  桥,

5̣ 1  3  3 | 5  3  2  - | 5̣ 1  2  2 | 1  2  1  - ‖
赤  橙  黄  绿   青  蓝  紫,       彩  虹  彩  虹   我  爱  你。
```

☆ **考核要求**:

1. 弹唱歌曲

(1) 完整流畅地弹奏,节奏准确。

(2) 有表情地歌唱,吐字清晰,把握准确的音高。

2. 模拟教学

请用这首歌展示一个音乐教学的片段,请在下列活动中选择:

(1) 听音乐拍打节奏。

(2) 音乐游戏活动。

3. 请在 10 分钟内完成上述任务。

☆ **评分要点**:

1. 能在指定的调内,流畅地弹奏歌曲,有表情地歌唱,把握音高的准确度,做到吐字清晰,节奏准确。

2. 教学展示能正确把握音乐节奏和音律感,音乐形象鲜明,游戏活动有一定的创意。

9 国旗多美丽

1=♭B 2/4

常 瑞 词
谢白倩 曲

(i.̇ 3 5 5 | 6̇ 5 | 6̇ 2 3 | i̇ -) | 5 i̇ | 5 3 | 1.2 3 4 |
　　　　　　　　　　　　　　　　　　　国　旗　国　旗　多　美
　　　　　　　　　　　　　　　　　　　国　旗　国　旗　多　美

5 - | 5 i̇ | 5 3 | 4 3 1 2 | - | 3. 4 | 5 6 5 |
丽，　天　天　升　在　朝　霞　里。　小　朋　友　们
丽，　五　颗　星　星　照　大　地。　我　祖　国　前　进

6 6 5 | 3 - | 1. 3 5 5 | 6 5 | 6 2 3 | 1 - ‖
爱　祖　国，　　向　着　国　旗　敬　礼，　敬　个　礼。
我　长　大，　　我　向　国　旗　敬　礼，　敬　个　礼。

☆ **考核要求**：

1. 弹唱歌曲

（1）完整流畅地弹奏，节奏准确。

（2）有表情地歌唱，吐字清晰，把握准确的音高。

2. 模拟面对幼儿教唱歌曲

教唱的方法基本适合幼儿的特点，能激发幼儿的兴趣，适合幼儿的能力水平。

3. 回答问题

（1）这首歌曲适合哪个年龄段的孩子学唱？

（2）歌唱教学中，你可以选择哪些方法激发幼儿的情感与心情？

4. 请在 10 分钟内完成上述任务。

☆ **评分要点**：

1. 能在指定的调内，有表情地边弹边唱，把握旋律的音高，做到吐字清晰，节奏准确。

2. 能教态亲和自然地示范教唱，通过表情、语言、动作、图片等让幼儿理解歌曲内容，在难点处能重复教唱、分句示范等。

3. 这首歌曲适合 4~5 岁的幼儿学唱。歌唱教学中，可以通过讲故事、看图片、做游戏、提问等方式激发幼儿的情绪情感。

10 大 鹿

1=F 2/4 中速 欢快地　　　　　　　　　　　法国童谣

```
5̣ 1 1 1 | 1 7̣ 2 | 5̣ 2 2 2 | 2 1 3 |
大 鹿 住 在  森 林 里, 小 兔 跑 来  敲 敲 门,

5̣ 1 1 1 | 1 7̣ 2 2 | 5̣ 2 2 2 | 2 1 3 3 |
"大 鹿 快 快  救 救 我 吧, 大 狼 在 后  面 追 着 我 呀"

5̣ 3 3 3 | 3 2 4 4 | 5 5 6 7 | 1 1 ‖
"小 兔 赶 快  跑 进 来 呀, 我 们 把 门  关 上。"
```

☆ **考核要求:**

1. 弹唱歌曲

(1) 完整流畅地弹奏,节奏准确。

(2) 有表情地歌唱,吐字清晰,把握准确的音高。

2. 模拟教学

请用这首歌展示一个音乐教学的片段,请在下列活动中选择:

(1) 听音乐拍打节奏。

(2) 音乐游戏活动。

3. 请在 10 分钟内完成上述任务。

☆ **评分要点:**

1. 能在指定的调内,流畅地弹奏歌曲,有表情地歌唱,把握音高的准确度,做到吐字清晰,节奏准确。

2. 教学展示能正确把握音乐节奏和音律感,音乐形象鲜明,游戏活动有一定的创意。

11 小小鸭

1=D 2/4

佚名 词曲

```
5 4 3 4 | 5 1̇ | 5 - | 5 5 5 | 5 6 5 6 | 5  5 |
我   是  小 小 鸭   嘎 嘎 嘎
我   是  小 小 鸭   嘎 嘎 嘎

5 4 3 4 | 5 1 2 | 2 3 | 2 - | 2 3 2 3 | 2  2 |
一 摇 一 摇 学 走   路,
清 早 来 到 池 塘   边,

5 6 5 6 | 5 4 3 4 | 5 1̇ | 5 - | 5 6 5 6 | 5  5 |
小 脚 前 后 走 一 走,
扑 通 一 声 跳 下 水,

5 6 5 6 | 5 4 3 2 | 1 2 | 1 - | 5 6 5 6 | 5 4 3 2 |
平 平 稳 稳 向 前 走。
划 呀 划 呀 向 前 游。

1 3 | 1 3 | 1  1 :||
```

☆ **考核要求：**

1. 弹唱歌曲

（1）完整流畅地弹奏，节奏准确。

（2）有表情地歌唱，吐字清晰，把握准确的音高。

2. 模拟面对幼儿教唱歌曲

教唱的方法基本适合3～5岁幼儿的特点，能激发幼儿的兴趣，适合幼儿的能力水平。

3. 回答问题

（1）这首歌曲适合哪个年龄段的孩子学唱？

（2）这首歌的教学难点是什么？如何破解难点？

4. 请在10分钟内完成上述任务。

☆ **评分要点：**

1. 能在指定的调内，有表情地边弹边唱，把握旋律的音高，做到吐字清晰，节奏准确。

2. 能教态亲和自然地示范教唱，通过表情、语言、动作、图片等让幼儿理解歌曲内容，在难点处能重复教唱、分句示范等。

3. 歌曲适合3～5岁孩子学唱。这首歌的主要难点是把握音准和音高，如1～4小节、7～10小节，在难点处要重复教唱、分句示范。

12 小红帽

巴西儿歌
赵金平、陈小文 译词

1=C 2/4

1 2 3 4 | 5 3 1 | i 6 4 | 5 5 3 | 1 2 3 4 | 5 3 2 1 |
我 独自 走 在 　 郊 外的 　 小路 上，我 把糕点 　 带给 外婆

2 3 | 2 5 | 1 2 3 4 | 5 3 1 | i 6 4 | 5 3 |
尝 一 　 尝， 　 她家 住在 　 又 远又 　 僻 静的 　 地 方。

1 2 3 4 | 5 3 2 1 | 2 3 | 1 1 | i 6 4 | 5 5 1 |
我 要当心 附近是否 有 大 　 灰 狼。当 太阳 　 下山 冈，

i 6 4 | 5 3 | 1 2 3 4 | 5 3 2 1 | 2 3 | 1 1 ‖
我 要赶 　 回家， 同 妈妈 　 一同进入 甜 蜜 梦 乡。

☆ **考核要求：**

1. 弹唱歌曲

（1）完整流畅地弹奏，节奏准确。

（2）有表情地歌唱，吐字清晰，把握准确的音高。

2. 模拟面对幼儿教唱歌曲

教唱的方法基本适合幼儿的特点，能激发幼儿的兴趣，适合幼儿的能力水平。

3. 回答问题

（1）歌唱教学中，你可以选择哪些方法激发幼儿的情绪与情感？

（2）在歌唱教学中要注意的教学难点是什么？

4. 请在10分钟内完成上述任务。

☆ **评分要点：**

1. 能在指定的调内，有表情地边弹边唱，把握旋律的音高，做到吐字清晰，节奏准确。

2. 能教态亲和自然地示范教唱，通过表情、语言、动作、图片等让幼儿理解歌曲内容，在难点处能重复教唱、分句示范等。

3. 歌唱教学中，可以通过讲故事、看图片、做游戏、提问等方式激发幼儿的情绪情感。在歌唱教学中要注意的教学难度有：（1）学会聆听音乐；（2）把握音准和音高；（3）把握音乐的速度与节奏。

13　五星红旗，我们爱你

1=D 4/4　　　　　　　　　　　　　　　　　　　　　　　佚名　词曲

```
1  1 2  3  5 | 2  2 3  2  - | 5  3  5 5  3 |
五  星  红  旗  我  爱    你，    太 阳 照 着 你，

2  1 2  3  2  - | 1  1 2  3  5 | 2  1 2 3  2  - |
春 风 吹 着 你，    五 星  红  旗  高 高  升  起，

5  3  6 5. | 2. 2  2 3  1  - ‖
敬 礼 敬 礼， 我 们  爱 你。
```

☆ **考核要求**：

1. 弹唱歌曲

（1）完整流畅地弹奏，节奏准确。

（2）有表情地歌唱，吐字清晰，把握准确的音高。

2. 模拟教学

请用这首歌展示一个音乐教学的片段，请在下列活动中选择：

（1）听音乐拍打节奏。

（2）歌表演。

3. 请在10分钟内完成上述任务。

☆ **评分要点**：

1. 能在指定的调内，流畅地弹奏歌曲，有表情地歌唱，把握音高的准确度，做到吐字清晰，节奏准确。

2. 教学展示能正确把握音乐节奏的韵律感，音乐形象鲜明，有一定的创意。动作自然优美，与歌曲表现贴切，有一定的创意。

第六单元 幼儿歌曲弹唱技能

14 懒小猪

1=C 2/4

佚名 词曲

```
5 1̇ | 5 1̇ 0 | 3 3̇2̇ | 1 0 | 5 1̇ | 5 1̇ 0 | 3 2̇1̇ | 5 0 |
小 猪    小 猪    懒 小  猪,    不 爱    劳 动    不 读  书,

6 1̇ | 6 1̇ 1̇ | 3̇2̇ 3̇5̇ | 6 0 | 1̇ 1̇6̇ | 5 06̇ | 5̇6̇ 5̇3̇ | 2 0 |
不 会   唱 歌 又 不 会    跳 舞,    只 会    睡 觉    和 打   呼  噜。

5 5 5 3 | 5 5 5 3 | 2 3̇2̇ | 1 0 | 5 5 5 3 | 5 5 5 3 | 2 3̇2̇ | 1 0 ‖
呼 噜 噜 噜 呼 噜 噜 噜 打 呼  噜,    哎 呀 哎 呀 哎 呀 哎 呀 懒 小  猪。
```

☆ 考核要求:

1. 弹唱歌曲

(1) 完整流畅地弹奏,节奏准确。

(2) 有表情地歌唱,吐字清晰,把握准确的音高。

2. 模拟面对幼儿教唱歌曲

教唱的方法基本适合幼儿的特点,能激发幼儿的兴趣,适合幼儿的能力水平。

3. 回答问题

(1) 这首歌曲适合哪个年龄段的孩子学唱?

(2) 歌唱教学中,你可以选择哪些方法激发幼儿的情绪与情感?

4. 请在 10 分钟内完成上述任务。

☆ 评分要点:

1. 能在指定的调内,有表情地边弹边唱,把握旋律的音高,做到吐字清晰,节奏准确。

2. 能教态亲和自然地示范教唱,通过表情、语言、动作、图片等让幼儿理解歌曲内容,在难点处能重复教唱、分句示范等。

3. 这首歌曲适合 4~5 岁的幼儿学唱,歌唱教学中,教师可以通过讲故事、念儿歌、看图片以及提问等方式增进幼儿对歌词的理解,激发幼儿的情感。

15 春 天

周致中 词
王履三 曲

1=F 3/4

（乐谱）

青青的杨柳随风飘，小小的燕子飞来了。春天的阳光多温暖，祖国的春天多美好。啦啦啦啦啦啦啦啦，祖国的春天多美好。

☆ **考核要求：**

1. 弹唱歌曲

（1）完整流畅地弹奏，节奏准确。

（2）有表情地歌唱，吐字清晰，把握准确的音高。

2. 模拟面对幼儿教唱歌曲

教唱的方法基本适合3～4岁幼儿的特点，能激发幼儿的兴趣，适合幼儿的能力水平。

3. 回答问题

（1）这首歌曲表达的内容是什么？

（2）歌唱教学的组织环节可以有哪些？

4. 请在10分钟内完成上述任务。

☆ **评分要点：**

1. 能在指定的调内，有表情地边弹边唱，把握旋律的音高，做到吐字清晰，节奏准确。

2. 能教态亲和自然地示范教唱，通过表情、语言、动作、图片等让幼儿理解歌曲内容，在难点处能重复教唱、分句示范等。

3. 歌唱教学的组织环节可以有哪些？（1）聆听；（2）哼唱旋律；（3）念歌词；（4）学唱；（5）边唱边打节奏；（6）音乐游戏活动；（7）音乐表演。

16 打电话

佚名 词
汪玲 曲

1=F 2/4

```
3 5  3 2 | 3  6 0 | 3 5  3 2 | 3  6 0 |
两个 小娃 娃   呀,    正在 打电 话   呀,
两个 小娃 娃   呀,    正在 打电 话   呀,

5 0  5 0 | 5 - | 3 3  2 5 | 3 - | 2 0  2 0 |
喂,  喂,  喂,    你在 哪里 呀?     哎,  哎,
喂,  喂,  喂,    你在 做什 么?     哎,  哎,

2 · 3 | 5 6  3 2 | 1 - |
哎,     我在 幼儿  园。
哎,     我在 学唱  歌。
```

☆ **考核要求**：

1. 弹唱歌曲

(1) 完整流畅地弹奏,节奏准确。

(2) 有表情地歌唱,吐字清晰,把握准确的音高。

2. 模拟教学

请用这首歌展示一个音乐教学的片段,请在下列活动中选择：

(1) 听音乐拍打节奏。

(2) 歌表演。

3. 请在10分钟内完成上述任务。

☆ **评分要点**：

1. 能在指定的调内,流畅地弹奏歌曲,有表情地歌唱,把握音高的准确度,做到吐字清晰,节奏准确。

2. 教学展示能正确把握音乐节奏和音律感,音乐形象鲜明,游戏活动有一定的创意。

17　六一儿童节

鲍贤琨　词曲

$1=^{b}B$　$\frac{2}{4}$

| 3 3 4 5 5 | 5 1 5 4 | 3. 2 3 4 | 5 — | 3 3 4 5 5 |

六月一日儿童节，儿童节，小朋友们

| 5 1 5 4 | 3. 4 3 2 | 1 — | 5. 1 1 1 | 1 6 6 |

手挽手来歌唱。　唱起歌来啦啦啦，

| 5. 1 1 1 | 1 6 6 | 5. 1 7 6 | 5 6 5 4 | 3 　 2 |

跳起舞来啦啦啦，围着鲜花我们欢乐在一

| 5 — | 5. 1 7 6 | 5. 6 5 4 | 3 　 2 | 1 — ‖

起，　高高兴兴庆祝六一儿童节。

☆ **考核要求：**

1. 弹唱歌曲

（1）完整流畅地弹奏，节奏准确。

（2）有表情地歌唱，吐字清晰，把握准确的音高。

2. 模拟面对幼儿教唱歌曲

教唱的方法基本适合 3~4 岁幼儿的特点，能激发幼儿的兴趣，适合幼儿的能力水平。

3. 回答问题

（1）歌唱教学中，你可以选择哪些方法激发幼儿的情绪与情感？

（2）在歌唱教学中要注意的教学难点是什么？

4. 请在 10 分钟内完成上述任务。

☆ **评分要点：**

1. 能在指定的调内，有表情地边弹边唱，把握旋律的音高，做到吐字清晰，节奏准确。

2. 能教态亲和自然地示范教唱，通过表情、语言、动作、图片等让幼儿理解歌曲内容，在难点处能重复教唱、分句示范等。

3. 歌唱教学中，教师可以通过讲故事、念儿歌、看图片以及提问等方式增进幼儿对歌词的理解，激发幼儿的情感。歌唱教学中要注意的教学难点有：(1) 学会聆听音乐；(2) 把握音准和音高；(3) 把握音乐的速度与节奏。

18 好妈妈

1=F 2/4

潘振声 词曲

中速 稍快

(5̣ 5 6 5 | 3 3 3 3 0 | 5̣ 3 3 2 | 1 0) | 3 3 5 2 2 | 1 0 | 3 3 5 6 6 |
　　　　　　　　　　　　　　　　　　　　　　　我的 好妈 妈，　下班 回到

5 0 | 2̣ 3 5 6 | 3 2 3 0 | 5̣ 6 5 3 | 2 0 | 3. 3 3 2 | 1̣ 6̣ 5̣ 0 |
家，　劳 动 了 一 天　多么 辛苦 呀，　妈 妈 妈 妈　快 坐 下，

3. 3 3 2 | 1̣ 6̣ 5̣ 0 | 5̣ 6̣ 1 2 | 3 - | 5 3 5 6 6 | 5 3 2 0 |
妈 妈 妈 妈　快 坐 下，　请 喝 一 杯　茶。　让我 亲亲　您 吧，

5 3 5 6 6 | 5 3 2 0 | 5 3 3 2 | 1 - ‖ 3. 5 | 2 0 2 0 | 1 0 ‖
让我 亲亲　您 吧，　我的 好 妈 妈。　　　　我 的　好 妈　妈。

结束句

☆ **考核要求**：

1. 弹唱歌曲

（1）完整流畅地弹奏，节奏准确。

（2）有表情地歌唱，吐字清晰，把握准确的音高。

2. 模拟面对幼儿教唱歌曲

教唱的方法基本适合幼儿的特点，能激发幼儿的兴趣，适合幼儿的能力水平。

3. 回答问题

（1）这首歌曲适合哪个年龄段的孩子学唱？

（2）歌唱教学中，你可以选择哪些方法激发幼儿的情绪与情感？

4. 请在 10 分钟内完成上述任务。

☆ **评分要点**：

1. 能在指定的调内，有表情地边弹边唱，把握旋律的音高，做到吐字清晰，节奏准确。

2. 能教态亲和自然地示范教唱，通过表情、语言、动作、图片等让幼儿理解歌曲内容，在难点处能重复教唱、分句示范等。

3. 这首歌曲适合 3～4 岁的幼儿学唱，歌唱教学中，教师可以通过讲故事、念儿歌、看图片以及提问等方式增进幼儿对歌词的理解，激发幼儿的情感。

19 过家家

陈瑞康 词
颂 今 曲

1=F 2/4

3 3 6̇ 3 | 2 2̇ 3 | 5̣ 5̣ 5̣ 6̣ | 1 — | 3 3 6̇ 3 |
我来 做爸 爸呀， 我来 做妈 妈， 我们 一起

2 2̇ 3 | 5̣ 5̣ 5̣ 6̣ | 1 — | × × × × | × × × × | × × × × |
来呀， 来玩过家家， 炒小 菜， 炒小 菜， 炒好 小菜

× × × | 3 3 5 3 | 2 2 | 3 3 6̇ 3 | 2 2 | 3 3 5 3 |
开饭啦！ 小菜炒得 好呀， 味道 好极了 呀， 娃娃 肚子

2 2̇ 3 | 5̣ 5̣ 5̣ 6̣ | 1 — ‖
饿了， 我们来喂 她。

☆ **考核要求**：

1. 弹唱歌曲
（1）完整流畅地弹奏,节奏准确。
（2）有表情地歌唱,吐字清晰,把握准确的音高。
2. 模拟教学
请用这首歌展示一个音乐教学的片段,请在下列活动中选择：
（1）听音乐拍打节奏。
（2）音乐游戏。
3. 请在 10 分钟内完成上述任务。

☆ **评分要点**：

1. 能在指定的调内,流畅地弹奏歌曲,有表情地歌唱,把握音高的准确度,做到吐字清晰,节奏准确。
2. 教学展示能正确把握音乐节奏和音律感,音乐形象鲜明,游戏活动有一定的创意。

20 长城

1=F 3/4　　　　　　　　　　　　　　　　　　　佚名　词曲

```
3̣ 6̣ 1 6̣ | 1 2 2 - | 2 3 5 1 | 2 3 2 - | 1 2 3 5 | 3 1 6̣ 1 2 |
万 里 长 城 像 条 龙， 跨 过 高 山 长 又 长， 烽 火 台 连 成 一 片
万 里 长 城 像 条 龙， 我 爬 长 城 高 又 高， 连 着 大 山 和 蓝 天，

2 3 2 1 | 6̣ 1 3 1 | 6̣ - | 1 2 2 3 2 2 | 3 1 6̣ 1 2 | 1 2 2 3 2 2 | 3 1 6̣ 1 6̣ :||
敌 人 不 敢 越 过 来。
万 里 长 城 我 爱 你。
```

☆ 考核要求：

1. 弹唱歌曲

（1）完整流畅地弹奏，节奏准确。

（2）有表情地歌唱，吐字清晰，把握准确的音高。

2. 模拟组织幼儿学唱歌曲

教学的方法基本适合 5～6 岁幼儿的特点，能激发幼儿的兴趣，适合幼儿的能力水平。

3. 回答问题

（1）这首歌曲表达的内容是什么？

（2）歌唱教学中，你可以选择哪些方法激发幼儿的情感？

4. 请在 10 分钟内完成上述任务。

☆ 评分要点：

1. 能在指定的调内，有表情地边弹边唱，把握旋律的音高，做到吐字清晰，节奏准确。

2. 能教态亲和自然地示范教唱，通过表情、语言、动作、图片等让幼儿理解歌曲内容，在难点（如第 1～2 小小节，3～4 小节）处能重复教唱、分句示范等。

3. 教师可以通过讲故事、看图片、提问来激发幼儿的情感。

21 蝴蝶花

屠晓雯 词
朱德诚 曲

1=F 2/4

```
5 1 1 1 | 2 3 3 | 6̇ 6̇1 | 5 5 5 | 1 3 3 1 | 5 5 5 |
你看那边  有一只  小 小  花蝴蝶， 我轻轻地  走过去

2 6̇1 | 2 2 2 | 5·3 | 2·3 | 6̇1 3 1 | 2 0 | 5·3 |
想要  捉住它， 为什么  蝴蝶  不害怕？  为  什

2·3 | 6̇1 3 6̇ | 5 0 | × 0 | 5 5 3 | 6 5 |
么  蝴蝶不害  怕？  哟！  原来是一  朵

2 5 5 | 3 2 | 1 - ‖
美丽的  蝴蝶  花。
```

☆ 考核要求：

1. 弹唱歌曲

（1）完整流畅地弹奏，节奏准确。

（2）有表情地歌唱，吐字清晰，把握准确的音高。

2. 模拟教学

请用这首歌展示一个音乐教学的片段，请在下列活动中选择：

（1）听音乐拍打节奏。

（2）歌表演。

3. 请在10分钟内完成上述任务。

☆ 评分要点：

1. 能在指定的调内，流畅地弹奏歌曲，有表情地歌唱，把握音高的准确度，做到吐字清晰，节奏准确。

2. 教学展示能正确把握音乐节奏和音律感，音乐形象鲜明，游戏活动有一定的创意。

22　奇奇兔

1=D 4/4　　　　　　　　　　　　　　　　　　　　　　　　　　　佚名　词曲

```
1 1·2 3 4 5 | 5 5·6 5 - | 3 4 5 3 3 1 | 2 2·3 2 - | 1 1·2 3 4 5 |
小 小  发 明 家  奇 奇  兔，  胡 萝 卜 清 洗 机  真 神  奇，  洗 呀  洗 呀
小 小  发 明 家  奇 奇  兔，  机 器 画 彩 蛋 好  整 齐， 画 呀  画 呀

5 5 6 5 - | 5·6 5 4 3 3 1 | 2 2 1 - | 5·6 5 4 3 3 | 2 3 2 3 1 1 1 ||
真 干 净，  朋  友 们 都 夸 它  真 聪 明。
彩 蛋 多，  朋  友 们 都 爱 它  奇 奇 兔。
```

☆ **考核要求**：

1. 弹唱歌曲

(1) 完整流畅地弹奏，节奏准确。

(2) 有表情地歌唱，吐字清晰，把握准确的音高。

2. 模拟面对幼儿教唱歌曲

教唱的方法基本适合幼儿的特点，能激发幼儿的兴趣，适合幼儿的能力水平。

3. 回答问题

(1) 歌唱教学中，你可以选择哪些方法激发幼儿的情绪与情感？

(2) 歌唱教学的组织环节可以有哪些？

4. 请在 10 分钟内完成上述任务。

☆ **评分要点**：

1. 能在指定的调内，有表情地边弹边唱，把握旋律的音高，做到吐字清晰，节奏准确。

2. 能教态亲和自然地示范教唱，通过表情、语言、动作、图片等让幼儿理解歌曲内容，在难点处能重复教唱、分句示范等。

3. 歌唱教学中，可以通过讲故事、看图片、做游戏、提问等方式激发幼儿的情绪情感。歌唱教学的组织环节可以有：(1) 聆听；(2) 哼唱旋律；(3) 念歌词；(4) 学唱；(5) 边唱边打节奏；(6) 音乐游戏活动；(7) 音乐表演。

23　颂祖国

$1=D$　$\frac{2}{4}$

维吾尔族民歌

```
1  1 1  3  3 | 1  1  5 | 3 2 3 2  1 2 3 | 1 1  1 |
我 们的 祖 国  是 花 园， 花园里的 百灵鸟 歌连天，

4  4 4  6  6 | 5 6 5 4  3 | 4  4 4  6 6 | 5 6 5 4  6 |
歌 唱祖 国 的  新  气  象， 歌 唱伟 大的  共  产  党，

3 2  1 2 3 | 1  1  5 | 3 2 3 2  1 2 3 | 1 1  1 :|
各族 人民  喜 洋 洋， 幸福 生活  万 年 长。
```

☆ **考核要求：**

1. 弹唱歌曲

（1）完整流畅地弹奏，节奏准确。

（2）有表情地歌唱，吐字清晰，把握准确的音高。

2. 模拟面对幼儿教唱歌曲

教唱的方法基本适合幼儿的特点，能激发幼儿的兴趣，适合幼儿的能力水平。

3. 回答问题

（1）这首歌曲适合哪个年龄段的孩子学唱？

（2）歌唱教学中，你可以选择哪些方法激发幼儿的情绪与情感？

4. 请在 10 分钟内完成上述任务。

☆ **评分要点：**

1. 能在指定的调内，有表情地边弹边唱，把握旋律的音高，做到吐字清晰，节奏准确。

2. 能教态亲和自然地示范教唱，通过表情、语言、动作、图片等让幼儿理解歌曲内容，在难点处能重复教唱、分句示范等。

3. 这首歌曲适合 5~6 岁的幼儿学唱，歌唱教学中，教师可以通过讲故事、念儿歌、看图片以及提问等方式增进幼儿对歌词的理解，激发幼儿的情感。

24 小小的船

叶圣陶 词
胡汉娟 曲

$1=D$ $\frac{3}{4}$

```
5 3 5 | 3 - 2 | 1 6 3 | 2 - - | 5 3 5 | 3 - 2 |
弯 弯 的  月       儿  小 小 的  船,           小 小 的  船    儿

1 6 3 | 1 - - | 3 2 3 | 1 1 6 | 1 5 3 | 2 - - |
两 头  尖,            我  在 小 小 的 船       里 坐,

3 2 3 | 5 6 5 | 3 - 2 | 1 6 3 | 1 - - ‖
只 看 见  闪 闪 的  星     星 蓝 蓝 的  天。
```

☆ **考核要求：**

1. 弹唱歌曲

（1）完整流畅地弹奏，节奏准确。

（2）有表情地歌唱，吐字清晰，把握准确的音高。

2. 模拟面对幼儿教唱歌曲

教唱的方法基本适合3～4岁幼儿的特点，能激发幼儿的兴趣，适合幼儿的能力水平。

3. 回答问题

（1）这首歌曲适合哪个年龄段的孩子学唱？

（2）歌唱教学的组织环节可以有哪些？

4. 请在10分钟内完成上述任务。

☆ **评分要点：**

1. 能在指定的调内，有表情地边弹边唱，把握旋律的音高，做到吐字清晰，节奏准确。

2. 能教态亲和自然地示范教唱，通过表情、语言、动作、图片等让幼儿理解歌曲内容，在难点处能重复教唱、分句示范等。

3. 这首歌曲适合4～6岁的幼儿学唱，歌唱教学的组织环节有：(1) 聆听；(2) 哼唱旋律；(3) 念歌词；(4) 学唱；(5) 边唱边打节奏；(6) 音乐游戏活动；(7) 音乐表演。

25 小邮票

1=C 2/4

和平 词曲

```
1  1 2 | 3  1 | 2 2 | 2 - | 2  2 3 | 4 4 | 2  3 4 | 3 - |
我 是 一  张  小 邮  票，  贴 在    信 封  上 真  好 看，
坐 上 汽  车  和 火  车，  坐 上    飞 机  去 四  方，

5  3 | 5  3 | 5 5 5 6 | 5  3 | 5  1 | 2 3 | 2 2 3 | 2 - |
投 进 邮  箱 送 进 邮 局。 分  类 发 送 到 远  方，
送 到 各  地 亲 友 家。 我 的 本 领 真 正 大，

5 1 | 2 3 | 2 2 | 1 - | 5 1 5 1 | 2 3 | 2 3 | 2 2 | 1 - ‖
分 类 发 送 到 远  方。  我 的   本 领 真 正 大。
```

☆ **考核要求：**

1. 弹唱歌曲

（1）完整流畅地弹奏，节奏准确。

（2）有表情地歌唱，吐字清晰，把握准确的音高。

2. 模拟面对幼儿教唱歌曲

教唱的方法基本适合幼儿的特点，能激发幼儿的兴趣，适合幼儿的能力水平。

3. 回答问题

（1）这首歌曲适合哪个年龄段的孩子学唱？

（2）在歌唱教学中要注意的教学难点是什么？

4. 请在10分钟内完成上述任务。

☆ **评分要点：**

1. 能在指定的调内，有表情地边弹边唱，把握旋律的音高，做到吐字清晰，节奏准确。

2. 能教态亲和自然地示范教唱，通过表情、语言、动作、图片等让幼儿理解歌曲内容，在难点处能重复教唱、分句示范等。

3 歌曲适合5～6岁幼儿学唱。在歌唱教学中要注意的教学难点有：(1)学会聆听音乐；(2)把握音准和音高；(3)把握音乐的速度与节奏。

26 小毛驴

北京儿歌

1=C 2/4

调皮、风趣地

```
| 1 1  1 3 | 5 5 5 5 | 6 6 6 1 | 5  -  | 4 4 4 6 |
  我有 一只   小毛驴我   从来也不   骑,       有一天我

| 3 3  3 3 | 2 2 2 2 | 5.  5 | 1 1  1 3 | 5 5 5 5 |
  心里 高兴   骑着去赶   集。     我手 拿着   小皮鞭我

| 6 6 6 1 | 5  -  | 4 4 4 6 | 3 3 3 3 3 | 2 2 2 3 | 1  -  ||
  心里正得   意,     不知怎么   咕噜噜噜我   摔了一身   泥。
```

☆ **考核要求**：

1. 弹唱歌曲
（1）完整流畅地弹奏，节奏准确。
（2）有表情地歌唱，吐字清晰，把握准确的音高。
2. 模拟面对幼儿教唱歌曲
教唱的方法基本适合幼儿的特点，能激发幼儿的兴趣，适合幼儿的能力水平。
3. 回答问题
（1）这首歌曲表达的内容是什么？
（2）歌唱教学中，你可以选择哪些方法激发幼儿的情绪与情感？
4. 请在 10 分钟内完成上述任务。

☆ **评分要点**：

1. 能在指定的调内，有表情地边弹边唱，把握旋律的音高，做到吐字清晰，节奏准确。
2. 能教态亲和自然地示范教唱，通过表情、语言、动作、图片等让幼儿理解歌曲内容，在难点处能重复教唱、分句示范等。
3. 歌唱教学中，可以通过讲故事、看图片、做游戏、提问等方式激发幼儿的情绪情感。

27 牧羊女拉拉

佚名 词曲

1=C 3/4

```
5 - 4 | 3 5 i | 7 6 7 | i 5 0 | 5 - 4 |
我    是  快乐的  牧羊女   啦啦     我   的
我    是  美丽的  牧羊女   啦啦，   我   在

3 5 i | 7 6 7 | i - 0 | 2 5 5 | 5 5 5 5 5 |
羊儿在 绿草地上，      白羊儿，咩咩咩咩咩
草地上 快乐歌唱，      我唱歌，啦啦啦啦啦

2 5 5 | 5 5 5 5 5 | 5 - 4 | 3 5 i | 7 6 7 |
黑羊儿，咩咩咩咩咩  我 有  好多美丽 的 羊。
多嘹亮，啦啦啦啦啦  羊 儿  倾听我 的 歌唱。

i - 0 ‖
```

☆ **考核要求：**

1. 弹唱歌曲

（1）完整流畅地弹奏，节奏准确。

（2）有表情地歌唱，吐字清晰，把握准确的音高。

2. 模拟面对幼儿教唱歌曲

教唱的方法基本适合幼儿的特点，能激发幼儿的兴趣，适合幼儿的能力水平。

3. 回答问题

（1）这首歌曲适合哪个年龄段的孩子学唱？

（2）歌唱教学的组织环节可以有哪些？

4. 请在10分钟内完成上述任务。

☆ **评分要点：**

1. 能在指定的调内，有表情地边弹边唱，把握旋律的音高，做到吐字清晰，节奏准确。

2. 能教态亲和自然地示范教唱，通过表情、语言、动作、图片等帮助幼儿理解歌曲内容，在难点处能重复教唱、分句示范等。

3. 这首歌曲适合5～6岁幼儿学唱。歌唱教学的组织环节可以：（1）聆听；（2）哼唱旋律；（3）念歌词；（4）学唱；（5）边唱边打节奏；（6）音乐游戏活动；（7）音乐表演。

28 比尾巴

程宏明 词
周勤耀 曲

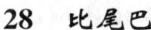

1=C 2/4

1 1 1 3 | 5 — | 6 6 6̇ 1̇ | 5 — | 6 6 1̇ 1̇ |
谁 的 尾 巴 长？ 谁 的 尾 巴 短？ 谁 的 尾 巴
谁 的 尾 巴 弯？ 谁 的 尾 巴 扁？ 谁 的 尾 巴

5 6 3 | 5 3 2 1 | 2 — | 1 1 1 3 | 5 — |
好 像 好 像 一 把 伞？ 猴 子 尾 巴 长，
最 呀 最 呀 最 好 看？ 公 鸡 尾 巴 弯，

6 6 1̇ 5 | 6 — | 1̇ 1̇ 6 | 5 6 3 |
兔 子 尾 巴 短， 松 鼠 的 尾 巴
鸭 子 尾 巴 扁， 孔 雀 的 尾 巴

5 3 2 2 | 1 — ‖
好 像 一 把 伞。
最 呀 最 好 看。

☆ 考核要求：

1. 弹唱歌曲

（1）完整流畅地弹奏，节奏准确。

（2）有表情地歌唱，吐字清晰，把握准确的音高。

2. 模拟面对幼儿教唱歌曲

教唱的方法基本适合幼儿的特点，能激发幼儿的兴趣，适合幼儿的能力水平。

3. 回答问题

（1）这首歌曲适合哪个年龄段的孩子学唱？

（2）在歌唱教学中要注意的教学难点是什么？

4. 请在10分钟内完成上述任务。

☆ 评分要点：

1. 能在指定的调内，有表情地边弹边唱，把握旋律的音高，做到吐字清晰，节奏准确。

2. 能教态亲和自然地示范教唱，通过表情、语言、动作、图片等让幼儿理解歌曲内容，在难点处能重复教唱、分句示范等。

3. 这首歌曲适合5～6岁幼儿学唱。歌唱教学中要注意的教学难点是：(1) 学会聆听音乐；(2) 把握音准和音高；(3) 把握音乐的速度与节奏。

29 洋娃娃和小熊跳舞

波兰儿歌

1 = D 2/4

| 1 1 3 4 | 5 5 5 3 | 4 4 4 2 | 1 3 5 0 |

1.洋 娃 娃 和　小 熊 跳 舞，跳 呀 跳 呀　一 二 一，
2.洋 娃 娃 和　小 熊 跳 舞，跳 呀 跳 呀　一 二 一，

| 1 1 3 4 | 5 5 5 3 | 4 4 4 2 | 1 3 1 0 |

他 们 在 跳　圆 圈 舞 呀，跳 呀 跳 呀，一 二 一。
他 们 跳 得　多 么 好 呀，多 么 好 呀，一 二 一。

| 6 6 4 5 | 5 5 5 3 | 4 4 4 2 | 1 3 5 0 |

小 熊 小 熊　点 点 头 呀，点 点 头 呀，一 二 一，
我 们 也 来　跳 个 舞 呀，跳 呀 跳 呀，一 二 一，

| 6 6 4 5 | 5 5 5 3 | 4 4 4 2 | 1 3 1 0 ‖

小 洋 娃 娃　笑 起 来 啦，笑 呀 笑 呀　哈 哈 哈。
我 们 也 来　跳 个 舞 呀，跳 呀 跳 呀　一 二 一。

☆ **考核要求**：

1. 弹唱歌曲
（1）完整流畅地弹奏，节奏准确。
（2）有表情地歌唱，吐字清晰，把握准确的音高。
2. 模拟教学
请用这首歌展示一个音乐教学的片段，请在下列活动中选择：
（1）听音乐拍打节奏。
（2）歌表演。
3. 请在 10 分钟内完成上述任务。

☆ **评分要点**：

1. 能在指定的调内，流畅地弹奏歌曲，有表情地歌唱，把握音高的准确度，做到吐字清晰，节奏准确。
2. 教学展示能正确把握音乐节奏和音律感，音乐形象鲜明，游戏活动有一定的创意。

30　小孔雀

1=F 3/4　　　　　　　　　　　　　　　　　　　　　佚名　词曲

```
6·1 2 | 3 5 3 2 3 | 6 1 2 3 | 1 2 1 6 1 | 3 6 1 1 | 1 2 1 6 1 1 |
小 孔雀 真  好  看， 穿着一身 花 衣 裳， 转个 圆圈 抖一 抖呀，
小 孔雀 真  好  看， 来了一群 小 孔 雀， 围个 圆圈 一起 抖呀，

3·5 3 1 | 2 3 2 1 2 | 3 6 6 1 6 | 3 6 6 1 6 | 3·5 3 1 | 2·3 |
孔 雀开 屏 真  漂  亮， 啊啰啰 哩啰 啊啰啰 哩啰 孔 雀开 屏  啦，
孔 雀开 屏 真  漂  亮， 啊啰啰 哩啰 啊啰啰 哩啰 孔 雀开 屏  啦，

1·2 2 1 | 6 6 | 3 6 6 1 6 | 3 6 6 1 6 | 1 2 3 6 | 1 6 | 6 :||
真  漂 亮 呀。
真  漂 亮 呀。
```

☆ **考核要求：**

1. 弹唱歌曲

(1) 完整流畅地弹奏，节奏准确。

(2) 有表情地歌唱，吐字清晰，把握准确的音高。

2. 模拟面对幼儿教唱歌曲

教唱的方法基本适合幼儿的特点，能激发幼儿的兴趣，适合幼儿的能力水平。

3. 回答问题

(1) 这首歌曲适合哪个年龄段的孩子学唱？

(2) 歌唱教学的组织环节可以有哪些？

4. 请在 10 分钟内完成上述任务。

☆ **评分要点：**

1. 能在指定的调内，有表情地边弹边唱，把握旋律的音高，做到吐字清晰，节奏准确。

2. 能教态亲和自然地示范教唱，通过表情、语言、动作、图片等让幼儿理解歌曲内容，在难点处能重复教唱、分句示范等。

3. 这首歌曲适合 5～6 岁的幼儿学唱。歌唱教学的组织环节有：(1) 聆听；(2) 哼唱旋律；(3) 念歌词；(4) 学唱；(5) 边唱边打节奏；(6) 音乐游戏活动；(7) 音乐表演。

第七单元

幼儿舞蹈创演技能

第一部分　考核指南

舞蹈表演与幼儿舞蹈创编是幼儿园教师不可或缺的专业技能之一。通过循序渐进的舞蹈学习和训练，学前教育专业学生应认识和理解舞蹈的运动特性，初步具备舞蹈基本功，掌握一定的舞蹈素材和编创幼儿舞蹈的能力，提高舞蹈的鉴赏能力，学会正确规范的舞蹈教学方法，科学、安全地指导幼儿的舞蹈活动。

幼儿园教师应具备的舞蹈创编能力包括幼儿律动组合的创编、幼儿歌表演的创编、幼儿集体舞的创编、音乐游戏的创编、幼儿表演舞蹈的创编和即兴编舞。

为了培养幼儿园教师扎实的教学基本功，提升专业素质水平，在幼儿园教师培养环节，应加强对学前教育专业学生进行舞蹈基本功和幼儿舞蹈编创技能的训练，并通过技能考核和竞赛提高技艺水平，从而达到胜任幼儿园的教学和课外活动辅导工作的要求。

一、训练内容与要求

（一）舞蹈表演技能

1. 舞蹈基本功：掌握头、手、腿、胸腰、跳跃、旋转等舞蹈基础动作。
2. 舞蹈表演：掌握各类舞姿动作，基本掌握维族、蒙族、苗族、藏族、傣族等民族舞蹈的基本动作。

（二）幼儿舞蹈创编与教学技能

1. 即兴幼儿舞蹈创编：运用各种舞蹈素材完成命题幼儿舞蹈创编表演。
2. 幼儿舞蹈教学：指导幼儿练习舞蹈基本功，学习舞蹈基本动作。

二、训练方式

结合舞蹈基础、幼儿舞蹈创编等课程教学，通过教师传授、学生自主练习等措施加强舞蹈基本功训练，提高幼儿舞蹈创编能力，组织开展即兴幼儿舞蹈创演技能考核与竞赛。

三、考核方案与评分标准

（一）基本功

1. 初级要求：熟练掌握头、手、把上腿、把上胸腰等动作。动作规范、准确、连贯，突出韵律感、节奏鲜明、动作有力度等。

2. 中级要求:熟练掌握头、手、把上腿、把上胸腰等动作。基本掌握把下踢腿、搬腿、跳跃、翻滚。动作规范、准确、连贯,突出韵律感、节奏鲜明、动作有力度等。跳跃类动作连贯轻巧、节奏鲜明、姿态优美;滚翻类动作圆滑,方向正。

3. 高级要求:熟练掌握所有七大项所有内容。动作规范、准确、连贯,突出韵律感、节奏鲜明、动作有力度等。跳跃类动作连贯、节奏鲜明、姿态优美;滚翻类动作圆滑,方向正;旋转类动作重心平稳、动作舒展、速度平稳、姿态优美。

(二)舞蹈表演

1. 初级要求:熟练掌握舞蹈一、舞蹈二、舞蹈三、舞蹈四,基本掌握舞蹈五、舞蹈六。表演要求动作规范、准确、连贯,有力度、节奏鲜明,突出韵律感,能够充分表现基础动律的规范性和风格性,具有一定的艺术表现力。

2. 中级要求:熟练掌握舞蹈一、舞蹈二、舞蹈三、舞蹈四、舞蹈五、舞蹈六、基本掌握舞蹈七、舞蹈八、舞蹈九。表演要求能够领会和初步掌握舞蹈表演的灵敏性、协调性、柔韧性。舞蹈表演姿态优美、动作轻巧。能够充分领会音乐、节奏与身体的关系,无论是缓慢还是快速,都把动作贯穿于每一个音符、每一个节拍之中,一丝不差地表现出瞬间的节奏变化,舞台艺术表现力较强。

3. 高级要求:熟练掌握所有舞蹈表演内容。具有较为全面的和扎实的基本能力、基本技术以及音乐感和艺术表现力。表演过程中能够做到气韵贯穿于身体的各个部位,形神一体,舞蹈表演中能够突出民族性和各自的艺术特色。表演中可兼顾舞蹈技巧与表演主题意境,舞台艺术表现力强。

(三)即兴幼儿舞蹈创编

幼儿舞蹈创编考核的是舞者儿童舞蹈的基本素养和音乐顿悟能力。技能考核为随机抽题听曲,3分钟准备时间,当场完成命题即兴舞蹈表演。

1. 优秀:舞蹈动作创编符合主题,能够表现完整的舞蹈特色、结构完整。完全达到动作内容创编要求,表现完整、整体感较强,舞台表现力强。

2. 良好:舞蹈动作到位,动作与动作衔接自然、舒展,符合该舞蹈组合的基本韵律和特点,动作合拍,节奏感强,表情符合舞蹈表达的思想,具有较强的舞蹈感染力。

3. 合格:舞蹈动作到位,动作与动作衔接自然、舒展,符合该舞蹈组合的基本韵律和特点,动作合拍,节奏感强,表情符合舞蹈表达的思想,有一定的舞蹈感染力。

本项目考核分值均为10分,凡获6分以下为不合格,6~8分为合格,8~9分为良好,9分以上为优秀。

四、跳好即兴舞蹈作品的要点

1. 听第一遍音乐时,要先全面了解音乐内容,深刻理解音乐的情感、风格和节奏,从而确立舞蹈表演的主题思想。根据音乐的节奏,用身体动作和情绪表现音乐的情感，结合音乐的风格突出其特色，这是跳好即兴舞蹈需要具备的首要能力。

2. 听第二遍音乐时，应进一步根据音乐的段落、性质，选择恰当的舞蹈动作素材进行简单的构思，根据音乐抓住主题表现一两个准确、关键且具有代表性的主题动作并设计好开始的造型，这是跳好即兴舞蹈的小窍门。

3. 第三遍音乐起时，就要随音乐自然起舞。让音乐流淌进我们的身体，然后带上音乐的主题情绪，尽力用丰富的肢体动作表现出来。

第二部分　训练与考核题库

一、基本功

（一）头

1. 点头组合（单拍子、复合拍子）
2. 晃头组合（慢板、快板）
3. 扭头组合（左右、上下）

（二）手

1. 手位（前下、前、前上、上、侧、前侧、后侧、后上、后下）
2. 扩指
3. 晃指

（三）腿

1. 把上压腿（压前腿（图7-1）·压旁腿（图7-2）·压后腿（图7-3））

图7-1

图7-2

第七单元 幼儿舞蹈创演技能

图 7-3

2. 把上踢腿（踢前腿·踢旁腿·踢后腿（图 7-4））

图 7-4

3. 把上搬腿（前腿（图 7-5）·旁腿（图 7-6）·后腿（图 7-7））

图 7-5

图 7-6

图 7-7

4. 中间踢腿（踢前腿·踢旁腿·踢后退）
5. 中间搬腿

（四）胸腰

1. 把杆压肩及胸腰练习（图 7-8）

图 7-8

2. 地面胸腰练习（跪地下腰）
3. 腰功（下腰（图 7-9）·控腰·涮腰）

图 7-9

4. 翘头探海(图 7-10)

图 7-10

5. 深下探海

(五) 跳跃

1. 吸腿跳
2. 前追步
3. 小跳
4. 中跳
5. 大跳

(六) 地面动作

1. 前滚翻
2. 后滚翻
3. 劈腿(图 7-11)

图 7-11

4. 角柱

(七) 旋转

1. 五位转(图 7 - 12)

图 7 - 12

2. 四位转圈
3. 点地转(图 7 - 13)

图 7 - 13

4. 平转

二、舞蹈表演

（一）小星星洗澡（手位练习）

【舞蹈准备】

身向1点，跪地抱团身。（图7-14）

图7-14

[1] 1—4　保持准备位姿态。

　　5—8　双手掌心向外位于眼前，摇头起身。

【动作要领】

第一段：

[2] 1—2　正下位扩指两次，掌心向外。

　　3—4　旁平位扩指两次，掌心向外。

　　5—6　切手6次。

　　7—8　双手放至腿上。

第二段：

[3] 1—2　正上位扩指两次，掌心向外。（图7-15）

图7-15

3—4　旁平位扩指两次,掌心向外。
5—6　胸前位扩指,小臂上下摆动,掌心向内。
7—8　双手放至腿上。

第三段:

[4] 1—2　旁斜下位扩指两次,掌心向外。
3—4　旁斜上位扩指两次,掌心向外。(图7-16)

图7-16

5—6　胸前位扩指,小臂上下摆动,掌心向内。
7—8　双手放至腿上。

结束:

[5] 1—8　自由睡觉状。(图7-17)

图7-17

(二)我是小小兵(重心移动练习)

【舞蹈准备】

身向1点,正步位,手臂垂于身体两侧。(图7-18)

图 7-18

【动作要领】

开始：

[1] 1—8　保持准备位姿态。

[2] 1—8　保持准备位姿态。

[3] 1—2　右脚前点地，同时左手折臂点肩。（图 7-19）

图 7-19

　　　3—4　双脚重心半蹲。

　　　5—6　前移重心至左脚后点地，右腿直立。

　　　7—8　左脚踏回至正步位，同时左手落至体旁。

[4] 1—8　重复准备音乐[3]1—8　反面动作。

第一段：

[1] 1—8　右脚下踩原地交替提压脚跟 4 次，同时左手折臂点肩。

[2] 1—2　右脚上步至左脚后点地位。

　　　3—4　左脚踏回至正步位，左臂保持不动。

　　　5—8　重复[2]1—4 反面动作。

[3] 1—8　重复 1 动作。

[4] 1—2　右脚并步至正步位半蹲,同时双手腰间握拳,手心朝上。(图 7 - 20)

图 7 - 20

3—4　左脚向 1 点上步至右脚后点地位,右手出拳。
5—6　重复[4]1—2 动作。
7—8　重复[4]3—4 反面动作。

[5] 1—2　左脚落至大八字位半蹲,双手腰间握拳,手心朝上。(图 7 - 21)

图 7 - 21

3—4　左移重心直立至右脚点地,转体对 7 点方向右手出拳。
5—8　重复[5]1—4 反面动作。

[6] 1—4　屈膝,全脚碎踏步,向 1 点前进,同时右手出拳,上身前俯,视 1 点
　　　5　收至准备位。
　　6—8　保持准备位姿态。

结束:

[7] 1—8　重复准备 3 动作。
[8] 1—7　重复准备[4]1—7 动作。
　　　8　右手敬礼。

(三)玩翘板(维吾尔族)

【舞蹈准备】

身向1点,右膝单跪立,行礼。(图7-22)

图7-22

[1] 1—8　保持准备位姿态。
[2] 1—4　双手经体侧提至旁平位,同时直立,脚收至自然位。
　　5—6　行礼。
　　7—8　收至自然位直立,双手自然下垂。

【动作要领】

第一段:

[1] 1—2　右手掌心向上折腕两次,同时屈膝两次,眼视手的方向。
　　3—4　绕腕形成花形手,第4拍头回正。
　　5—8　重复[1]1—4反面动作。
[2] 1　右脚上步半蹲,同时向前斜下位双摊手。(图7-23)

图7-23

　　2　绕腕形成花形手至左手胸前,右手旁平位,同时移至前脚重心。(图7-24)

图 7-24

3—4 保持舞姿。
5—8 重复[2]1—4 反面动作。（图 7-25）

图 7-25

[3] 1 右脚上步半蹲，同时向前斜下位双摊手。
2 绕腕形成花形手至左顺风旗手位，同时移至前脚重心。（图 7-26）

图 7-26

3—4 保持舞姿,同时颈横移,重拍在右。

5—8 重复[3]1—4反面动作。(图7-27)

图7-27

[4] 1 右脚上步半蹲,同时向前斜下位双摊手。

2 绕腕形成花形手至胸前交叉位(右手在前),同时移至前脚重心。(图7-28)

图7-28

3—4 保持舞姿,同时颈横移,重拍在右。

5—8 重复[4]1—4反面动作。

[5] 1—4 双手经体侧提至旁平位,同时收自然脚位。

5—8 左脚上步跪立,低头行礼,结束。

(四)积木乐园(蒙古族)

【舞蹈准备】

正步位体对7点,单勒马手,头右倾,眼视1点,场下准备。(图7-29)

图 7-29

[1] 1—8　保持准备位姿态。

[2] 1—8　保持准备位姿态。

【动作要领】

第一段：

[1] 1—4　体对 7 点方向，右脚起的小马步，(一拍两次)连续 7 次。

　　 5—6　保持方向，单勒马手叩腕，同时曲膝。(图 7-30)

图 7-30

　　 7—8　还原至单勒马手舞姿。

[2] 1—8　继续向 7 点行进，重复[1]1—8 动作。

[3] 1—8　继续向 7 点行进，重复[1]1—8 动作。

[4] 1—8　向 1 点方向行进，重复[1]1—8 动作。

[5] 1—8　向 1 点方向行进，重复[1]1—8 动作。

[6] 1—4　体对 1 点，双耸肩。

　　 5—8　重复[4]1—4 反面动作。

[7] 1—4　重复[4]1—4 动作。

5—6 原地正步位小跳至7方向,同时曲膝。
7—8 还原至单勒马手舞姿,同时直立。

第二段:

[8] 1—8 向7点方向行进的小马舞步,重复[1]1—8动作。
[9] 1—8 向5点方向行进的小马舞步,重复[1]1—8动作。
[10] 1—8 向3点方向行进的小马舞步,重复[1]1—8动作。
[11] 1—8 向1点方向行进的小马舞步,重复[1]1—8动作。
[12] 1—8 重复[4]1—8动作。
5—6 双叩腕。
7—8 单跪立扬鞭手。(图7-31)

图 7-31

（五）小阿哥（苗族）

【舞蹈准备】

体对7点,上身转向1点目视1点左倾头,脚下正步位,叉腰手准备。(图7-32)

图 7-32

［1］1—8　体对7点,上身转向1点目视1点左倾头,脚下正步位,叉腰手
［2］1—4　保持姿态。
　　5—8　保持姿态;右手从体旁慢起至正上位阔指。

【动作要领】
第一段:
［1］1—4　手碎步向7点方向跑出,左右交替8次。
　　5—6　左脚向左旁打开,左单摆胯双托手,一拍到位。(图7-33)

图7-34

　　7—8　脚下位置不变,移重心至右单摆胯,双手经体旁直臂手心向下抹至旁按掌位,一拍到位。(图7-34)

图7-34

　　2—4　重复1动作,三遍。
［5］1　目视1点,体对1点,收回左脚呈正步位,胸前击掌,同时膝盖放松颤膝。
(图7-35)

图 7-35

  2 重复[5]1动作。

  3—4 双手落至旁按掌,身体90度前倾半蹲,一拍到位。

  5—6 左脚向左旁打开,左单摆胯旁按掌,一拍到位。

  7—8 脚下位置不变,移重心至右单摆胯,一拍到位。

[6]1—2 脚下位置不变,移重心至左单摆胯,双手经体旁直臂手心向上抹至双托手,一拍到位。

  3—4 脚下位置不变,移重心至右单摆胯,双手经体旁直臂手心向下抹至旁按掌位,一拍到位。

  5—8 重复[6]1—4动作。

[7]1—4 左脚起左右交替半脚掌碎步八步,同时左转身头随动,旁按掌,一拍两步。

  5—6 双脚跳落呈正步位,旁按掌,身体90度前倾半蹲,一拍到位。

[8]1—6 重复[7]1—6反面动作。

[9]1—8 重复[5]5—8动作,共四次。

间奏音乐:

[10]1 目视1点,左脚脚掌向1点方向点出,出左胯身体随动,同时右脚以脚掌为重心点转至体对3点,双手旁按掌。

  2 身体方向及脚下不变,收胯。

  3 重复[10]1动作,转至目视3点,向3点方向点步,体对5点。

  4 身体方向及脚下不变,收胯。

  5 重复[10]1—2动作,转至目视5点,向5点方向点步,体对7点。

  6 身体方向及脚下不变,收胯。

  7—8 重复[10]1—2动作,转至目视7点,向7点方向点步,体对1点。

[11]1—4 脚下位置不变目视1点,右单摆胯,双手经体旁直臂手心向上抹至双托手,一拍到位。

5—8　脚下位置不变,移重心至左单摆胯,双手经体旁直臂手心向下抹至旁按掌位,一拍到位。
　　12—13　重复10—11反面动作。

第二段:

　　14—15　向1点方向,重复1—2动作。

[16]　1—4　抖手碎步跑,同时向左转身至5点。

　　5—8　向5点方向抖手碎步跑。

[17]　1—4　重复[16]5—8。

　　5—8　左转身至1点,重复[16]1—4。

　　18—22　重复5—9动作。

[23]　1—2　重复[5]1—2动作。

　　3　右脚向右旁打开,至右单摆胯旁按掌,一拍到位。

(六)小花帽(维吾尔族)

【舞蹈准备】

3点方位,场外准备,体对5点,单托帽手,左前踏步。(图7-36)

图7-36

【动作要领】

1—2　保持准备位姿态。

第一段:

[1]　1—8　保持姿态,左脚重拍向7点方向行进垫步4次。

[2]　1—2　体对5点,击掌。

　　3—4　保持姿态。

　　5—6　撤左脚至右前踏步,拧身至1点单移颈舞姿。(图7-37)

图 7-37

7—8 保持姿态。
3—6 重复 1—2 动作 2 遍.
[7] 1—7 重复 1 动作。
[8] 1—8 保持姿态,左转身原地垫步至 1 点。

第二段：

[9] 1—2 左脚上至左前踏步半蹲,同时双手遮眉手。（图 7-38）

图 7-38

3—4 右脚至绷脚旁点步,左膝伸直,同时双脱帽。（图 7-39）

图 7-39

5—8 重复[9]1—4 反面动作。

[10] 1—2 手至 2 点斜上位花形手,保持姿态,视右手方向。

3—4 左手至右肘前,右手、姿态与视线不变。(图 7-40)

图 7-40

5—6 左脚上至左前踏步半蹲,同时,落至右手按掌,左手山膀位置,立腕花形手,视线不变。(图 7-41)

图 7-41

7—8 保持姿态。
11—12 重复9—10反面动作。
13—16 重复9—12动作。

间奏段：

[17] 1—4 左脚收至并步，身体直立，左手垂于体侧，右手单点肩，行礼。

5—8 保持姿态不变，左手单点肩。（图7-42）

图7-42

[18] 1—8 双手落至旁斜下位花形手，碎步前跑，视1点。

第三段：

19—26 重复第一段1—8动作。

27—28 重复第二段9—10动作。

29—30 1—4 经右转身至5点方向，碎步跑，双手斜下位提裙。（图7-43）

图7-43

[30] 5 经左转身至1点，左前踏步单托帽舞姿。

(七)马兰谣(藏族舞)

【舞蹈准备】

体对 2 点方位,踏步半蹲,身体前俯,展胸抬头,左手背手,右手空拳置于下颚处。(散板音乐):保持准备位状态。领舞保持舞姿,身体上下起伏一次,身体向左横靠,视 1 点,再回至准备位姿态。(图 7 - 44)

图 7 - 44

【动作要领】

［1］1—8 保持准备位舞姿颤膝 8 次,重拍在下。

［2］1—8 双手旁斜下位掌心朝前,同时双脚碎步。

第一段:

［1］1—4 双手旁斜下位掌心朝前,同时双脚右起颤踏 8 次前进。

　　　5 双手扶胯,体对 8 点方位,同时右脚跺踏 1 次,视 8 点。(图 7 - 45)

图 7 - 45

　　　6 双手旁斜下位掌心朝前,同时身体转至 2 点方位前俯,左膝半蹲,右脚跺踏,视 2 点。(图 7 - 46)

图 7-46

7—8 重复[1]5—6 动作。
[2] 1 右侧牧童舞姿(图 7-47)

图 7-47

2 双脚蹦跳至左侧牧童舞姿。
3—4 复[1]1—2。
5—7 体对 2 点,左手经 1 点与 8 点之间方位,右手经 4 点方位盖至遮阳手位,同时赶步 3 次向点方位前进。(图 7-48)

图 7-48

8 双手遮阳手位,右脚跺踏1次。

[3] 1—4 重复[1]1—4动作。

5 双手胸前折臂搭肘,体对8点方位,同时右脚跺踏1次,视8点。

6 左手保持姿态,右臂保持折臂抬至额前,同时身体转至2点方位前俯,左膝半蹲,右脚跺踏,视2点。

7—8 重复[3]5—6动作。

[4] 1 右侧吹笛子舞姿。(图7-49)

图 7-49

2 双脚蹦跳至左侧吹笛子舞姿。

3—4 重复[4]1—2动作。

5—7 体对2点方位,双手右耳侧拍手3次,同时赶步3次向点方位前进。(图7-50)

图 7－50

8　保持姿态拍手 1 次，右脚跺步 1 次。

[5] 1—4　身体由前俯至上扬，同时双手经旁斜下位托至旁斜上位，双脚跳踏步右左各 1 次。

5—6　胸前折臂搭肘，双脚蹦跳右左各 1 次，同时倾头，摆胯。（图 7－51）

图 7－51

7—8　重复 [5] 5—6 动作。

[6] 1—8　经左转身至 6 点方位，左手 4 点与 5 点之间，右手 8 点方位经体前下位交叉打开至左手斜上，右手斜下位，同时双脚赶步 8 次。

7—8　转身至 1 点方位重复 5—6 动作。

[9] 1—2　经左跳至 2 点方位，双手于嘴旁呈呼喊状，右脚重心，左脚绷脚旁点地。（图 7－52）

图 7-52

3—6 保持姿态，身体前附下弧线至 8 点方位，同时双脚经移重心至右脚绷脚旁点地。

7—8 保持姿态，碎步向 8 点方位跑动。

[10] 1—2 继续[9]7—8 动作。

3—4 右脚向 8 点方位上步，身体前俯落至准备位反面动作。

（八）打水的姑娘（傣族）

【舞蹈准备】

3 点方位，场外准备。体对 5 点，视 4 点斜下位，提裙手保持准备位姿态，圆场向 7 点方向前进至场上体对 5 点，左脚靠步，提裙手胯右靠，身体微左倾。（图 7-53）

图 7-53

【动作要领】

[1] 1—2 双手胯旁提压腕 1 次，左脚向 3 点方位半蹲迈步；左臂旁平位微曲，掌形指尖上翘，右臂曲臂别于头后，视 4 点，同时右脚并步至踏步位，体对 6 点，左腿直立。（图 7-54）

图 7-54

3—4　保持姿态。

5—8　保持姿态,颤膝 4 次。

[2] 1　双手胯旁提压腕 1 次,右脚向 7 点方位半蹲迈步。

2　转体对 3 点,胯旁勾手,身体前俯,展胸抬头,视 3 点,屈膝点步。(图 7-55)

图 7-55

5—8　保持姿态,颤膝 4 次。

3—4　转体对 1 点,重复 1—2 动作。

[5] 1—4　体对 1 点,左起勾踢步 4 次,双臂下位随身体前后摆动。(图 7-56)

图 7-56

5—8 左单抱翅,同时右脚靠步,颤膝4次。(图7-57)

图 7-57

[6] 1—4 重复[5]1—4反面动作。

5—8 体对2点,眼随手动,身体前俯,追鱼手经8点斜下位划至2点斜下位,同时颤膝4次。(图7-58)

图 7-58

7—8　重复5—6动作。

间奏段：

[9] 1—4　体对1点，双撩手。（图7-59）

图7-59

5—8　经左转体至5点，双手掌形，指尖朝上打开至旁平位，小臂微曲，同时脚下半脚碎步，跑至5点方位。

[10] 1—8　转体至1点方位，右脚勾抬步4次。（图7-60）

图7-60

[11] 1—4　体对2点方位斜下，身体前俯，左手经下弧线追鱼手至2点斜下位，同时右脚起。

5　身体转至1点，视1点，左手掌形经3点方位撩手翻腕至单托手位，右手掌形落至按手位，头右倾，同时左脚向3点方位上至踏步半蹲。（图7-61）

图 7-61

6—8　保持姿态,颤膝 3 次。

12—13　重复 10—11 反面动作。

[14] 重复 10。

[15] 1—4　重复 [11]1—4 动作。

5　体对 2 点向 8 点方位留旁腰,头左倾,视 8 点,右单展翅,同时右脚向 4 点方位迈步至做靠步。

6—8　保持姿态,颤膝 3 次。

16—17　重复 14—15 反面动作。(图 7-62)

图 7-62

[18] 1—4　体对 1 点,撩水手。

5—8　双手掌形,指尖朝上打开至旁平位,小臂微曲,同时脚下半脚碎步,跑至 1 点方位。

[19] 1—4　右勾抬步 2 次。

5—8　左勾抬步 2 次。

[20] 1—4　重复[18]1—4 动作。

　　5—8　双手掌形，指尖朝上打开至旁平位，小臂微曲，同时脚下半脚碎步，经左转身跑至 5 点方位。

[21] 1—8　经左转体至 1 点重复[19]1—8 动作。

[22] 1—4　重复[18]1—4 动作。

　　5—8　双手掌形，指尖朝上打开至体侧，小臂微曲，同时脚下半脚碎步，跑至 1 点方位。

　　23—24　左手胯旁掌形按手，右手掌形旁平位托手，小臂微曲，右侧旁腰，仰头视正上位，左脚为主力推微曲，右脚旁点步旋转。（图 7 - 63）

图 7 - 63

[25] 1　落至体对 7 点，双手掌形，右臂前平位小臂弯曲上翘，左臂拉至胯旁压腕，双膝半蹲，左脚半脚掌点地。（图 7 - 64）

图 7 - 64

(九)赋得古原草送别(呼吸与柔韧练习)

【舞蹈准备】

体对 5 点,双吸坐,含胸抱膝。(图 7-65)

图 7-65

【动作要领】

[1] 1—8　保持准备位舞姿。

[2] 1—2　右手直臂上伸,右手小草手势。(图 7-66)

图 7-66

  3—4　右手保持姿态左手对腕伸至小草手势。

  5—8　保持小草手势,沉气含胸,回至准备位。

[3] 1—2　提气伸展,双手至正上位,同时双腿伸直至绷脚伸坐。(图 7-67)

图 7-67

  3—4 伸展至胸腰，同时双分手至提旁点地。

  5—8 沉气同时收至准备位。

[4] 1—2 含胸并向右侧滚动至 8 点跪坐。

  3—4 体对 8 点，双跪坐，提气同时双手右前提至正上位。

  5—8 沉气伸展胸腰，同时向斜后位双分手。

第一段：

[1] 1—2 双跪坐提气，视线随身体提至 1 点，同时右手背手，左手兰花手胸前提腕。

  3—4 双跪坐沉气，视线随身体垂落，同时左手兰花手沉腕。（图 7-68）

图 7-68

  5—8 重复第一段(1)1—4 动作。

[2] 1 左手伸至正上位小草手势，身体上扬，眼随手动。

  2 左手保持姿态，右手与左手对腕，呈双手小草手势。

  3—4 沉气同时双手保持小草手势落至胸前，眼随手动。

  5—6 双手保持小草舞姿伸至正上位，同时双跪立，眼随手动。

  7 保持姿态，双手保持对腕，右手向内左手向外旋转。

  8 保持姿态,双手保持对腕,向相反方向转腕。
 [3] 1—2 沉气,双手掌心向内自然垂落,眼随手动,同时落至双跪坐。
  3—4 提气,双手前斜下位提腕,视线提至8点方向。
  5—8 左手收至背手,右手经下弧线拉至旁斜下位,同时拧身至旁提舞姿,眼视1点,头右倾。(图7-69)

图 7-69

 [4] 1 身体向左倾,左手背手,右手推腕至7点斜下位,眼视1点。
  2 身体向右倾,左手背手,右手压腕拉至3点斜下位,眼视1点。
  3—4 沉气,含胸低头,左手背手,右手经下向7点划动。
  5—10 右手经7点方向经上向3点划立圆,身体随手划圆。
  11—12 右手撑地,同时身体向左经坐地滚动至2点方向双跪坐。
第二段:
  5—8 重复第一段1—4反面动作,滚动回至体对7点方位双跪坐,身体含胸低头。
第三段:
 [9] 1—2 双手经前提至正上位,身体同时伸展,同时右腿向后伸展至燕式坐。
  3—6 双分手至后斜下位指尖点地,同时身体伸展至燕式坐卷腰。(图7-70)

图 7-70

7—8　右腿收回至双跪坐，同时身体沉气含胸。

[10] 1—2　双手经前提至正上位，身体同时伸展，左腿旁开至与肩同宽，双腿跪立。

3—6　双分手至脚踝处，同时身体伸展至跪下腰。

7—8　左腿收回至双跪坐，同时身体沉气含胸。

[11] 1—2　提气，右手柔臂向正上位伸展至右手小草手势，左手垂至体侧，眼随手动，同时双跪立。

3—4　沉气，右手垂落至体侧，同时双跪坐。

5—6　提气，左手柔臂向正上位伸展至左手小草手势，右手垂指体侧，眼随手动，同时双跪立。

7—8　沉气，左手垂落至体侧，同时双跪坐。

[12] 1　右手伸至正上位小草手势，眼视正上位，双跪坐。

2　保持右手姿态，左手伸至正上位对腕呈双手小草手势，双跪坐。

3—4　沉气同时双手保持小草手势落至胸前，眼随手动。

5—6　双手保持小草舞姿伸至正上位，同时双跪立，眼随手动。

7　保持姿态，双手保持对腕，右手向内左手向外旋转。

8　保持姿态，双手保持对腕，向相反方向转腕。

9—12　保持小草手势，双腿慢慢跪坐，下胸腰，头慢转至1点。

三、舞蹈创编

1. 儿童舞蹈命题即兴《快乐的小鸟》

音乐：即兴音乐，35秒。

动作要求：晴朗的天空中，有一只小鸟自由自在的飞翔。

表现要点：多采用手臂、碎步、波浪手等动作，表现鸟儿自由的飞翔。

2. 儿童舞蹈命题即兴《去郊游》

音乐：即兴音乐，35秒。

动作内容：春天里，蓝天下，小朋友去郊游，拍皮球，跳绳子，一个个玩的忘了回家。

表现要点：表现出小朋友郊游时活泼、欢乐、兴奋、好奇等情绪。可多用些小碎步、跳跃等的动作。

3. 儿童舞蹈命题即兴《放风筝》

音乐：即兴音乐，50秒。

动作内容：云轻轻，天蓝蓝，风筝飞起来，风筝在天空中追着白云，小朋友在草地上追着风筝。

表现要点：表现小朋友拿到风筝时的好奇，以及风筝被风吹走后的着急的情绪。

4. 儿童舞蹈命题即兴《铃儿响叮当》

音乐：《铃儿响叮当》音乐，40秒。

动作内容：一群小朋友坐在雪橇上，叮叮当，叮叮当，一路奔驰，一路欢唱。

表现要点：小朋友坐在雪橇上欢快，互相嬉戏的情绪。

5. 儿童舞蹈命题即兴《可爱的小鱼》

音乐：即兴音乐，35秒。

动作内容：一条可爱的小鱼在水里面游来游去，时而伸处脑袋吐吐口中的泡泡，时而快乐地游玩。

表现要点：可以多用些头、手臂的摇摆动作，加些小鱼吐泡泡的细节动作，也可在地面上做些背部的伸展动作，表现出鱼儿灵活、快乐、机灵等特点。

6. 儿童舞蹈命题即兴《学做解放军》

音乐：即兴音乐，40秒。

动作内容：小朋友们学做解放军叔叔，打枪——上肢运动；拼刺刀——下蹲运动；掷手榴弹——体转运动；骑马——全身运动等。

表现要点：表现学习解放军机智、勇敢等情绪。

7. 儿童舞蹈命题即兴《照镜子》

音乐：即兴音乐，40秒。

动作内容：小朋友在镜子面前梳头、穿衣等上肢动作，可以用拍手、扭头、垫步、转圈等动作表现。

表现要点：照镜子时儿童的表情以及身体动作。

8. 儿童舞蹈命题即兴《新疆儿童舞》

音乐：新疆舞蹈音乐，45秒。

动作内容：上身动作可包括双叉腰、提裙式、脱帽式、扶胸式、踏步位、点步位、正步位。基本步伐：垫步、进退步、三步一抬、点移步、原地摇身点颤。

表现要点：维吾尔族民间舞蹈的体态动律特点，表现在神态昂扬腰背挺拔，这一特点贯穿了舞蹈的全过程。维吾尔族民间舞蹈通过移颈、头部的摆动和手腕的翻转变化再加上昂首挺胸，以及眼神和面部的细腻表情，使人物情感和性格特征得以生动表现。

9. 儿童舞蹈命题即兴蒙古舞蹈《挤奶舞》

音乐：蒙古舞音乐，45秒。

动作内容：在蒙古大草原上，一群牛儿在草地上，大家忙着给牛"挤奶"。可以用一些两手交换上下提压腕动作，作挤奶状。卷袖动作，最后扶着奶桶托起来放在肩上做托奶桶状。

表现要点：注意蒙古舞的动作特征，肩膀、手腕的配合。

10. 儿童舞蹈命题即兴《藏族儿童舞蹈》

音乐：藏族舞蹈弦子的音乐，35秒。

动作内容：包括藏族舞蹈的基本舞步：颤膝、三步一抬、单撩、双撩、单靠等步伐。手臂基本动作：双晃横摆袖、单撩袖、单背巾、敬礼等动作。

表现要点：慢板抒情音乐，其动作优美。舞蹈时身躯前倾，膝部有规律地颤动、屈伸，上身随重心的移动而晃动，髋关节随中心的下懈，形成其沉缓、凝重的形体语言特色。

附录一　幼儿园教师资格考试面试大纲(试行)

一、测试性质

面试是中小学和幼儿园教师资格考试的有机组成部分,属于标准参照性考试。笔试合格者,可参加面试。

二、测试目标

面试主要考查申请幼儿园教师资格人员应具备的基本素养、职业发展潜质和保教实践能力,主要包括:

1. 良好的职业道德、心理素质和思维品质。
2. 仪表仪态得体,有一定的表达、交流、沟通能力。
3. 有一定的技能技巧,能够恰当地达成保教目标。

三、测试内容与要求

(一)职业认知

1. 爱幼儿,尊重幼儿。
2. 对幼教工作有热情、有责任心。

(二)心理素质

1. 具有一定的情绪调控能力。
2. 乐观开朗、有自信心。

(三)仪表仪态

1. 行为举止自然大方,有礼貌。
2. 服饰得体,符合幼儿教师职业特点。

(四)交流沟通

1. 有较好的言语表达能力。口齿清楚,普通话标准,语速适宜,表达比较准确、简洁、流畅、有条理,有一定的感染力。
2. 善于倾听、交流,有亲和力。

（五）思维品质

1. 能正确地理解问题，条理清晰地分析思考问题。
2. 有一定的应变能力，在教育教学上表现出一定新意。

（六）了解幼儿

1. 具有了解幼儿兴趣、需要、已有经验和个体差异的意识。
2. 能通过观察来了解幼儿。

（七）技能技巧

1. 熟悉一些幼儿喜欢的游戏和故事。
2. 具有一定的弹、唱、画、跳、手工制作等幼儿教育所必需的基本技能。

（八）评价与反思

1. 能对录像或资料中的教育活动、教育行为进行评价；或能对自己的面试表现进行评价。
2. 能根据评价结果提出进一步改善的意见。

四、测试方法

采取结构化面试和展示相结合的方法。通过展示、回答问题、陈述等方式进行。

考生按照有关规定进行准备，时间 20 分钟，接受面试，时间 20 分钟。考官根据考生面试过程中的表现，进行综合性评分。

五、评分标准

序号	测试项目	权重	分值	评分标准
一	职业认知	10	5	爱幼儿，尊重幼儿。
			5	有热情，有责任心。
二	心理素质	10	5	能较好地调控情绪与情感。
			5	开朗、乐观、善良。
三	仪表仪态	10	6	五官端正，行为举止自然大方，有礼貌。
			4	服饰得体，符合幼儿教师职业特点。
四	交流沟通	15	8	有较好的言语表达能力。普通话标准，口齿清楚，表达流畅，语速适当，有感染力。
			7	善于倾听、交流，有亲和力。
五	思维品质	15	8	能条理清晰地分析思考问题。
			7	有一定的应变能力，在活动设计与实施、环境创设上表现出一定新意。
六	了解幼儿	10	5	有了解幼儿兴趣、需要、已有经验和个体差异的意识。
			5	能通过观察来了解幼儿。

（续表）

序号	测试项目	权重	分值	评分标准
七	技能技巧	20	10	熟悉一些幼儿喜欢的游戏和故事。
			10	具有弹、唱、画、跳、讲故事、手工制作等基本技能。
八	评价与反思	10	5	能对教育活动和教育行为进行较客观的评价。
			5	能根据评价结果提出改进意见。

六、试题示例

例一：

请你给小班幼儿讲一个故事。

（故事自选。如考生没有故事，可提供）

例二：

请用绘画为大班主题活动"动物的冬眠"设计一个主题展示墙。

附录二　幼儿园教师资格证考试面试模拟题

幼儿园教师资格证考试面试模拟题(1)

面试导语:

同学,你好!欢迎参加面试。本次面试共20分钟,程序如下:

先请你回答两个规定的问题,然后试讲(展示)。

下面我们随机抽取两个问题,请你认真听清题目思考后回答。共5分钟时间,注意把握时间。好,请听题——

一、回答规定问题

1. 幼儿年龄虽小,但会对老师做出评价,他们会对自己的父母说某某老师好,某某老师不好。你认为幼儿心目中的"好老师"应该是什么样?

2. 在教育活动中,一个幼儿既不回答你提出的问题,也不与其它幼儿说话,只是独自摆弄手中的玩具,你该怎么办?

二、试讲

1. 内容:

纸盒扁了

中班区域活动时,教师提供了一些废旧纸盒让孩子们玩。小明把纸盒当成底座,在上面搭积木,结果纸盒被压扁了。小鹏也拿来了一个纸盒当底座往上搭积木,搭了很高却没有压扁。

2. 要求:

(1) 回答问题

如果你是老师,看到这种情况你会怎么办?

(2) 模拟演示

① 请模拟演示一种介入幼儿游戏的方法。

② 要求语调柔和,语速适合,表达能让幼儿明白,易于接受。

(3) 请在10分钟内完成上述两项任务。

三、提问

1. 除了废旧纸盒,你还可以为幼儿的建构游戏提供哪些材料?

2. 为了帮助幼儿更好的搭建,你打算为他们做哪些经验准备?

幼儿园教师资格证考试面试模拟题(2)

面试导语:

同学,你好!欢迎参加面试。本次面试共20分钟,程序如下:

先请你回答两个规定的问题,然后试讲(展示)。

下面我们随机抽取两个问题,请你认真听清题目思考后回答。共5分钟时间,注意把握时间。好,请听题——

一、回答规定问题

1. 在《小蝌蚪找妈妈》的观摩活动中,点点小朋友突然问你:"老师,小蝌蚪吃什么?"你怎么办?

2. 有些家长认为,不给老师送礼会影响老师对自己孩子的态度,你怎么看?

二、试讲

1. 内容:

借你一把伞

下雨了,糟糕了,娜娜没带伞,娜娜站在雨中。

小蚂蚁拿着小小的草叶走过来,说:"借你一把伞。"娜娜拿着,小蚂蚁的伞真小。

青蛙拿着丝瓜的叶子跳过来,说:"借你一把伞。"咦!青蛙的伞是漏斗伞。

小兔子拿着上头有叶须的胡萝卜,说:"借你一把伞。"嗯!小兔子的伞会漏雨。

小狐狸拿着"芋头叶"给娜娜,小狐狸的伞是不是刚刚好呢?撑着撑着,啊!雨漏下来了,娜娜和小动物跑了起来。

大熊拿着大大的荷叶走过来,说:"借你一把伞。"哇!大熊的伞,好大好重啊!

小狗拿着伞跑过来,说:"给你一把伞。"啊!那就是娜娜的伞嘛!

下雨天,大家一起撑着伞排排走,还有谁没有伞呢?一起来吧!

2. 要求:

(1) 模拟对幼儿讲故事

① 有幼儿意识,表现出对幼儿讲故事。

② 普通话标准,口齿清晰,语速适宜,有感染力。

(2) 回答问题

① 故事讲完后,教师提出问题:"动物朋友给娜娜拿来了哪些伞?这些伞合适吗?请你说说理由"你认为这个问题适合4~5岁的幼儿吗?为什么?

② 根据故事内容,说说可以组织4~5岁的幼儿开展其他什么游戏?

(3) 请在10分钟内完成上述任务。

三、提问

1. 请你说说4~5岁幼儿语言领域发展的目标是什么?

2. 关于这个故事,还可以有哪些延伸活动?

幼儿园教师资格证考试面试模拟题（3）

面试导语：

同学,你好！欢迎参加面试。本次面试共 20 分钟,程序如下：

先请你回答两个规定的问题,然后试讲（展示）。

下面我们随机抽取两个问题,请你认真听清题目思考后回答。共 5 分钟时间,注意把握时间。好,请听题——

一、回答规定问题

1. 有人说幼儿园教育的层次比中小学教育要低,因而幼儿园教师的要求也应该相应地低一点,你怎么看？

2. 某幼儿园准备举办文艺演出。园长认为你班小朋友演得很好。但动作不整齐,服装又不统一,孩子数量多,希望你筛选一些表演好的孩子上场,并服装统一,动作整齐。你该怎么办？

二、试讲

1. 内容：

好玩的小绳子

"揪尾巴"是幼儿园常用的游戏,但老是玩揪尾巴幼儿都不感兴趣了。能不能利用当"尾巴"的小绳子让幼儿玩其他的体育游戏。

2. 要求：

（1）设计并介绍 3 个利用小绳子玩的体育游戏

① 游戏能促进幼儿动作技能的发展。

② 游戏符合幼儿的兴趣和特点。

（2）以一个游戏为例,模拟对幼儿讲解游戏的玩法

① 结合动作示范游戏玩法,动作示范到位,有助于幼儿模仿。

② 语言讲解生动浅显,易于幼儿理解,能吸引幼儿。

（3）请在 10 分钟内完成上述任务。

三、提问

1. 你设计的这个游戏是哪个年龄段的？

2. 绳子游戏延伸到的区域活动可以有哪些？

幼儿园教师资格证考试面试模拟题(4)

面试导语：

同学，你好！欢迎参加面试。本次面试共20分钟，程序如下：

先请你回答两个规定的问题，然后试讲（展示）。

下面我们随机抽取两个问题，请你认真听清题目思考后回答。共5分钟时间，注意把握时间。好，请听题——

一、回答规定问题

1. 有人说，幼儿学习的内容很简单，不需要教师有高深的学问，也谈不上所谓的"专业发展"，你怎么看？

2. 据报道：某幼儿园一个班的孩子在比各自爸爸官大小、钱多少，结果一位"拼爹"输了的孩子，回家要求妈妈换个爸爸，你怎么看？

二、试讲

1. 内容：

捏拢放开

捏拢放开，捏拢放开，小手摆一摆，
捏拢放开，捏拢放开，小手拍一拍。
爬呀爬呀爬呀爬，小手放在膝盖上，
摸一摸，捏一捏，拍拍膝盖笑哈哈。

2. 要求：

(1) 根据儿歌配动作

① 边念儿歌边用双手做动作，动作与儿歌内容相符合。

② 动作有一定的节奏感，手口配合协调。

(2) 模拟对幼儿讲解游戏玩法

① 通过动作示范进行讲解，动作规范，便于幼儿模仿。

② 语言讲解生动浅显，易于幼儿理解，能吸引幼儿。

(3) 请在10分钟内完成上述任务。

三、提问

1. 这个游戏适合哪个年龄段幼儿？

2. 幼儿园教育活动有那几个领域？这个是什么领域的活动？

幼儿园教师资格证考试面试模拟题（5）

面试导语：

同学，你好！欢迎参加面试。本次面试共 20 分钟，程序如下：

先请你回答两个规定的问题，然后试讲（展示）。

下面我们随机抽取两个问题，请你认真听清题目思考后回答。共 5 分钟时间，注意把握时间。好，请听题——

一、回答规定问题

1. 在一次园内观摩研讨中，王老师认为，教育观念在教育活动中占主导地位，李老师则认为专业知识与技能更重要，你怎么看？
2. 你对教育活动作了精心的准备，但孩子们有的讲话，有的在教室里面乱转，甚至跑出教室，根本不理会你的要求。你该怎么办？

二、试讲

1. 内容：

两人三足

游戏玩法：幼儿两人一组并列站好，将两人相邻的两条腿用绑带扎紧。游戏开始后，两人一起向前走，沿跑道走向终点，绕过终点标志后再返回起点。

2. 要求：

(1) 模拟游戏组织

① 模拟演示向幼儿介绍"两人三足"游戏的玩法。

② 语言表述简明扼要，动作示范准确，易于幼儿理解。

(2) 回答问题

① 这个游戏能发展幼儿什么能力？

② 游戏中可能出现什么问题？有什么办法能解决这些问题？。

(3) 请在 10 分钟内完成上述任务。

三、提问

1. "三人两足"这个游戏适合哪个年龄段的幼儿？
2. 在教学活动中，你还可以采用哪些辅助教学的手段？

幼儿园教师资格证考试面试模拟题(6)

面试导语：

同学，你好！欢迎参加面试。本次面试共20分钟，程序如下：

先请你回答两个规定的问题，然后试讲(展示)。

下面我们随机抽取两个问题，请你认真听清题目思考后回答。共5分钟时间，注意把握时间。好，请听题——

一、回答规定问题

1. 区域活动中，有的幼儿总是乱扔玩具，你怎么办？
2. 你在给幼儿示范画的时候，突然有小朋友大声说："老师，你画的不像！"对此，你怎么办？

二、试讲

1. 内容：

折纸图(见154页)。

故事《走进大森林》

小狗走进绿色的大森林，好像走进了一个神奇的大世界。树叶在歌唱，微风送花香。

仰头看看，枝头上鸟儿唱"欢迎曲"，低头看看，草丛里蘑菇撑着小伞打招呼。

是谁在"叮咚叮咚"地弹琴？又是谁在"叮铃叮铃"地摇铃？

小狗在想，如果大森林里也有一所动物幼儿园该多好！

2. 要求：

(1) 现场演示折纸

根据图示折纸步骤，现场演示完成折纸。作品整齐美观，符合图示要求。

(2) 运用折纸作品模拟讲故事

① 有幼儿意识，表现出正在为幼儿讲故事。

② 普通话标准，口齿清楚，语速适宜，有感染力。

(3) 请在10分钟内完成上述两项任务。

三、提问

1. 如果你讲述故事时，总有小朋友插嘴或注意力不集中，你会怎么做？
2. 这个故事还可以进行哪方面的活动延伸？

幼儿园教师资格证考试面试模拟题(7)

面试导语：

同学,你好！欢迎参加面试。本次面试共20分钟,程序如下：

先请你回答两个规定的问题,然后试讲(展示)。

下面我们随机抽取两个问题,请你认真听清题目思考后回答。共5分钟时间,注意把握时间。好,请听题——

一、回答规定问题

1. 这学期你带一个小班,一段时间后,你发现一个幼儿的智力水平明显低于班上其他幼儿。你该怎么办？

2. 在教育活动中,你要求幼儿保护环境不要乱扔垃圾,但燕燕却站起来说："没有垃圾箱,拿在手上特别脏,只好扔在地上了。有很多大人也仍在地上",面对燕燕的做法,你怎么办？

二、试讲

1. 内容：

2. 要求：

(1) 主题绘画《我的爸爸》

① 根据"我爱爸爸"主题活动的需要,进行现场绘画(绘画类型不限)。

② 作品有童趣,幼儿能理解,有一定的创意。

(2) 回答问题

如何利用你的作品引导幼儿表达对爸爸的爱？

(3) 请在10分钟内完成上述任务。

三、提问

1. "我爱爸爸"的活动属于哪个领域的活动？适合哪个年龄段？

2. 关于"我爱爸爸"的主题活动,你还有哪些活动设计？

幼儿园教师资格证考试面试模拟题(8)

面试导语：

同学，你好！欢迎参加面试。本次面试共20分钟，程序如下：

先请你回答两个规定的问题，然后试讲(展示)。

下面我们随机抽取两个问题，请你认真听清题目思考后回答。共5分钟时间，注意把握时间。好，请听题——

一、回答规定问题

1. 在教育活动中，一个幼儿既不回答你提出的问题，也不与其它幼儿说话，只是独自摆弄手中的玩具，你该怎么办？

2. 小勇的妈妈是医生，幼儿园开展医院游戏时，请小勇妈妈和小朋友一起玩医院游戏，幼儿参与的积极性高，增长不少见识。对这种做法，你怎么看？

二、试讲

1. 内容：

帮玩具回家

小班游戏结束了，有的幼儿不愿意收玩具或者随意乱放玩具，不把玩具送回原来的地方，请创编一个故事，利用情景故事表演启发幼儿爱护玩具，送玩具"回家"的意愿。

2. 要求：

(1) 根据上述内容，创编一个简单的情景表演故事

① 有2～3个角色，有简单的情节。

② 故事有针对性，易于幼儿理解。

(2) 选择或制作道具

① 利用信封、纸杯、橡皮泥等材料，根据情景表演需要，制作简单的角色人物。

② 道具适用于表演。

(3) 模拟对小班的幼儿表演。

语言生动，有一定的感染力

(4) 请在10分钟内完成上述任务。

三、提问

1. 为什么要考幼儿园教师资格证？

2. 有人说幼儿教师责任大但待遇低，你如何看待这个职业？

幼儿园教师资格证考试面试模拟题(9)

面试导语：

同学,你好！欢迎参加面试。本次面试共 20 分钟,程序如下：

先请你回答两个规定的问题,然后试讲(展示)。

下面我们随机抽取两个问题,请你认真听清题目思考后回答。共 5 分钟时间,注意把握时间。好,请听题——

一、回答规定问题

1. 午睡时,你班的乐乐小朋友总是不睡觉,而是玩手指、咬被角等,对乐乐的这种表现,你怎么办？

2. 开学不久,你发现班上的亮亮小朋友很聪明,但许多事情都不会做,如不会上厕所,不会穿衣服,甚至不会嚼东西,你怎么办？

二、试讲

1. 内容：

牧羊女拉拉

歌谱(见书中相同内容)

2. 要求：

(1) 弹唱歌曲

① 完整流畅地弹奏,节奏准确

② 有表情地歌唱,吐字清晰,把握准确的音高。

(2) 模拟面对幼儿教唱歌曲

教唱的方法基本适合幼儿的特点,能激发幼儿的兴趣,适合幼儿的能力水平。

(3) 回答问题

① 这首歌曲适合哪个年龄段的孩子学唱？

② 歌唱教学的组织环节可以有哪些？

(4) 请在 10 分钟内完成上述任务。

三、提问

1. 在歌曲教唱过程中,遇到有的幼儿不会唱,你会怎么做？

2. 利用这个歌曲还可以组织哪些活动？

幼儿园教师资格证考试面试模拟题（10）

面试导语：

同学，你好！欢迎参加面试。本次面试共20分钟，程序如下：

先请你回答两个规定的问题，然后试讲（展示）。

下面我们随机抽取两个问题，请你认真听清题目思考后回答。共5分钟时间，注意把握时间。好，请听题——

一、回答规定问题

1. 这学期你带一个小班，一段时间后，你发现一个幼儿的智力水平明显低于班上其他幼儿。你该怎么办？

2. 班级做"汽车世界"主题墙，两个教师的做法不同：第一个教师让每个幼儿自己画汽车，第二个教师自己收集图片。你怎么看？

二、试讲

1. 内容：

小刺猬

天上突然下起雨，
刺猬宝宝不着急，
打个滚儿再爬起，
扎着树叶当雨衣。

2. 要求：

（1）为儿歌配插图

① 为儿歌《小刺猬》配插图，插图符合儿歌的意境。

② 造型生动富有童趣，便于幼儿理解，有一定的创意。

（2）回答问题

利用儿歌和你的作品，能带领4～5岁幼儿开展哪些活动？请说出两种活动。

（3）请在10分钟内完成上述任务。

三、提问

1. 幼儿学习儿歌通常有哪些教学环节？

2. 幼儿学唱儿歌的过程中会遇到哪些困难？你如何帮助幼儿

附录三　幼儿园教师资格考试面试提供物品清单

除特别说明外，各科目备课室与面试室准备的物品相同，物品按每间教室配备。

1. 备课室物品清单

序号	物品名称	数量
1	草稿纸（A4）	一定数量
2	幼儿园常用的水彩笔和油画棒	若干盒
3	皮球	1个
4	跳绳	1根
5	积木	一定数量
6	雪花片插塑	一定数量
7	钢琴（或风琴、48键以上的电子琴）	1台
8	圆头剪刀	一定数量
9	用于折纸的手工纸	一定数量
10	废报纸	一定数量
11	空矿泉水瓶	一定数量
12	胶水	2瓶

2. 面试室物品清单

序号	物品名称	数量
1	画纸（B4或8开）	一定数量
2	幼儿园常用的水彩笔和油画棒	若干盒
3	皮球	1个
4	跳绳	1根
5	积木	一定数量
6	雪花片插塑	一定数量
7	钢琴（或风琴、48键以上的电子琴）	1台

（续表）

序号	物品名称	数量
8	圆头剪刀	一定数量
9	用于折纸的手工纸	一定数量
10	废报纸	一定数量
11	空矿泉水瓶	一定数量
12	胶水	2瓶
13	空纸盒（大小形状不同，不宜过大）	一定数量
14	纸杯或纸餐盘	一定数量
15	包装绳、线团或毛线	一定数量
16	橡皮泥或面团	一定数量
17	牙签	一盒
18	曲别针、大头针	各一盒
19	大塑料套圈	若干
20	幼儿椅子	若干
21	磁铁	若干
22	扑克牌	若干

附录四　幼儿园教师资格考试面试评分细则(试行)

序号	测试项目	权重	测评要素	表现程度与等第评定标准		
				优(10-9)	中(8-7)	差(5-0)
1	职业认知	10%	职业认同	1. 有较强的从教愿望,对幼儿教师职业有正确的认知,清楚了解其基本内容和职责; 2. 热爱幼儿,尊重幼儿,有强烈的责任心。	1. 有从教愿望,基本了解幼儿教师职业的基本内容和职责; 2. 对幼儿有爱心、责任心。	1. 对幼儿教师职业认识不清; 2. 对幼儿缺乏爱心、责任心。
			职业态度			
2	心理素质	10%	情绪调控	1. 有较强的情绪调控能力,能较快地进入正常情绪状态; 2. 非常乐观开朗,自信心强。	1. 有一定的情绪调控能力,进入正常情绪状态较慢; 2. 乐观开朗,有自信心。	1. 情绪调控能力较差,难以控制自己的情绪; 2. 悲观消极,自信心不足。
			性格特征			
3	仪表仪态	10%	行为举止	1. 行为举止自然大方,有礼貌,态度亲和; 2. 服饰得体,整体协调,符合幼儿教师职业特点。	1. 行为举止比较自然大方,较有礼貌; 2. 服饰基本符合幼儿教师职业特点。	1. 行为举止拘谨,不够自然,缺乏礼貌; 2. 服饰不符合幼儿教师职业特点。
			服饰仪表			
4	交流沟通	15%	言语表达	1. 与幼儿交流沟通能力强。善于倾听,能以幼儿理解的语言、语气、语调、语速等与幼儿说话,有感染力和亲和力; 2. 与成人交流沟通能力强。善于理解、语言文明,沟通顺畅。	1. 有一定的与幼儿交流沟通的能力。能倾听幼儿,言语表达基本适合幼儿; 2. 有一定的与成人交流沟通的能力。能够理解对方,沟通比较顺畅。	1. 与幼儿交流沟通的能力较差; 2. 与成人交流沟通的能力较差。
			倾听理解			

(续表)

序号	测试项目	权重	测评要素	表现程度与等第评定标准		
				优(10-9)	中(8-7)	差(5-0)
5	思维品质	15%	问题分析	1. 问题抓得准，能够多角度地分析问题，思维逻辑性强； 2. 应变能力强，解决问题富有创意。	1. 基本能抓住问题要点，具有一定的分析问题的能力，思路比较清晰； 2. 有一定的应变能力，能提出解决问题的方法。	1. 不能正确理解问题，思维混乱，分析问题不得要领； 2. 应变能力差，缺少解决问题的方法。
			问题解决			
6	了解幼儿	10%	年龄特征	1. 准确把握幼儿年龄特征； 2. 准确把握幼儿发展特点，非常了解幼儿的兴趣、需要、已有经验； 3. 关注幼儿的个体差异。	1. 基本了解幼儿的年龄特征； 2. 具有了解幼儿兴趣、需要、已有经验等的意识； 3. 有关注幼儿个体差异的意识。	1. 不了解幼儿年龄特征和发展特点； 2. 不了解幼儿兴趣、需要和已有知识经验等。
			发展特点			
7	技能技巧	20%	基本技能	1. 有熟练的弹、唱、画、跳舞、做游戏、讲故事、手工制作等基本技能； 2. 有较强的运用上述基本技能开展保教活动的能力。	1. 有一定的弹、唱、画、跳舞、做游戏、讲故事、手工制作等基本技能； 2. 有一定的运用上述基本技能开展保教活动的能力。	1. 弹、唱、画、跳舞、做游戏、讲故事、手工制作等基本技能较差； 2. 难以运用上述基本技能开展保教活动。
			保教实践能力			
8	反思与评价	10%	评价	1. 能从幼儿教育专业的角度对现场展示进行客观、准确、较全面的评价； 2. 能根据评价结果进行反思，并对自己的问题或不足提出适宜的改善办法。	1. 基本上能从幼儿教育专业的角度对现场展示进行评价； 2. 对自己的问题或不足有反思的意识，能提出一点改善意见。	1. 不能从幼儿教育专业的角度对现场展示进行评价； 2. 没有反思意识，看不到自己的问题或不足。
			反思			